数据资产
入表与资本化

陈 福◎著

图书在版编目（CIP）数据

数据资产入表与资本化/陈福著. —北京：知识产权出版社，2024.9. —ISBN 978 - 7 - 5130 - 9494 - 8

Ⅰ.F272.7

中国国家版本馆 CIP 数据核字第 2024Z1H795 号

责任编辑：刘 睿 刘 江 邓 莹	责任校对：潘凤越
封面设计：杨杨工作室·张冀	责任印制：刘译文

数据资产入表与资本化

陈 福 著

出版发行：	知识产权出版社 有限责任公司	网 址：	http：//www.ipph.cn
社 址：	北京市海淀区气象路 50 号院	邮 编：	100081
责编电话：	010-82000860 转 8344	责编邮箱：	liujiang@cnipr.com
发行电话：	010-82000860 转 8101/8102	发行传真：	010-82000893/82005070/82000270
印 刷：	天津嘉恒印务有限公司	经 销：	新华书店、各大网上书店及相关专业书店
开 本：	720mm×1000mm 1/16	印 张：	20
版 次：	2024 年 9 月第 1 版	印 次：	2024 年 9 月第 1 次印刷
字 数：	309 千字	定 价：	98.00 元

ISBN 978 - 7 - 5130 - 9494 - 8

出版权专有　侵权必究

如有印装质量问题，本社负责调换。

序

在数字时代的浪潮中，数据已然成为一种无形的，却有巨大价值的生产要素。它如同新时代的石油，驱动着社会经济的快速发展，改变着人们的生活方式，重塑着产业格局。然而，数据的价值并非自然而然地显现，而是需要通过一系列的过程被发掘、转化和利用。因此，理解数据要素的基本理论，把握数据价值化的过程，以及探索数据要素市场化的路径，对促进数字经济的健康发展具有重要意义。

我国作为世界上最大的发展中国家，拥有庞大的数据资源和广泛的应用场景，如何在保障数据安全和个人隐私的前提下，充分挖掘和利用数据要素，推动数据要素市场化，已成为摆在我们面前的重要课题。

党的十九届四中全会报告首次明确提出将数据作为一种新的生产要素，标志着数据的战略地位得到国家层面的正式确认，为数据要素市场化流通交易提供了坚实的制度保障。随着《数据二十条》的发布，我国在数据战略顶层设计上取得进一步的完善与发展，指出了数据作为新型生产要素的重要性及其对生产、分配、流通、消费等各环节的深远影响。国家数据局的成立，更进一步地从国家机构设计的层面上，统筹推进数字中国、数字经济、数字社会的规划和建设。

与此同时，在全面推动数据要素市场化改革的背景下，为规范企业数据资源相关会计处理、强化相关会计信息的披露，2023年8月1日，财政部根据《中华人民共和国会计法》和相关企业会计准则，发布《企业数据资源相关会计处理暂行规定》，标志着数据资产入表工作正式启动。数据资产成为数字经济增长的核心动力，在经济社会数字化转型中占据了战略地位。同时，《数据资产评估指导意见》、《关于加强数据资产管理的指导意见》和《关于加强行政事业单位数据资产管理的通知》的发布，进一步明确了数据资产评估方法和管理标准，为企业提供了操作指引。数据资产入表工作的开展和进一步发展，不仅是数据要素市场化改革的重要里程碑，也为数据资产的资本化运作奠定了基础。入表后，数据资产的价值和潜力得以充分释放，通过结合质押融资、信托、证券化等获取资金支持的方式，为企业提供更多融资、投资与健康发展的机会。随着党和国家政策的进一步完善和实践经验的大规模积累，数据资产入表与资本化将在推动中国乃至全球经济高质量发展中发挥十分重要的作用。

正因为数据资产入表与资本化工作的前端性、重要性和复杂性，我们才需要深入研究我国数据要素市场化的现状和相关问题。一方面，我国拥有庞大的数据资源和丰富的应用场景，为数据要素市场化提供了广阔的空间；另一方面，我国在数据立法、数据安全、数据流通甚至数据资产入表等方面还存在一些不足，面临较大的挑战，所以，如何加强数据立法和监管、如何进行数据资产的合规入表及其资本化的成功运转、如何完善数据安全保障体系、如何推动数据流通和共享，以及如何充分释放数据要素价值并为数据要素市场化创造有利的环境和条件等问题，一句话：如何进行数据资产的合规入表及其资本化的成功运转等问题，对于数据要素市场化的成功实践至关重要。

本书旨在深入探讨上述议题，并为问题的切实解决提供实用的解决方案。

全书共分七章，全面、系统地探讨了我国数据要素的基本理论与现状，深度解析数据要素在当今信息社会中的多维价值和市场化运作的复杂过程，同时借鉴国外数据要素市场化的实践与探索，以便为我国数据要素市场化改革提供理论支撑和实践指导。

首先，本书由数据的基本属性切入，不仅深入剖析数据的自然属性，如数据的产生、存储和传输方式，还详细探讨数据的社会属性，即数据在人类社会中的传播、影响和应用，以及数据的法律属性，包括数据权益的归属、保护和使用规范。在此基础上，本书创新性地提出"三维定位"数据法律属性分析方法，为全面理解和研究数据法律属性提供新的视角。聚焦数据价值化过程，本书还详细阐述了数据资源化、数据资产化、数据资本化三个关键阶段。本书通过生动的案例和翔实的数据，揭示了数据从简单的收集使用到成为可以在市场上交易的资产的转变过程，强调了数据价值化的重要性和复杂性。

而后，本书将视野拓展至全球，探索国外数据要素市场化的实践与进程。本书梳理对比欧盟、美国、日本、韩国、新加坡等国外数据要素市场化的立法现状，通过对全球主要国家和地区在数据资产要素市场化进程中的先进经验的梳理和总结，不仅展示了全球数据要素市场化的最新动态，还突出了中国在全球数据资产入表领域的领先地位和独特优势。在当前数据要素市场化改革的大背景下，本书深入解读数据资产入表的相关法律法规和政策背景，并对数据资产入表的深远意义进行全面阐述，指出其在促进经济高质量发展中的核心作用，同时提出对数据资产入表过程中问题与挑战的思考和见解。

再其后，便是本书的实践部分。今天，数据已经成为新时代发展的"新资产""新能源""新血脉""新事物"。新事物总会产生新问题、新挑战，本书直面了数据资产入表的法律挑战，系统梳理了数据资产相关法理研究现状以及立法和司法现状，重点讨论数据资产确权和数据合规两大主要问题，分析这些问题产生的原因和导致的后果。

进一步地，本书探究我国数据资产入表的可行性方案与路径。同时，本书提出起草"数据资产入表合规指南"相关标准作为解决方案，旨在通过明确的规范和标准来指导数据资产入表的实践，保障数据资产入表的合法性和合规性。此外，本书还介绍了 DAC 法律意见书的作用，强调其在为数据资产入表保驾护航中的重要作用，并围绕数据资产登记、数据资产评估和数据资产合规入表提供了详细的操作流程。通过具体的案例和步骤，本书展示了数据资产入表的实际操作过程，为读者提供了实用的指导和参考。

最后，本书深入剖析数据资产入表后的资本化运作问题。本书详细讨论了数据资产授权运营阶段的数据托管运营、数据资产交易阶段的挂牌交易和清算交割，以及数据资产质押融资阶段的审核和合同全流程合规风控等内容，介绍了数据资产入表后的几种资本运作方式，例如数据资产出资入股、数据资产质押融资、数据资产信托、数据资产证券化等。通过全面的分析和深入的探讨，本书为推动我国数据资产入表与资本化工作的顺利进行提供了系统的理论支持和实践指南。

本书名为《数据资产入表与资本化》，系《数据四重性及其合规系统》的姊妹篇，由于篇幅有限及相关法律调整不完善，故仅对数据资产入表的具体途径、国内外不同的入表规则及其相互间的协调运用等问题进行了必要的介绍，而对前述数据资产入表及其相关问题的进一步深入研究与详细介绍，可能会在作者的下一部新作中完成。让我们拭目以待。

我们相信，随着数字经济的不断发展，数据要素的地位和作用将越来越重要。本书所探讨的数据资产入表与资产化问题，不仅对数据要素市场化改革和发展具有重要意义，也对促进数字经济的健康发展、推动社会进步和繁荣具有深远影响。与此同时，我们也需要清醒地认识到：数据要素市场化具有长期性和复杂性，需要我们保持耐心和定力，不断探索和创新。正因如此，十分期待本书的出版能够引起社会各界的广泛关注和深入探讨，以便共同推动我国数据资产入表乃至数据要素市场化改革和发展事业迈向新的高度，并借以充分释放数据要素价值，践行数字中国与数字经济的国家战略。

是为序。

许浩明 法学博士（德国明斯特大学）
中国政法大学国际法学院教授、博士生导师
中国政法大学欧盟法研究中心主任
德国弗莱堡大学、明斯特大学暨法兰克福大学法学院特聘/客座教授
德国法学会外籍（中国籍）正式会员

2024 年 7 月 18 日 于北京西城

目　录

第一章　我国数据要素基本理论与现状 …………………………… 1

　第一节　数据要素相关概念 ………………………………………… 1

　　一、数　　据 ……………………………………………………… 2

　　二、数据资源 ……………………………………………………… 3

　　三、数据要素 ……………………………………………………… 4

　　四、数据产品 ……………………………………………………… 5

　　五、数据资产 ……………………………………………………… 6

　　六、数字资产 ……………………………………………………… 6

　第二节　数据的基本属性 …………………………………………… 7

　　一、数据的自然属性 ……………………………………………… 7

　　二、数据的社会属性 ……………………………………………… 12

　　三、数据的法律属性 ……………………………………………… 19

　第三节　数据价值化过程 …………………………………………… 49

　　一、数据资源化 …………………………………………………… 50

　　二、数据资产化 …………………………………………………… 54

　　三、数据资本化 …………………………………………………… 61

第二章　国外数据要素市场化的实践与探索 ……………………… 66

　第一节　欧盟数据要素市场化的实践与探索 ……………………… 67

　　一、欧盟数据立法概述 …………………………………………… 67

　　二、欧盟数据流通战略 …………………………………………… 70

　　三、欧盟数据法律现状 …………………………………………… 73

1

四、欧盟数据要素市场化探索 …………………………… 81
第二节　美国数据要素市场化的实践与探索 …………………… 83
　　一、美国数据立法概述 …………………………………… 83
　　二、美国数据流通战略 …………………………………… 85
　　三、美国数据法律现状 …………………………………… 89
　　四、美国数据要素市场化探索 …………………………… 94
第三节　日本数据要素市场化的实践与探索 …………………… 96
　　一、日本数据立法概述 …………………………………… 96
　　二、日本数据流通战略 …………………………………… 97
　　三、日本数据法律现状 …………………………………… 99
　　四、日本数据要素市场化探索 ………………………… 101
第四节　韩国数据要素市场化的实践与探索 ………………… 103
　　一、韩国数据立法概述 ………………………………… 104
　　二、韩国数据流通战略 ………………………………… 105
　　三、韩国数据法律现状 ………………………………… 106
　　四、韩国数据要素市场化探索 ………………………… 109
第五节　新加坡数据要素市场化的实践与探索 ……………… 111
　　一、新加坡数据立法概述 ……………………………… 111
　　二、新加坡数据流通战略 ……………………………… 112
　　三、新加坡数据法律现状 ……………………………… 114
　　四、新加坡数据要素市场化探索 ……………………… 117
第六节　数据跨境国际规则 …………………………………… 118
　　一、数据跨境国际条约 ………………………………… 118
　　二、数据跨境国际规则比较分析 ……………………… 131
　　三、小　　结 …………………………………………… 133

第三章　数据资产入表背景 ……………………………………… 135
　第一节　数据要素市场化改革进程 …………………………… 135
　　一、时代背景 …………………………………………… 136
　　二、发展历程 …………………………………………… 137

第二节 数据资产入表的法规与政策探索 …………… 140
 一、数据权益保护的实践与探索 …………………… 141
 二、数据行政确权探索 ……………………………… 144
 三、数据资产入表的政策性探索 …………………… 149
 四、数据资产管理的政策性指导 …………………… 151

第三节 数据资产入表的意义 ………………………… 154
 一、有利于数据资产确权 …………………………… 154
 二、有利于提高企业利润率 ………………………… 157
 三、有利于提升企业价值 …………………………… 158
 四、有利于数据资产的资本化运作 ………………… 160

第四章 数据资产入表面临的挑战 ……………………… 162
 第一节 数据资产确权挑战 …………………………… 162
  一、数据资产确权概述 ……………………………… 162
  二、数据资产初步确权 ……………………………… 173
  三、数据资产实质意义上的确权 …………………… 180
 第二节 数据合规挑战 ………………………………… 183
  一、数据合规概述 …………………………………… 183
  二、数据不合规的行政处罚风险 …………………… 185
  三、数据不合规的民事纠纷风险 …………………… 186
  四、数据不合规的刑事犯罪风险 …………………… 189

第五章 我国数据资产合规入表路径 …………………… 192
 第一节 标准化流程引领数据资产入表 ……………… 193
  一、制定资产合规入表标准 ………………………… 193
  二、数据资产合规入表实践路径 …………………… 196
  三、数据资产入表的实施与监督 …………………… 199
  四、结论与展望 ……………………………………… 200
 第二节 DAC 法律意见书助力数据资产合规入表 …… 202
  一、DAC 法律意见书概述 …………………………… 202

二、DAC 法律意见书的必要性 …………………………… 203
三、DAC 法律意见书的内容要点 ………………………… 206
四、小　结 ………………………………………………… 209

第六章　我国数据资产入表实践 ……………………………… 211
第一节　数据资产尽职调查阶段 ………………………………… 211
一、初步收集尽职调查材料 ………………………………… 212
二、相关人员访谈与现场勘验 ……………………………… 212
三、撰写尽职调查报告 ……………………………………… 214
第二节　数据资产登记阶段 ……………………………………… 215
一、数据资产初始确认 ……………………………………… 215
二、数据资产登记 …………………………………………… 221
第三节　数据资产评估阶段 ……………………………………… 233
一、数据资产质量评估 ……………………………………… 234
二、数据资产价值评估 ……………………………………… 235
第四节　数据资产合规入表阶段 ………………………………… 237
一、相关数据产权证书合规审查 …………………………… 237
二、数据资产范围合规审查 ………………………………… 238
三、数据资产归类合规审查 ………………………………… 239
四、数据治理合规审查 ……………………………………… 240
五、披露义务合规审查 ……………………………………… 247

第七章　数据资产入表后的资本化运作 ……………………… 249
第一节　数据资产出资入股 ……………………………………… 250
一、数据资产出资入股概述 ………………………………… 250
二、数据资产出资入股的条件 ……………………………… 251
三、数据资产出资入股的案例分析 ………………………… 253
四、数据资产出资入股的关注要点 ………………………… 254
五、小　结 ………………………………………………… 256
第二节　数据资产质押融资 ……………………………………… 257

一、数据资产质押融资背景 ································· 257
　二、数据资产质押融资要求 ································· 259
　三、数据资产质押融资流程 ································· 261
　四、数据资产质押融资案例分析 ····························· 264
　五、数据资产质押融资风险 ································· 266
　六、小　　结 ··· 268
第三节　数据资产信托 ··· 269
　一、数据资产信托概述 ····································· 269
　二、数据资产信托的要素分析 ······························· 272
　三、数据资产信托的运作机制 ······························· 276
　四、我国数据资产信托机制困境 ····························· 279
　五、小　　结 ··· 281
第四节　数据资产证券化 ······································· 282
　一、数据资产证券化概述 ··································· 282
　二、数据资产证券化的特殊属性 ····························· 285
　三、数据资产证券化的要素分析 ····························· 287
　四、数据资产证券化的具体流程 ····························· 290
　五、数据资产证券化的法律挑战 ····························· 294
　六、小　　结 ··· 297

参考文献 ··· 299

第一章 我国数据要素基本理论与现状

本章首先介绍数据要素相关概念，为研究数据资产入表与资本化提供基础，明确本书的研究范围，然后分析数据的基本属性，深入探索数据的自然属性，如数据的产生、存储和传输方式，详细探讨数据的社会属性，即数据在人类社会中的传播、影响和应用，以及揭示数据的法律属性，包括数据权益的归属、保护和使用规范。在此基础上，创新性地提出"三维定位"数据法律属性分析方法，为数据法律属性的全面理解和研究提供新的视角。最后，在研究数据价值化过程，详细阐述数据资源化、数据资产化、数据资本化三个关键阶段。本章通过生动的案例和翔实的数据，揭示数据从简单地收集使用到成为可以在市场上交易的资产的转变过程，强调数据价值化的重要性和复杂性。

第一节 数据要素相关概念

在数字化经济时代，数据已成为企业最宝贵的资产之一。在展开关于数据资产入表及其资本化的讨论之前，首先需要对几个核心概念进行厘清。在现实生活中，有不少人混淆数据资源、数据要素、数据产品、数据资产、数字资产等相关概念。本节旨在探讨和定义数据和以上几个核心概念，构建清晰的概念框架，并阐明它们之间的关系和差别。通过本节的讨论，能够更好地理解这些概念之间的差别，为后续章节深入探讨数据资产入表及其资本化奠定基础。

* 数据资产入表与资本化

一、数　　据

从《数据安全法》中对数据的定义来看，"本法所称数据，是指任何以电子或者其他方式对信息的记录"❶。这一条款对数据的定义主要体现在两个方面：首先，数据被定义为"对信息的记录"，这些信息可以是文字、图像、声音、视频、地理位置等，该定义限定了在《数据安全法》的规范体系之下，数据的本质在于对信息的记录，该定义是从功用之角度对数据这个法律术语进行的说明，即数据是一种对信息的记录。其次，对信息的记录方式可以包括电子或者其他方式，表明数据的记录方式并不局限于电子形式，也包括纸质、磁盘、光盘等其他所有可能的记录形式。这意味着在该法律规范的体系下对数据的保护和规定是全面而广泛的，即考虑到数据相关技术的进步和新的信息记录形式的出现，在《数据安全法》的语境下，并未对数据定义中的信息记录形式进行严格的限定，而是采用"或者其他方式"的条文表述，留下了相应的解释空间，这体现了立法者在立法时对数据定义的前瞻性和适应性的考量，以适应不断演变的技术和新的应用场景。

国家标准《信息技术词汇第 1 部分：基本术语》中对"数据"的定义为："信息的可再解释的形式化表示，以适用于通信、解释或处理。"❷ 从该定义来看，国家标准中对数据的定义主要体现出以下几个特征：首先，数据是信息的形式化表示，根据该国家标准中对信息的定义"关于客体（如事实、事件、事物、过程或思想，包括概念）的知识，在一定的场合中具有特定的意义"❸，数据是对在一定场合中具有特定意义的关于客体的知识的形式化表示，也就是说，数据是以形式化的表示方式对抽象的关于客体的知识的具体表达。其次，参考 ISO（国际标准化组织）的国际标准 ISO/IEC2382：2015❹，对以上定义中"可再解释的"的理解应是指可重复

---

❶ 《数据安全法》第 3 条第 1 款。
❷ 《信息技术词汇第 1 部分：基本术语》（GB/T 5271.1—2000）01.01.02.
❸ 《信息技术词汇第 1 部分：基本术语》（GB/T 5271.1—2000）01.01.01.
❹ ISO/IEC2382：2015 Information technology Vocabulary.

进行解释的（reinterpretable），即对数据的解释过程是可以反复进行的，对数据的解释（解读）过程是对其中信息的获取过程，是对数据的使用过程，数据的解释过程中不会造成数据的消耗，对数据的使用是非消耗性的。最后，数据是适用于通信、解释或处理的，数据是可以以通信的方式转移的、可以被解读的或者被加工处理的信息的形式化表示。

二、数据资源

数据资源，是指自然人、法人或非法人组织在依法履职或经营活动中制作或获取的，以电子或其他方式记录、保存的原始数据集合。以上定义涵盖了数据资源的来源和形式，首先，数据资源是指自然人、法人或非法人组织在依法履职或经营活动中制作或获取的，这表明数据资源的产生过程应是依法进行的。其次，数据资源可以是电子化的，也可以是通过其他方式记录和保存的，这体现了数据资源形式上的多样性，参考《数据安全法》中对数据的定义，此处对数据资源的定义也考虑到技术和记录方式的未来发展，而采用了非限定性定义。数据资源是原始数据集合体现了数据资源的可塑性特征，即数据资源是产生以后未经处理加工的数据集合。此外，根据《现代汉语词典》（第7版）对资源的解释，资源是指"生产资料或生活资料的来源，包括自然资源和社会资源"[1]，作为原始数据集合的数据资源，是在人的社会活动中产生的可以成为生产资料或生活资料来源的一种社会资源。

《中共中央 国务院关于构建数据基础制度更好发挥数据要素作用的意见》（以下简称《数据二十条》）明确指出"建立保障权益、合规使用的数据产权制度""逐步形成具有中国特色的数据产权制度体系"，并创造性地提出构建"数据资源持有权、数据加工使用权、数据产品经营权""三权分置"的产权结构体系，为数据产权制度化法律化提供了政策依

---

[1] 中国社会科学院语言研究所. 现代汉语词典［M］. 7版. 北京：商务印书馆，2017：1732.

据。❶《数据二十条》针对数据处理者对未经处理的数据资源的持有创造性地提出数据资源持有权,从政策的角度承认数据处理者通过记录和保存产生的或通过合法交易等方式取得的原始数据集合的持有。

财政部于2023年8月1日颁布的《企业数据资源相关会计处理暂行规定》(以下简称《暂行规定》)明确了数据资源的确认范围和会计处理适用准则,这有助于规范企业对数据资源的会计处理,强化相关会计信息披露。❷这一规定适用于企业按照企业会计准则相关规定确认为无形资产或存货等资产类别的数据资源,数据资源的会计处理需要根据其持有目的、形成方式、业务模式,以及与数据资源有关的经济利益的预期消耗方式❸等进行。这意味着企业在进行数据资源的会计确认、计量和报告时,需要综合考虑数据资源的具体使用情况和预期利益。数据资源的披露要求也是该规定中的一个重要方面,企业应在会计报表附注中对数据资源相关会计信息进行披露,包括确认为无形资产或存货的数据资源的详细信息,以及对企业财务报表具有重要影响的单项数据资源的内容、账面价值和剩余摊销期限等。

三、数据要素

数据要素,属于经济学概念,是指参与社会生产经营活动,为所有者或使用者带来经济效益的数据资源。它强调数据的生产价值,是数字经济发展的基础和关键资源。党的十九届四中全会首次将数据纳入生产要素,使数据成为土地、劳动力、资金、技术之外的第五大生产要素。❹ 参与社会生产经营活动的数据不同于传统的生产要素,它可以被多次使用,而且每次使用都可能因挖掘程度的不同带来新的价值。同样的数据要素,也会

---

❶ 张素华,王年."三权分置"路径下数据产权客体的类型谱系[J].法治研究,2024(2):47-60.

❷ 财政部推动强化企业数据资源会计信息披露——数据资源"入表",明年起实施[N].人民日报(海外版),2023-08-24(04).

❸ 财政部《企业数据资源相关会计处理暂行规定》第2条。

❹ 新华社:党的十九届四中全会《决定》全文发布[EB/OL].(2019-11-05)[2024-07-07]. https://china.huanqiu.com/article/9CaKrnKnC4J.

因利用角度的不同带来不同的价值。数据要素能够直接或间接地为企业或个人带来经济效益，这种价值可能是交易数据或数据产品所带来的直接经济效益，也可以是利用数据节省成本、增加收入或提高效率的间接经济效益。

四、数据产品

数据产品，是指自然人、法人或非法人组织通过对数据资源投入实质性劳动形成的数据及其衍生产品，包括但不限于数据集、数据分析报告、数据可视化产品、数据指数、应用程序编程接口（API 数据）、加密数据等。[1] 数据产品是自然人、法人或非法人组织通过对数据资源投入实质性劳动形成的，数据产品不再是原始数据的简单集合，它是对数据资源投入实质性劳动的劳动成果，这里的实质性劳动可能涉及对数据资源的清洗、处理、分析和可视化等多种劳动付出。例如，数据集是数据产品的常见形式，它们是经过组织和整理后的原始数据集合。数据产品的核心功能是辅助决策或直接驱动生产经营活动，它们可以是辅助决策型数据衍生产品，如利用销售数据或财务数据形成的辅助决策数据集，提供数据分析结果帮助人们进行业务分析和决策；也可以是与人工智能等其他技术结合使用的智能决策型数据产品，如根据数据分析结果自动执行决策和行动的纯软件的智能决策型数据产品——个性化推荐系统或软硬件结合的智能决策型数据产品——无人驾驶汽车。数据产品是数据和实质性劳动结合的产物，它们通过提供深入的数据分析、直观的数据展示和自动化的决策支持等，成为企业和个人在数字化经济时代不可或缺的工具。随着数字化经济的发展，作为新质生产力重要组成部分的数据产品的开发和管理将变得越来越重要，企业需要构建适合自己的数据产品体系，充分挖掘数据资源的价值，以实现持续的业务增长和创新。《数据二十条》针对数据处理者对数据产品的经营创造性地提出数据产品经营权，从政策的角度确立了自然人、法人或非法人组织等对数据产品付出实质性劳动的数据处理者取得处理后的数据或其衍生产品后的经营权益。

---

[1]《深圳市数据产权登记管理暂行办法》第 2 条。

五、数据资产

数据资产，其本质为符合企业会计准则关于资产定义的数据资源，即特定主体合法拥有或者控制的，能进行货币计量的，且能带来直接或者间接经济利益的数据资源。❶ 首先，数据资产作为一种数据资源，是由特定主体合法拥有或控制的。这里的特定主体可以是个人、企业或者其他组织，这些主体通过合法的途径获取并管理数据资源，从而形成自己的数据资产。同时，这些主体对数据资产的拥有或控制过程必须是合法的，即符合相关法律法规的规定。包括但不限于对数据的收集、使用、存储、加工、传输、提供、公开的各个环节，都必须符合《个人信息保护法》《数据安全法》《网络安全法》以及其他相关法律法规的要求。数据资产的价值需要能够以货币的形式进行计量，货币作为一般等价物，可以用来衡量资产或资源的价值，当某项资产或资源能够以货币形式计量时，意味着可以为其赋予一个具体的数值，从而在经济活动中进行比较和交易。以货币的形式进行计量，即是基于一般等价物为数据资产的价值赋予一个具体数值的量化过程，这种量化意味着数据资产能够参与市场经济活动，有助于市场参与者根据其价值做出更加合理的经济决策。数据资产能带来直接或者间接经济利益，数据资产的核心价值在于其能够为拥有者带来经济利益。这些利益可以是直接的，如通过数据或数据产品的直接销售、数据服务的提供等方式获得直接收入；也可以是间接的，如通过数据分析优化业务流程、提高决策效率、增强市场竞争力等，从而间接推动经济效益的提升。

六、数字资产

数字资产，是指利用区块链等相关技术，将数字信息以代码的形式表达，并通过网络传播、存储和交易的资产。例如，加密货币、代币、数字藏品等。数字资产通常依赖区块链技术，区块链技术是一种分布式数据库

---

❶ 《数据资产评估指导意见》第 2 条。

或分类账技术，能够提供去中心化的数据存储和验证机制。数字资产以代码的形式表达，这意味着它们是通过算法和程序创建、管理和交易的。通过网络传播、存储，表明它们的流通和存储不依赖传统的物理媒介，而是在网络环境中进行，这一点也是数字资产有别于可以以其他形式记录的数据资产的一大不同之处，数字资产依赖区块链等技术，而数据资产则不一定，它们可以以任何形式存在，不局限于技术平台。数字资产的交易往往通过加密交易平台进行，而数据资产的交易可能更多样化，包括通过提供数据服务、API 接口等。数字资产的价值通常通过交易或人为的稀缺性实现，而数据资产的价值则可以通过数据分析、数据应用等方式实现。

第二节 数据的基本属性

在数字化浪潮的推动下，数据的价值和功能渗透社会的各个角落，从而引发了对数据法律地位的广泛关注和深入探讨。本书所讨论的"数据资源""数据资产""数据产权"等概念，其核心都是"数据"这一客体，因此，数据的法律属性直接决定了数据能否资产化，是数据资产化过程中的关注因素。因此，数据的法律属性，作为一个多层次且复杂的概念，不仅关系到数据的使用和管理，也关系到个人权利和社会秩序的维护。本书在"自然属性—社会属性—法律属性"纵向研究方法和"类型化"横向比较方法的基础上，创新性地提出"三维定位"分析方法。这一方法从场景、阶段、身份三个维度重新定位和解构数据属性。场景维度揭示了不同应用领域数据的差异化特征，阶段维度刻画了数据在其生命周期中的动态演进规律，身份维度则描摹了数据治理中的主体地位和利益格局。三维定位方法从多个向度丰富和细化了对数据属性的认知，与前两种方法相互补充、有机统一，共同构成本书的完整方法论体系。三种方法的综合运用，必将极大拓展数据法律研究的广度和深度。

一、数据的自然属性

数据，作为人类认识世界、研究事物的基础，具有其独特的自然属性。正如"数据"一词的拉丁语词源"datum"所示，数据是"给定的"，是客观存在的事实和资料。它既非纯粹的物质，也非纯粹的精神，而是介于二者之间的一种特殊存在形式。在探讨数据的法律属性时，我们之所以从自然数据开始讨论，并采取"自然属性—社会属性—法律属性"这一纵向研究方法，是因为这三种属性之间存在内在的逻辑递进关系和层级递升关系。❶

首先，数据的自然属性是其作为客观存在的基础性质，是其他属性得以展开的前提。数据的无形性、非排他性、可复制性等先天禀赋，决定了其在流转、利用过程中的独特规律，也预设了其在社会关系中的特殊地位。可以说，数据的自然属性是理解数据本质、把握数据特点的逻辑起点。其次，数据的社会属性是在其自然属性基础上展开的。当数据进入社会运行体系，与不同主体和场景发生联结时，它就被赋予了特定的社会意义和功能。不同的数据类型，如个人数据、企业数据、政府数据等，体现了不同的利益诉求和权利关系。这些社会属性既源于数据的自然禀赋，又超越了数据的自然形态，体现了数据在复杂社会网络中的中介地位和关系属性。最后，数据的法律属性是对其自然属性和社会属性的规范表达。法律作为调整社会关系的规则体系，必须回应数据领域的客观需求和利益冲突。这就要求我们在立法和司法中，充分考虑数据的自然特性，如针对其无形性设置特殊的权利保护规则，针对其可共享性完善合理使用制度等；同时也要兼顾数据的社会功用，在不同主体和场景中平衡利益冲突，构建和谐有序的数据关系。可见，数据的法律属性是在其自然属性和社会属性基础上的提炼和升华。

由此可见，"自然属性—社会属性—法律属性"三者之间存在递进和递升的关系：自然属性是基础，社会属性是展开，法律属性是提升。这一逻辑脉络体现了人们认识问题、分析问题、解决问题的思维进路。通过这样一个纵向研究过程，我们可以循序渐进地深化对数据属性的系统性认识，并在此基础上形成科学合理的数据法律制度。

---

❶ 文禹衡. 数据产权的私法构造［D］. 湘潭：湘潭大学，2018.

（一）非排他性

数据的非排他性根源于其超越时空限制的无形属性。与有形物的占有和使用受到客体稀缺性约束不同，数据在同一时间、不同空间中可以同时为多个主体所把握和运用。这是因为，数据作为一种信息记录，其存在形式不依赖唯一的物理载体，而是能够通过复制的方式在不同主体间传播，且这种传播并不影响原始数据的存在和完整。正是由于不受时空限制，数据的占有和使用天然具有非排他性。

虽然数据具有天然的非排他性，但当数据被收集、加工处理后形成数据集合和数据产品时，情况有所不同。这些经过人为加工的数据往往蕴含了加工者的劳动成果和商业价值，可能需要通过知识产权等法律工具予以保护，防止未经授权地复制或使用。在这个阶段，数据产品可能会展现出一定程度的排他性，即对数据的使用和访问被某种法律或技术手段所限制，以确保数据加工者的投入得到合理回报。❶ 此外，关于处于公开状态的非独创性大规模数据集合的保护问题，应当为耗费实质投入并达到实质规模的大数据集合设置有限排他权。❷

因此，本书中讨论数据产权时，所指的是对"数据资源"或"数据资产"的权利界定与保护，这类数据产品相较于原始数据而言，具有更多的排他性。立法在赋予数据产品一定排他权能的同时，仍须注重平衡社会公众利用数据的需求，在激励数据开发利用与促进数据共享间寻求最佳平衡点。

（二）可复制性

数据的另一重要属性是可复制性与传递性。与有体物必然具有唯一性和稀缺性不同，数据可以通过复制的方式在不同主体之间快速传播，而不影响原始数据的存在和完整。在复制和传播过程中，数据还可能产生加工、修改、衍生等变化，从而形成新的数据产品和服务，创造出更大的价值。数据的可复制性极大地提升了数据资源的利用效率。

---

❶ 沈健州. 数据财产的排他性：误解与澄清［J］. 中外法学, 2023, 35（5）：1165-1183.
❷ 崔国斌. 大数据有限排他权的基础理论［J］. 法学研究, 2019, 41（5）：3-24.

※ 数据资产入表与资本化

数据复制的一个显著特点是复制过程无损耗。不同于自然资源的开采利用会导致储量减少，也不同于实物产品的生产制造会消耗原材料，数据的复制并不会对原始数据造成任何减损。无论复制多少次、传播给多少主体，原始数据始终保持其完整性和可用性。这种无损复制特性意味着，数据可以在不同主体间反复共享使用，且边际成本趋近于零，有利于实现规模化应用和价值倍增。

数据复制的另一突出特点是即时产生性，也就是具有"消费—产生"的双重属性。[1] 在数据被利用的过程中，往往会自动产生新的数据。比如地图软件在提供导航服务时，一方面在消费后台海量的地图数据，如道路、兴趣点等信息；另一方面又在实时采集用户的位置、轨迹等数据。用户使用导航的过程，就是地图数据被消费的过程，也是新的用户行为数据不断即时产生的过程。类似地，数据分析、查询、整合等各类数据应用场景，都会在消费已有数据的同时，衍生出新的数据，形成数据的正向循环。可以说，数据天生具有一种"越用越多"的高产特质。原始数据经过层层加工利用，会产生越来越丰富的衍生数据，体现了数据作为一种新生产要素的巨大创造力。

高效的数据传输能力正在重塑社会生产生活的方方面面。例如，政务数据的跨部门共享能够实现业务协同和快速响应，金融数据的实时传输能够支撑风险监测和极速交易，用户数据的秒级分析能够精准预测需求变化和指导生产调节。可以预见，随着5G、工业互联网等新型基础设施的演进完善，数据传输的速率、可靠性、安全性还将进一步提升，由此必将进一步释放数据价值，带来生产力的整体跃升。

（三）价值性

数据作为一种新型生产要素，既体现为单个数据的独特价值，也体现为多源数据关联后的聚合价值。每一条数据都是对客观世界的一种特定描述，都以其独特的信息内涵展现出自身的价值；同时，当海量数据聚合在一起时，数据之间的关联又会产生出单独数据所不具备的崭新价值。这二

---

[1] 文禹衡. 数据产权的私法构造 [D]. 湘潭：湘潭大学，2018.

者共同构成大数据时代数据价值创造的两大机理。

每一条数据都具有其特定的信息含量和价值，都以独一无二的形式反映了客观事物的某一方面。例如，一条用户浏览记录反映了特定用户的兴趣偏好，一条设备运行记录反映了特定设备的性能状态，一条气象监测数据反映了某一时空范围内的大气状况。正是由于每条数据所承载的信息内容不同，它们才具备了独特的使用价值。数据聚合后将产生崭新价值。当海量的、多源的数据汇聚在一起时，我们不仅可以从宏观上洞察事物的整体图景，也可以通过数据之间的关联分析，发现事物内在的关联规律，由此创造出大于局部数据之和的聚合价值，这也正是大数据价值创造的奥义所在。[1] 因此，数据价值的释放，既要善于发掘单条数据的独特性，又要注重挖掘数据聚合的关联性。这就需要我们树立大数据思维，推动数据治理模式创新，在"独"与"和"中实现数据价值最大化。一方面，要进一步拓展数据采集的广度和深度，充实数据要素的多样性。要紧跟数字技术的迭代演进，从物联网、移动互联、社交网络等新型渠道持续汲取数据资源，不断丰富对人类社会和自然环境的数字化描摹。要针对不同行业、不同领域，分层分类推进数据要素体系建设，做到因需而采、以用施采。另一方面，要积极推动数据汇聚共享，激活关联数据的聚合价值。要打通部门间、区域间的数据壁垒，推动政务数据、公共数据、商业数据的跨界流动和融合创新。要搭建数据共享平台，健全数据开放机制，营造数据要素高效协同、充分利用的生态环境。要遵循数据关联规律，丰富数据分析维度，创新数据融合应用场景，让数据红利惠及全社会。

数字时代的核心战略资源是一个能涵盖海量独特数据、并能充分挖掘数据关联价值的大数据体系。唯其规模之大、样态之广、关联之密，大数据才对传统生产要素形成"降维打击"，成为引领新发展阶段的关键变量，亦为数据价值性之体现。

数据的非排他性、可复制性和价值性，是其最为突出的三大自然禀赋。非排他性意味着数据能够被多主体共享利用，可复制性意味着数据能

---

[1] 孟小峰，慈祥. 大数据管理：概念、技术与挑战 [J]. 计算机研究与发展，2013，50 (1)：146-169.

够低成本地扩散传播，而价值性则体现在单条数据的独特信息载荷，以及数据汇聚后的信息增殖。这些属性共同塑造了数据区别于传统物质资源的特殊财产形态。

具体而言，数据财产权利的内涵和边界，必须立足于数据自然属性的独特规律。非排他性决定了数据很难被单一主体所垄断占有，因此其财产权形式要体现出较强的共享属性；可复制性意味着数据价值会在流通中不断放大，因此应赋予数据财产权以较大的流动空间；多元价值性则要求数据财产权能够适应不同利用场景，回应利用主体的差异化诉求。

了解数据的这些自然属性，为构建一个开放、包容、灵活的数据财产权制度提供了底层逻辑。未来的数据财产权利形式，应是一种能够动态适应数据利用全生命周期，协调各利用主体利益边界的新型权利安排。它既要激励数据生产和创新应用，又要为社会化共享数据提供制度保障。

深刻认识数据的自然属性，是准确把握数据法律属性内涵和外延的基础。下一步，作为人类活动的产物和记录，数据连接着错综复杂的社会关系网络，厘清不同类型数据的社会属性，平衡数据活动各方的利益诉求，将是未来数据治理体系构建的重要内容。这需要我们在数据财产权的设计中予以兼顾。

二、数据的社会属性

在探讨数据的社会属性时，我们着重采取类型化的横向研究方法。类型化研究方法已在法学领域得到广泛运用。[1] 一般认为，类型化的核心要义在于，根据法律事物的综合特征、整体印象，将其划分为若干类型，并分别适用不同的规则，以回应事物的多样性，如刑法领域刑法类型化思维可以被视为一种"最基本"的刑法方法论，被普遍地运用于刑事立法领域，以解决刑事立法和刑事司法有效衔接问题。[2] 对于数据而言，通过梳理不同类型数据的源头、流向、应用等因素，分析其中蕴含的法益类型和

---

[1] 李可. 类型思维及其法学方法论意义——以传统抽象思维作为参照 [J]. 金陵法律评论, 2003 (2): 105–118.

[2] 周光权. 类型化思维: 一种基本的刑法方法论 [N]. 检察日报, 2021–09–07 (3).

利益诉求，进而设计差异化的法律规则，正是类型化思维的体现。

从数据价值的产生过程来看，数据是用户和平台持续互动、共同投入的结果。不同主体基于各自的需求和目的，与数据形成复杂的利益关联。这种利益关联既包括个人在数据中体现的人格利益，如隐私权、名誉权等；也包括数据对各方的财产意义，如数据的使用价值、交换价值、收益价值等；还包括数据所具有的公共利益属性，如数据对国家治理、社会发展的基础性作用。可见，数据法益是一个多元主体参与、多重利益交织的复合体，很难用单一的权利类型涵盖。

从数据的应用场景来看，不同类型、不同领域的数据在流转和使用中呈现出显著差异。例如，涉及国家安全和社会公共利益的数据，其公益属性更为突出，国家对此类数据的管控力度相对更大；而在个人信息领域，数据权益的核心是保护私人权益和维护个人尊严，因而更强调个人对数据的控制权；在工业生产、商业经营中，数据既是竞争优势的源泉，也是合作共享的对象，因而需要在促进利用和保护权益间平衡。这种应用场景的多样性，要求我们根据不同情境设置差异化的规则。

数据内涵外延的不断拓展，已经使数据上升为一个类概念。它涵盖了结构化数据、非结构化数据、实时数据、历史数据等多种形态，既包括传统的政务数据，也包括互联网平台的用户数据、企业的生产运营数据等新型数据。对于不同类型的数据，其权属边界、开放条件、利用方式等必然存在差异。因此，既不能用过于抽象笼统的概念规制数据，也不能对所有数据适用"一刀切"的规则，而应实施类型化的精细治理。

综上，采取类型化方法研究数据法益，能够应对数据形态的复杂多样性，回应数据利益的多样性和复杂性，促进数据规制的精细化和精准化。这一横向研究视角与纵向研究路径相辅相成，共同构成理解数据法律属性的基本方法。

（一）多场景性

由于人类社会活动的多样性和复杂性，数据生产和应用与人类活动同步渗透，贯穿社会生产生活的各个场景，并呈现出与具体应用场景相适应的差异化特点和价值功用。正是数据应用场景的多元化，构成了数据价值生成的基本社会土壤，而这也是数据社会属性的第一种划分方法。

1. 数据应用场景的广泛性

数据应用场景遍布经济、社会、民生等各个领域，呈现出空前的广泛性和多样性。❶《"数据要素×"三年行动计划（2024—2026年）》明确提出，要选取工业制造、现代农业、商贸流通、交通运输、金融服务、科技创新、文化旅游、医疗健康、应急管理、气象服务、城市治理、绿色低碳等12个行业和领域，推动发挥数据要素乘数效应，释放数据要素价值。可见，从生产到流通、从消费到服务、从治理到民生，几乎涵盖国计民生的方方面面。

这种广泛性源于数据应用与人类活动的同步渗透。随着数字技术的加速普及，人类社会的生产生活无时无刻不在产生数据、使用数据。企业运营管理、社会治理服务、居民日常生活，方方面面都对数据形成了内在依赖。正是数据应用场景的无所不在，构成数据价值生成的丰沃土壤。理解数据的场景属性，需要我们用数据应用的社会广度来审视数据价值的增殖逻辑。

2. 数据多场景融合趋势

随着数字经济的纵深发展，原本割裂的数据应用场景正加速融合，多场景协同应用成为新趋势。一方面，随着数据共享交换机制的完善，不同行业、不同部门、不同区域的数据壁垒正逐步打破，数据在场景间的横向流动更加顺畅，由此催生出更多跨场景的创新应用；另一方面，随着新一代数字技术的演进升级，云计算、物联网、区块链、人工智能等技术对数据处理、传输、应用能力的提升，让数据在采集、共享、分析、应用等环节的纵向流通更加高效，进而推动数据在更大范围内实现多场景融合。

《"数据要素×"三年行动计划（2024—2026年）》中提出的一系列行动，就是多场景融合趋势的缩影。例如，在"数据要素×工业制造"行动中，就强调"推动制造业数据多场景复用，支持制造业企业联合软件企业，基于设计、仿真、实验、生产、运行等数据积极探索多维度的创新应用"；在"数据要素×交通运输"行动中，也明确要求"打通车企、第三

---

❶ 于小丽，姜奇平."数据要素×"中复用场景分类[J].互联网周刊，2023（24）：10-16.

方平台、运输企业等主体间的数据壁垒，促进道路基础设施数据、交通流量数据、驾驶行为数据等多源数据融合应用"。由此可见，打破场景壁垒、促进多场景融合已成为数据价值革命的新方向。

事实上，随着数字孪生、元宇宙等概念的兴起，数据多场景融合有望实现虚实场景的全面打通。通过将现实世界的人、物、场等多维数据映射到虚拟空间，再利用虚拟空间的模拟优化反哺现实改进，数据将在机器与现实、线上与线下的无缝衔接中，催生出全新的应用场景和价值空间。可以预见，数据场景融合趋势的加速演进，将极大拓展数据社会属性的外延和内涵。

（二）阶　段　性

数据的阶段性特征源于数据在不同发展阶段中主体角色和价值诉求的变化。具体而言，数据在生命周期的不同阶段呈现出以下多元属性，是对数据社会属性的另一种类型化分析方式。

1. 个人信息属性：初始阶段的主导特征

在数据的初始采集阶段，个人信息属性通常占据主导地位。这一阶段的数据主要源于对个人客观信息的记录和提取，如个人的身份信息、行为轨迹、生物特征等。这类数据与个人主体的关联最为紧密，直接涉及个人隐私，对个人人格利益有着重大影响。因此，在数据的初始阶段，个人对其信息享有较强的控制权，如知情权、决定权等。保护个人信息是这一阶段数据治理的首要任务。

2. 企业财产属性：应用拓展阶段的关键诉求

随着数据进入存储、加工、应用等后续阶段，企业日益成为数据活动的核心主体。企业通过技术手段和商业模式，将分散的原始数据转化为具有经济价值的信息资产。数据成为企业的关键生产要素和竞争资源。相应地，企业对其投入形成的数据资产主张财产性权益，如占有权、使用权、收益权等。这一阶段数据治理的重点在于激励企业的数据应用创新，同时规制不当的垄断行为，维护公平有序的市场竞争秩序。

3. 公共资源属性：社会化应用阶段的价值诉求

当数据的规模化积累和关联性分析达到一定程度，其社会效用价值开始显现。一些关乎公共管理和公共服务的数据，对政府治理和社会运行有着重要意义。为实现数据的社会价值，政府开始推动分散数据向公共资源的转化，通过数据共享开放等方式，鼓励数据在社会各领域的创新应用。这一阶段数据的公共资源属性上升为主导诉求，如何在促进数据开放流通的同时保障数据安全，成为数据治理的关键。

4. 国家战略属性：数据要素化阶段的战略诉求

当数据上升为关系国计民生、经济命脉的基础性战略资源，国家在数据治理中的主导地位愈发凸显。国家对关系国家安全和利益的关键数据负有战略调控的职责，对事关国家核心技术和关键基础设施的数据行使最高管辖权。这标志着数据发展进入要素化阶段，成为国家战略资源，对国家竞争力和可持续发展有着全局性影响。这一阶段的数据治理需要立足国家战略高度，统筹发展和安全，将数据治理纳入国家治理的总体布局。

5. 数据的多元属性

上述多元属性在现实中往往交织共生，呈现出复杂多变的组合状态。同一数据可能同时具备多重属性，如个人信息数据在商业应用中也可能呈现企业财产属性。不同属性的凸显程度也可能因场景而异，如突发公共事件中数据的公共资源属性可能更加突出。因此，对数据多元属性的认知，需要立足数据全生命周期，以发展的、动态的视角审视数据的权益图景，在制度设计中因时因地制宜，动态平衡不同主体的利益诉求。

（三）身　份　性

在数据驱动的社会中，不同主体因其在数据处理活动中承担的特定角色，而呈现出相应的身份属性。这些身份属性界定了主体在数据权属关系中的地位，决定了其所享有的权利和应承担的义务。数据身份性反映了数据治理需要立足角色分工，在权责界定上实现动态平衡。

具体而言，数据身份性主要体现在数据控制者、处理者、持有者、加工者、经营者等不同角色身份的划分与定位。数据控制者是决定数据处理目的和方式的主体，对数据处理活动承担首要责任，享有对数据处理的决定权和监管权；数据处理者接受控制者委托实施数据处理，负有遵从控制者指令、确保数据安全的义务；数据持有者是数据的实际占有者，有权决定数据的提供和使用条件；数据加工者对数据进行加工处理并提炼价值，对加工后的数据享有一定的权益；数据经营者则致力于盘活数据资产、促进数据流通交易。这些不同的角色身份，反映了数据治理分工的精细化和数据权责配置的多元化。

需要指出的是，在现实中，同一主体可能同时具有多重身份属性。例如，数据持有者在授权他人加工数据的同时，也可能兼有控制者的身份。互联网平台既是海量用户数据的持有者，也是数据的加工使用者，还可能成为数据交易的经营者。这种身份的叠加性使得数据权属关系更加错综复杂。如何在身份交叉中厘清各方权责边界，确保身份定位清晰、权责划分合理，是数据身份性议题的重点和难点。

数据身份性理论的提出，为数据治理完善提供了新的思路。一方面，通过角色分工和身份界定，有助于细化数据活动各环节的责任主体，为数据全生命周期管理奠定基础。另一方面，通过身份关联下的利益协调机制，有助于引导数据活动各方形成合作共生、互利共赢的良性关系。可以说，数据身份性理论直击数据治理的核心，对于优化数据资源配置、提升数据价值转化具有重要意义。

1. 数据角色分工与关系定位

数据治理框架中对不同角色的界定，本质上正是一种关系构建的方式。通过明确界定数据生产、加工、应用等环节的主体角色，并划定各方权责边界，数据治理实际上在为数据流通编织一张关系之网。这种制度化的角色分工，使得原本松散无序的数据活动转变为有向度的关系流动，进而引导形成基于一定规则的关系秩序。

欧盟 GDPR 对数据控制者（Controller）❶ 和处理者（Processor）❷ 的界定，以及我国《数据安全法》《个人信息保护法》对个人信息处理者、委

---

❶ 根据《通用数据保护条例》（GDPR）第 4 条第 7 项："数据控制者"指能单独或与他方共同决定个人数据处理目的和方式的自然人或法人、公共机构、政府机关或其他组织。

❷ 根据《通用数据保护条例》（GDPR）第 4 条第 8 项："数据处理者"指代表数据控制者处理个人数据的自然人或法人、公共机构、政府机关或其他组织。

托处理等角色的界定，都体现了这种关系构建思路。通过划分不同的角色，法律实际上界定了各方在数据流动中的地位，并由此设定了相应的权利义务关系，如控制者对处理者的监管义务，处理者对控制者的忠实义务等。这种关系设定有助于明晰各方责任边界，规范数据流动秩序。

我国 2022 年发布的《数据二十条》则进一步丰富了数据治理中的角色体系。《数据二十条》提出了数据持有者、数据加工者、数据产品经营者等概念，并明确各方权益保护要求。这种角色划分实质上勾勒出一幅多元协作的数据关系图谱：数据持有者处于数据来源的上游，通过开放共享激活数据活力；数据加工者提炼数据价值，是数据流通的中坚；数据经营者搭建供需桥梁，促进数据交易。三类角色分工协作，构建起高效流转的数据血脉。

可见，通过界定数据控制者与处理者、数据持有者与加工者、数据经营者等角色，GDPR 和《数据二十条》实际上为不同主体间的数据流动提供了一套关系坐标。这为理顺数据全流程各环节的协作秩序奠定了基础。

2. 数据交互中的身份关系演进

数据关系网络的形成，还体现为数据在不同主体间流转交互中关系的动态演进。通过数据的跨主体流动，原本松散的数据持有者、加工者、使用者被编织进一张数据利益共同体之网，彼此建立起千丝万缕的联系。而围绕数据开放、共享、交易、应用等方面制度规则的完善，则进一步引导和规范了这种数据交互关系。

以 GDPR 为例，其中的数据可携带权（Right to Data Portability）条款❶，要求控制者按数据主体要求，将数据传输给另一控制者。这实际上通过赋予数据主体对数据去向的控制权，重塑了数据主体与控制者之间的关系，推动实现用户选择权和控制者竞争的双赢。可见，通过鼓励数据在控制者间的自由流动，GDPR 实际构建了一种开放包容的数据利用关系网络。

---

❶ 根据《通用数据保护条例》（GDPR）第 20 条第 1 项：数据主体有权获取其提供给数据控制者的相关个人数据，其所获取的个人数据形态应当是结构化的、通用的和机器可读的，且数据主体有权将此类数据无障碍地从该控制者处传输至其他控制者处。

我国《数据二十条》同样十分注重通过制度规则引导数据交互关系的良性发展。一方面,《数据二十条》提出推进实施公共数据确权授权机制,鼓励企业依法合规开放数据。这有助于打破部门间、主体间的数据壁垒,畅通社会数据流动的关系通道。另一方面,《数据二十条》又明确要求规范数据交易行为,完善交易规则,健全数据安全管理制度。这意味着,《数据二十条》在鼓励数据流通应用的同时,也注重为数据交互设置行为边界,以防范风险,确保数据关系网络健康运转。

由此可见,通过对数据交互行为的规范引导,GDPR 和《数据二十条》实际上促进了数据利益相关方关系网络的持续优化,构建起开放有序、包容创新的数据关系新格局。

3. 数据协同中的身份关系融合

数据关系的构建,更深层次地体现为不同主体在数据协同中实现优势互补、利益融合,进而带来整个数据生态的关系重塑。这种关系融合,不仅拓展了数据价值流动的广度和深度,更催生出全新的数据协同模式,为经济社会发展注入新动力。

以数据持有者与加工者的协同为例。传统的数据关系中,由于各自掌握的数据维度有限,双方往往难以深入挖掘数据价值。但随着制度环境的完善,双方逐步建立起数据互信共享机制,加工者可以更便捷地获取持有者的数据,并将之与自身数据融合分析,反哺持有者决策改进。在这个过程中,持有者和加工者突破了原有数据边界,实现了优势互补,进而带来数据协同价值的倍增。可见,通过推动数据协同,制度实际上促进了持有者与加工者关系的深度融合。

三、数据的法律属性

(一)数据法律属性三维空间定位法

数据的三维空间定位研究方法,是一种创新的数据属性分析范式。它借鉴了数学和物理学中的三维坐标系概念,构建起一个由场景（X 轴）、阶段（Y 轴）、身份（Z 轴）三个维度构成的立体框架,以实现对数据的精准定位和全景描述。这种立体式的思维方式，在其他领域也有生动体现。例如，在医学领域，疾病的诊断和治疗需要综合考虑病症（场景）、病程（阶段）、患者自身状况（身份）等多重因素。再如，在社会学研究中，个体的行为也是其所处情境（场景）、生命历程（阶段）、社会角色（身份）等多重力量交互影响的结果。这些例证昭示我们，对复杂事物的认知，需要跳出单一视角的桎梏，构建多维分析框架，方能达致全局式的把握。

通过对数据在这三个坐标轴上的投影分析，我们可以全方位揭示数据的社会属性，进而引出数据的法律属性，并在此基础上展开法律规制的多维探索。具体而言，这三个维度的内涵可比拟如下。

（1）场景维度（X轴）：正如X轴代表空间的横向延伸，场景维度反映了数据在不同领域和行业的广度分布。在这一维度上，我们可以根据企业对数据的依赖程度和应用方式，将其划分为三种类型：数据驱动型、数据要素型和数据赋能型。场景维度还反映了数据在不同领域和行业的广度分布。政务、商业、金融等不同应用场景，恰如X轴上的不同坐标点，标识出数据权属关系的不同形态和规律。解剖数据的场景属性，就像在X轴上标定数据的位置，由此可以揭示数据的领域特性和差异化需求。

（2）阶段维度（Y轴）：如果说Y轴代表时间维度的延伸，那么阶段维度就反映了数据在其生命历程中的动态演进。从萌芽到成长，再到成熟，数据在不同阶段呈现出不同的属性特征，这恰如Y轴上的不同坐标点。通过对数据阶段属性的刻画，我们可以洞察数据内在性质的动态变迁，进而提出差异化的阶段性规制方案。

（3）身份维度（Z轴）：Z轴向度拓展了空间的深度，身份维度则反映了数据权属关系的多层性。控制者、加工者、持有者等不同主体的身份定位，恰如Z轴上的不同坐标点，共同构成数据利益格局的立体图景。立足身份维度分析数据，就是要对数据治理中的主体间博弈给予高度关注，在动态互动中实现规则平衡。

数据的三维空间定位研究方法正是基于这种整体性思维而提出的。它对数据属性的动态性、场景性、主体性等特点给予了充分观照，为数据立法提供了一个纵横交错、立体多维的分析路径。以一家整合电力数据并制作电力数据资产产品的电力公司为例,可以这样分析其数据的法律属性。

(1) 场景维度(X轴):该公司属于电力行业数据要素型企业。电力数据作为其关键生产要素和核心资产,通过采集、加工、应用和交易创造价值。这些数据具有较高的稀缺性和垄断性,是公司核心竞争力的重要来源。不同类型电力数据的关联性和依存性较强,共同构成数据网络,发挥综合价值。

(2) 阶段维度(Y轴):电力公司在数据资产全生命周期管理中,需以企业数据和公共利益为主,兼顾个人信息和国家安全保护。前期应加强数据资产梳理,夯实数据质量基础。中期要做好数据产品规划,实现数据价值转化。后期则应注重数据安全合规,防范企业风险和公众隐患。同时,公司在政企数据共享开放中,还应积极承担社会责任,在服务国家电网和泛在电力物联网建设过程中,始终将国家安全和个人隐私置于优先位置,筑牢数据安全防线。

(3) 身份维度(Z轴):电力公司在数据资源持有、加工使用、产品经营三个层面均有所涉足,呈现出多重身份特征。作为数据持有者,公司需明晰数据产权归属,并就数据许可使用进行严谨规范。作为数据加工使用者,公司应恪守数据处理的基本原则,防范违法违规风险。作为数据产品经营者,公司要平衡好商业利益与公共利益,规避数据垄断和侵权等问题。这三重身份交织重叠,共同塑造了公司复合多元的法律地位。

通过以上分析可见,电力数据的法律属性呈现出鲜明的要素型特征、全生命周期价值、多元主体博弈等图景。唯有立足数据的场景性、阶段性、身份性,因应施策,才能在法律规制中实现促进利用与防范风险的平衡,助力数据要素价值有序释放。

(二) 数据场景性

1. 数据企业类型分类

不同类型企业在数据属性上的差异,必然导致其在法律规制上的差异。数据驱动型企业、数据要素型企业、数据赋能型企业,由于其对数据的依赖程度和应用方式不同,在数据权属边界、利益诉求、法律责任等方面呈现出不同的特点。因此,其数据法律属性所倾向的合规重点也应有所不同。

(1)数据驱动型企业。

数据驱动型企业以数据为核心生产要素和驱动力,其商业模式和盈利方式主要依托于对数据的采集、分析和应用。这类企业汇聚的数据具有规模大、种类多、流转频繁、价值高等特点,数据的获取、利用和保护是其关注的核心议题。同时,这类企业利用数据所产生的法律关系错综复杂,数据权属界定、数据要素流通、个人信息保护等问题亟须厘清。下面以电商平台为例,分析数据驱动型企业的数据法律属性特点。

首先,数据权属多元化。电商平台汇聚了海量的用户数据、交易数据、商品数据等,这些数据可能由平台自身生成,也可能来自平台内的商家、用户等多元主体。平台对自生成数据享有权益,对他方提供的数据则需通过协议约定获得授权。数据权属的多元化特征,要求平台在数据采集和利用过程中,须充分尊重数据权利人的意志,就数据归属、许可方式、使用期限等进行明确约定,防范纠纷风险。

其次,数据多为敏感型数据。电商平台不可避免地会采集用户的姓名、电话、地址等个人信息,接触敏感的隐私领域。同时,平台还可能基于用户的浏览、搜索、购买记录等产生用户画像、信用评价等衍生数据,这些数据往往涉及用户的个人敏感信息。敏感数据的大量汇聚,不仅要求电商平台依法合规处理,还应采取有力的安全保护措施,防止敏感信息的泄露和滥用。

再次,数据流通复杂、频繁。电商平台在开展业务的过程中,不可避免地需要与第三方主体分享数据,例如与供应商共享库存数据,与物流公司对接订单数据等。平台内的商家、广告主等也可能要求平台共享相关数据。频繁的数据流通增加了泄露和滥用风险,电商平台应与数据接收方签署严格的数据安全协议,明确数据许可的范围、方式、期限,禁止未经授权的数据再次共享、公开等。

最后,数据价值依存性强。电商平台利用数据进行用户画像、个性化推荐等增值应用,这些应用高度依赖数据资产。海量数据是平台的核心竞争力,也是其估值的重要组成部分。数据价值的依存性,要求电商平台重视数据资产的积累与保护，在促进数据开发利用的同时，防范数据滥用和泄露风险，维护用户信任和平台声誉。

总的来说，数据驱动型企业大量汇聚和利用数据，数据的权属界定、分类管理、流通控制、价值保护是其面临的主要法律挑战。这就要求企业严格遵守数据保护相关法律，完善内部数据管理和安全制度，规范数据开发利用行为。同时，还应加强用户权益保护，增强用户对数字服务的信任。只有在合规、安全、受信的前提下，数据驱动型企业才能最大限度地挖掘数据价值，以数据驱动业务增长和模式创新。

（2）数据要素型企业。

数据要素型企业是指依托数据资源，将数据作为关键生产要素和核心资产，通过数据的采集、加工、应用和交易创造价值的企业。这类企业并不直接依托数据开展经营活动，而是将数据视为一种战略资源和无形资产，通过数据资产化、要素化，为传统业态赋能、孵化新业态，最终实现数据变现。

从法律属性上看，数据要素型企业掌握的数据资源具有高度的关联性和依存性。一方面，不同来源、不同类型的数据相互关联、交叉验证，形成数据网络，共同发挥价值。企业积累的数据资源越丰富、维度越多，数据价值就越高。另一方面，数据作为企业的关键资产，其价值依存于特定的应用场景。只有与场景深度融合，数据才能真正为企业创造价值。

同时，数据要素型企业所拥有的数据资源往往具有较高的稀缺性和独特性。企业通过自主采集、独家定制等方式获得数据，这些数据难以被复制，具有一定的垄断属性。数据的稀缺性使其成为企业核心竞争力的重要来源。此外，由于不同行业、不同场景对数据的需求差异化较大，针对特定需求定制开发的数据产品和服务，往往能产生独特价值。

数据要素型企业的数据资产价值高度依赖于数据质量和数据安全。企业需要提升全域数据治理水平，建立数据全生命周期质量管控机制，提高数据的准确性、及时性、全面性。同时，还要强化数据安全保护，防范数据泄露、篡改、滥用等风险，维护数据主体权益。唯有在数据质量和数据安全的基础上，数据资产的价值才能充分、持久地释放出来。

从发展趋势看，随着数字经济时代的到来，数据要素的价值将更加凸显。拥有高质量、专业化数据资产的企业，将在未来竞争中占据优势地位。而随着数据确权、定价、交易等机制的逐步成熟，数据资产也将进一步实现价值变现。这对数据要素型企业而言，既是重大发展机遇，也对其数据能力提出更高要求。

(3) 数据赋能型企业。

数据赋能型企业利用数据为原有业务赋能，通过数据的采集、分析和应用，优化生产流程、提升管理效率，实现数字化、智能化转型。这类企业的核心业务仍然是传统的制造、销售等，数据是用来为这些业务赋能的重要工具，但并非唯一的命脉。数据赋能型企业在数字化转型过程中，面临海量多源异构数据汇聚与治理的挑战，需要重点关注数据资产管理、分级分类、隐私合规、数据安全等方面的数据治理问题。

从法律属性上看，数据赋能型企业汇聚的数据虽然规模较大，但其对数据的依存程度相对较低。以智能制造企业为例，数据主要用于优化生产流程、提升管理效率，而非直接创造利润。因此，数据对企业估值的贡献相对有限。与数据驱动型企业相比，数据赋能型企业对数据的利用方式更侧重内部应用，而非频繁的外部流转。企业主要利用数据进行业务流程再造、管理模式创新等，数据在企业内部流转的频率更高。

以智能制造领域的沈阳新飞宇公司为例。新飞宇公司是一家专注于成品油输送管道系统及在线监测系统研发生产的现代化企业。2020年，为提升生产管理效率，新飞宇公司启动数字化车间建设项目，引入设备层数据采集、MES、ERP等系统，打造集生产管理、质量追溯于一体的数字化车间。在这一数字化转型过程中，新飞宇公司汇聚了大量多源异构数据。设备层数据采集系统实时产生设备运行数据，MES系统汇聚生产任务、质量检测等数据，ERP系统集成供应链、财务等业务数据。这些数据主要在企业内部流转，用于支撑智能化生产和精细化管理，对外共享的情形相对较少。❶

当然，数据赋能型企业在数字化转型中仍不可避免地会涉及部分数据

---

❶ 创造易：制造易助力沈阳新飞宇数字化车间建设 [EB/OL]. [2023-09-08]. https://mp.weixin.qq.com/s/9gkkpwwMCjgViCJJqJNqwA.

的对外流转，如与外部软硬件供应商、服务提供商开展数据合作等。这就需要企业重视数据流通的合规性，与合作方签署严格的数据安全协议，明确数据许可的范围、方式、期限等。此外，在数字化转型过程中，数据赋能型企业往往需要打通生产、管理、营销等各个环节的数据，实现数据的融合应用。这对企业的数据整合能力提出了更高要求。企业需要搭建统一的数据管理平台，制定数据质量标准，消除数据"孤岛"，实现数据的互联互通和全流程贯通。

总的来说，数据赋能型企业在利用数据推动传统业务转型升级的过程中，应立足自身数据应用特点，着力提升数据整合、共享、应用等方面的能力，在确保数据安全合规的前提下，充分发挥数据赋能作用，为业务创新注入新动能。

2. 数据行业分类

（1）数据行业合规侧重点的差异。

数据的场景属性反映了数据产生和应用的具体领域和环境。《"数据要素×"三年行动计划（2024—2026年）》明确提出，要选取工业制造、现代农业、商贸流通、交通运输、金融服务、科技创新、文化旅游、医疗健康、应急管理、气象服务、城市治理、绿色低碳等12个行业和领域，推动发挥数据要素乘数效应，释放数据要素价值。可见，在数字经济时代，数据应用场景呈现出空前的广度和多样性。立足场景维度审视数据，可以发现，不同场景下的数据合规重点和监管路径存在明显区别。

以医疗健康数据为例。该领域的数据具有极强的敏感性，直接关系到患者的生命健康权和隐私权。因此，医疗健康数据的合规治理核心是最小化收集和使用患者数据，并尽可能实现数据的匿名化和脱敏处理，防范个人敏感信息泄露的风险。同时，法律也需要支持医疗健康数据在公共卫生监测、流行病预警、新药研发等领域的积极应用，以更好地维护公众健康。本书将在后续章节中，深入剖析医疗健康数据的特点和规律，并提出相应的法律规制建议。

再看金融数据。金融业是国民经济的核心，金融数据的合规与安全事关金融体系乃至整个经济的稳定运行。金融数据合规的重中之重是严守数据安全底线，防范因数据泄露、篡改、滥用等引发的系统性金融风险。同时，法律也要顺应金融科技发展趋势，支持金融机构在合规前提下利用数据创新产品和服务，更好地服务实体经济。本书将在后续篇幅中，系统阐述金融数据的法律规制路径。

此外，工业制造、现代农业、交通运输等领域数据的合规诉求同样各不相同，法律规制的重心也大相径庭。以工业数据为例，合规重点在于保护商业秘密和知识产权，同时确保产业链数据安全共享。而农业数据合规则要着力提升公共数据开放水平，并强化政府数据安全监管责任。交通数据合规需兼顾公共管理需求和运营商商业利益。诸如此类，不一而足。

正如《"数据要素×"三年行动计划（2024—2026年）》所指出的："发挥数据要素报酬递增、低成本复用等特点，可优化资源配置，赋能实体经济，发展新质生产力。"但要真正实现这一宏伟蓝图，单一僵化的数据治理思路是远远不够的。我们必须深入数据应用的具体场景，精准把握不同领域数据的个性化特征，因地制宜地制定差异化的合规方案，在分门别类中实现数据监管的"精准滴灌"。

本书将秉持这一理念，在后续章节中重点论证医疗健康、金融两大关键领域的数据法律问题，同时梳理不同场景下的数据法规制度，以期为我国分领域数据立法提供有益参考。通过场景化、精细化的法律供给，本书力图实现从抽象的"数据"到具象的"数据×"的跨越，用最接地气的方式回应数据治理的时代呼唤。

当然，场景化并非唯一的数据立法思路。数据场景虽然差异显著，但不同场景下数据活动仍有诸多共性。数据确权、流通规则、安全保护等基础性问题，有必要在一般性立法中予以规范。场景化立法应当与统一立法相辅相成、有机统一，二者缺一不可。

（2）医疗健康数据。

医疗健康数据涉及个人身心健康状况的方方面面，包括个人基本信息、生理指标、疾病史、诊疗过程、基因遗传等隐私信息。这些信息一旦泄露，极易导致当事人遭受身份歧视、职业限制、商业推销骚扰等侵害，危及其正常生活。因此，相较于一般个人信息而言，医疗健康数据属于敏感程度最高的数据类型之一。

正因医疗健康数据的高度敏感性，其处理活动必须遵循最小够用原则，采取严格的安全保护措施。《个人信息保护法》将医疗健康数据明确界定为敏感个人信息，要求处理者履行特别的告知义务，并征得个人单独同意。[1] 只有在法定情形或紧急状况下，方可依法豁免个人同意要求。同时，医疗健康数据的加密存储、访问控制、溯源审计等安全防护措施也需要强化，充分保障个人在健康医疗数据共享中对数据的控制权和自决权。[2] 这些严格规定无不彰显了医疗健康数据敏感属性所折射的特殊法益保护诉求。

医疗健康数据不仅事关个人，也深刻影响着公共利益。[3] 海量医疗数据的汇聚分析，是支撑国家公共卫生管理、临床医疗科研、药品器械审评的关键要素。从公共卫生视角看，及时准确的传染病数据直接关系疫情防控成效，慢性病数据则有助于精准施策，控制疾病危害。在突发公共卫生事件中，政府机构更需依法调取、使用必要的医疗数据，服务于流行病学调查、密接者排查、传染源追踪等工作，这已上升为事关国计民生的重大公共利益诉求。

从临床医疗角度看，高质量的诊疗数据可用于疑难病例会诊，提升诊疗效率和质量。[4] 海量病历数据还可用于流行病学研究、药品不良反应监测等，助力医学模式创新。[5] 从药品器械监管角度看，真实药品数据的应用，有助于完善药品全生命周期管理，加快创新药品审评审批，推动监管科学发展。[6] 由此可见，医疗健康数据已成为提升健康中国建设水平的战略性资源，具有服务国计民生的重大公共利益意义。

---

[1]《个人信息保护法》第28条：敏感个人信息是一旦泄露或者非法使用，容易导致自然人的人格尊严受到侵害或者人身、财产安全受到危害的个人信息，包括生物识别、宗教信仰、特定身份、医疗健康、金融账户、行踪轨迹等信息，以及不满十四周岁未成年人的个人信息。

[2] 陈怡. 健康医疗数据共享与个人信息保护研究 [J]. 情报杂志, 2023, 42 (5)：192-199.

[3] 李嘉兴, 王雷, 宋士杰, 等. 重大突发公共卫生事件驱动的医疗数据开放治理模式研究 [J]. 图书情报工作, 2022, 66 (4)：23-32.

[4] 刘珺, 蔡迎, 张向阳, 等. 医疗大数据分析技术在临床医学中的应用 [J]. 中华医学图书情报杂志, 2021, 30 (5)：39-43.

[5] 周成虎, 裴韬, 杜云艳, 等. 新冠肺炎疫情大数据分析与区域防控政策建议 [J]. 中国科学院院刊, 2020, 35 (2)：200-203.

[6] 王勇. 大数据在我国食药智慧监管中的应用 [J]. 中国食品药品监管, 2018 (5)：44-47.

基于医疗健康数据的公益价值，《"十四五"全民健康信息化规划》明确提出，要打破医疗健康数据"孤岛"，在确保数据安全的前提下，促进医疗健康数据共享开放，更好支撑医疗健康服务。国家卫生健康委也发布了《国家健康医疗大数据标准、安全和服务管理办法（试行）》，旨在规范医疗健康大数据的采集、管理、共享、应用，充分发挥大数据在临床决策、健康管理等方面的支撑作用。可以预见，随着多部门数据融合应用的持续深化，医疗健康数据必将在服务民生、创新治理中发挥越来越重要的基础性作用。

《信息安全技术 健康医疗数据安全指南》（GB/T 39725—2020）针对医疗数据的不同应用场景，提出了差异化的安全管理要求。通过对医疗场景的精细化分类，有助于从场景特点出发，量身定制数据安全策略，明确各场景下控制者、处理者的安全责任边界。该国标基于医疗数据流转的不同场景，提出了针对性的合规要求。医生调阅数据的授权管理、患者查询数据的便利保障、临床研究数据的脱敏处理等，都体现了场景化的合规导向。这种精细化的场景划分思路对于厘清医疗数据活动各环节的安全责任具有重要指引意义。

（3）金融数据。

金融数据是一种特殊的数据资产，兼具个人信息属性、企业数据属性、公共利益属性和国家安全属性。[1] 这四重属性交织重叠，使金融数据在确权、定价、流通等方面面临诸多挑战，需要在制度规范和技术创新的双轮驱动下，平衡数据安全与开放、个人利益与公共利益，更好地将数据红利转化为金融治理、社会进步的澎湃动力。

首先，金融数据具有个人信息属性。金融数据多源于客户个人信息，如账户详情、交易记录和财务行为等。这些数据直接反映个人或企业的财务状况、资产信息、信用记录等敏感信息，具有极强的隐私属性，一旦泄露，不仅造成财产损失，还可能引发信用危机、社会舆情等连锁反应。因此，《网络安全法》《数据安全法》《个人信息保护法》等法律法规对包含个人金融信息的数据提出了特殊的合规要求，如采取加密、访问控制等安

---

[1] 陈福. 金融数据资产确权路径研究［J］. 中国银行业，2024（2）：79.

全措施，对外提供时需获得个人单独同意等。这就要求金融机构必须高度重视个人金融信息保护，严格遵守相关法律规定。

其次，金融数据还具有企业数据属性。金融机构通过对个人信息的分析加工，将其转化为宝贵的企业数据资产。这些数据蕴含企业商业秘密，支撑市场分析、风险评估、产品创新等核心业务活动，具有极高的价值属性。企业通过数据挖掘分析，洞悉市场动向、优化业务流程、创新金融产品，从而在市场竞争中掌握先机。可以说，数据已成为金融业核心生产要素和关键竞争力。同时，由于金融行业的特殊性，相关法律法规将金融企业数据界定为重要数据，提出了更高的合规要求。金融机构必须审慎对待企业数据，制定完善的数据治理制度，规范数据全生命周期管理。

再次，金融数据还具有公共利益属性。金融业关乎国计民生，在资源配置、风险管控、社会信用等方面发挥关键作用。金融数据连接个人、企业、政府等多元主体，影响着广泛的客户群体和重大经济活动。一旦数据安全出现问题，不仅危及公众财产安全，还可能引发系统性、区域性金融风险。同时，高质量的金融数据也是提升金融服务覆盖面、支持实体经济发展的重要基础。数据驱动下，金融活水将更精准地浇灌实体沃土。众多创新应用场景正在基于金融数据深度融合，服务民生福祉。因此，金融数据治理必须立足公共利益大局，在保护个人隐私、企业商业秘密的同时，有序推动数据开放共享，激发数据要素活力，更好地服务经济社会发展全局。

最后，金融数据在某些情况下还关乎国家安全。一些关键金融核心数据直接影响国家金融体系安全、经济安全、社会稳定，必须纳入国家安全保护范畴。特别是在当前复杂多变的国际形势下，金融数据安全已上升为国家战略。境外不法分子可能利用数据窃取商业机密、操纵股汇市场，危害金融稳定。对此，金融机构要强化总体国家安全观，将维护数据主权作为肩负的重大政治责任。必须在国家安全审查、数据出境安全评估等方面严格履行义务，筑牢数据"防火墙"，为维护国家金融安全和主权作出应有贡献。

金融数据之所以殊为不同，根源在于其特殊属性的交织重叠。四重属性凸显了金融数据治理的复杂性、系统性、协同性。既要坚持底线思维，织密数据安全防护网，又要立足发展大局，在开放融通中激发数据价值。

（三）数据四重性

数据，在数字时代的社会生活中展现出多元的属性。它既是个人身份的电子投影，也是企业财富的无形资产；既是社会运行的基础资源，也是国家竞争的战略要素。这种属性的差异，反映了数据在不同社会关系中的多重定位。具体而言，数据具有个人信息、企业财产、公共利益和国家安全四种不同属性，其分别对应自然人、企业、政府和国家四种法律关系主体。❶

个人权益保护、企业发展需求、公共利益维护和国家安全保障等多元目标的实现，都有赖于对数据属性的精准识别和平衡法律设计。唯有立足对数据属性的精准把握，在个人、企业、政府和国家等不同主体间厘清界限，在开放利用与安全保护间找到平衡，方能在数字文明的征程中劈波斩浪，用法治的灯塔引领数据驱动发展的航程。

数据四重属性的提出为数据立法开启了一扇分析的窗口。正如水在不同的温度和压力条件下会呈现出截然不同的物态：冰川的坚实、江河的奔流、云雾的缥缈，数据在不同的社会关系语境中也呈现出不同的属性特征。正是这种多样性，造就了数据在数字社会中的广泛作用。透过对数据四重属性的细致梳理，方能探寻数据有序流动的法治轨道。

1. 个人信息属性：隐私保护的底线与安全运用的平衡

个人信息是数据治理的核心议题，其蕴含的隐私权保护诉求构成数据法律属性的基本伦理向度。❷《个人信息保护法》将个人信息定义为"以电子或者其他方式记录的能够单独或者与其他信息结合识别特定自然人身份或者反映特定自然人活动情况的各种信息"。可识别性是个人信息最本质的特征。个人信息之所以需要特殊保护，根本在于其能够识别特定个人。❸

---

❶ 陈福. 数据四重性及其合规系统[M]. 北京：知识产权出版社，2022：92.

❷ 王利明. 论个人信息权的法律保护——以个人信息权与隐私权的界分为中心[J]. 现代法学，2013，35（4）：11.

❸ 苏宇，高文英. 个人信息的身份识别标准：源流、实践与反思[J]. 交大法学，2019（4）：18.

这种可识别性使得个人信息与个人身份、行为等紧密关联，一旦遭到不当利用，极易侵犯个人隐私。基于网络空间，从数据所具有的个人信息属性来看，个人信息与数据的关系可以概括为：数据的范围大于个人信息，但在一定程度上个人信息可以认为是数据的内容，而数据是个人信息的载体。❶

个人信息保护已成为全球普遍共识。纵观全球，隐私权作为一项基本人权，受到了广泛的法律确认和保护。在个人信息保护实践中，欧盟、美国、加拿大等西方国家和地区走在前列，中国、日本、韩国、新加坡等亚洲国家也在加快立法进程，阿根廷、巴西、乌拉圭等拉美国家个人信息保护体系日益成熟，南非等非洲国家也在积极推进相关立法。总体而言，纵观全球个人信息保护实践版图，不难发现一个由点及面、由西及东、由北向南延伸的立法路径图：欧盟《数据保护指令》和 GDPR 提供了综合立法范式，成为全球个人信息保护立法的重要参照；美国等西方发达国家在部门立法基础上加速综合立法进程，并致力于在数字时代升级个人信息保护制度体系；以中国、日本、韩国、新加坡为代表的亚洲国家个人信息保护体系日益成熟，个人信息保护制度竞争力全面提升；拉美、非洲等广大发展中国家也在积极借鉴吸收欧美立法经验，加快推进符合本国国情的个人信息保护立法。个人信息保护立法，正在成为一股席卷全球的时代浪潮，为保障数字时代个人权利、促进数字经济繁荣发展提供坚实的法治保障。

中国高度重视个人信息保护，将其作为数字中国、法治中国建设的重要内容。党的十八大以来，以习近平同志为核心的党中央将维护国家数据安全、保护个人信息作为国家治理体系和治理能力现代化的重要方面，作出一系列重大决策部署。在党中央坚强领导下，全国人大相继出台了《网络安全法》《民法典》《数据安全法》《个人信息保护法》等一系列重要法律，国务院制定了《数据安全管理办法》等行政法规，中央网信办、工业和信息化部、公安部、市场监管总局等部门陆续发布了一系列保护个人信息的规章和规范性文件，共同构建起我国个人信息保护的法律规范体系。

---

❶ 陈福. 数据四重性及其合规系统［M］. 北京：知识产权出版社，2022：93.

* 数据资产入表与资本化

近年来，国家持续加强对App违法违规收集使用个人信息的治理。自2023年以来，各地通信管理局持续通报和整治违规App。例如，上海市通信管理局在2023年通报了4批次共91款违规App及小程序，主要违规行为包括违规收集个人信息、频繁索取权限等。广东省通信管理局通报了8批次共321款未整改的违规App及小程序，并要求下架128款未按要求整改的App及小程序。❶自2024年3月起，工业和信息化部通报了62款存在侵害用户权益行为的App及SDK，要求相关应用进行整改，未整改到位的将依法处置。❷

各部门高度重视个人信息保护行政执法，坚持严管重罚、联合执法，切实维护人民群众合法权益。2020年以来，公安部每年组织"净网"专项行动，依法重拳打击侵犯公民个人信息违法犯罪活动，累计侦破案件3.6万起，抓获犯罪嫌疑人6.4万名，查获手机黑卡3000余万张、网络黑号3亿余个，2020—2023年破获案件数量和抓获人数连续突破新高，打击力度和打击成果空前。❸2023年上半年，全国网信系统聚焦重点、综合施策，依法查处网上各类违法违规行为，累计约谈网站5518家，暂停功能或更新网站188家，下架移动应用程序120款，关停小程序87款，会同电信主管部门取消违法网站许可或备案、关闭违法网站7704家，督促相关网站平台依法依约关闭违法违规账号39 100个。❹

我国个人信息保护虽然尚处于初步探索阶段，但我国司法机关一直秉持对严重侵害个人数据信息的企业严惩不贷的原则，其中最为典型的就是"大数据风控入刑第一案"❺。魔蝎数据公司（以下简称魔蝎公司）主要通过与网络贷款公司、小型银行合作，在其应用软件中嵌入魔蝎公司开发的

---

❶ 蔡鹏，高维钊，陈雨婕. 窥一斑而知全豹：2023年度APP治理全景梳理与展望［EB/OL］.［2024 - 02 - 26］. https：//mp. weixin. qq. com/s/r2H1ii5NBe11d9ohP5WrGg.

❷ 关于侵害用户权益行为的APP（SDK）通报（2024年第2批，总第37批）［EB/OL］.［2024 - 03 - 14］. https：//www. miit. gov. cn/jgsj/xgj/gzdt/art/2024/art_499947f4c22f497e96df28eed43bf898. html.

❸ 公安部召开新闻发布会 通报打击侵犯公民个人信息违法犯罪成效情况［EB/OL］.［2023 - 08 - 10］. https：//mp. weixin. qq. com/s/E - NmcHf_kBd - rFi_EVViJA.

❹ 网信办约谈抖音、微博、微信等网络平台！［EB/OL］.［2023 - 08 - 03］. https：//mp. weixin. qq. com/s/GgrEk54lLpyVVXaH7hNTMw.

❺ （2020）浙0106刑初437号刑事判决书。

前端插件，由插件爬取用户的通信、社保、公积金、电商、学信、征信等各类数据，再提供给合作伙伴判断用户资信。魔蝎公司与用户签订《数据采集服务协议》，约定仅在用户每次单独授权时采集信息，不会保存用户账号密码。但调查发现，魔蝎公司未经用户同意，在自己租用的阿里云服务器上长期保存了多达2100余万条用户账号密码。法院认为，尽管未造成个人信息泄露或被非法利用等后果，但魔蝎公司未经许可持有如此大量个人敏感数据的行为已构成"情节严重"，最终因侵犯公民个人信息罪被判刑。该案彰显了我国司法机关保护个人信息、惩治违法企业的坚定决心，对互联网企业加强数据合规、谨慎对待用户隐私具有重要警示意义。

无独有偶，在美国，科技巨头脸书（Facebook）也因侵犯用户隐私，面临联邦贸易委员会（FTC）的巨额罚款和整改要求。[1] 2012年，脸书曾与FTC达成和解协议，承诺在共享用户数据前必须获得用户明确同意。但此后脸书多次违反该协议，允许第三方应用在未经用户同意的情况下获取用户好友信息。更严重的是，数据分析公司剑桥分析公司通过一款心理测试应用非法获取了超5000万脸书用户的个人信息，并被指控利用这些数据影响了2016年美国大选。在巨大舆论压力下，脸书创始人扎克伯格出席国会听证会接受质询。最终，FTC重罚脸书50亿美元，创下美国隐私领域执法纪录。脸书还被勒令全面整改隐私保护，任命独立隐私委员会监管。"脸书案"成为美国加强互联网隐私立法、规制科技巨头的转折点，推动了联邦和州层面隐私保护立法，为科技企业敲响了隐私合规的警钟。

中美两国隐私保护领域的典型执法案例表明，随着个人信息已上升为数字经济时代的关键生产要素，互联网企业必须以高度的合规意识和责任心对待用户隐私，依法依规收集、存储、使用个人信息，切实履行隐私保护义务，方能在数据驱动的创新发展中赢得用户信任、实现可持续增长。而政府则应综合运用刑事打击、行政处罚、民事赔偿等多元救济途径，让侵犯公民个人信息者付出沉重代价。

---

[1] Federal Trade Commission Consumer advice：What the FTC Facebook settlement means for consumers [EB/OL].（2019-07-24）[2024-04-28]. https：//consumer.ftc.gov/consumer-alerts/2019/07/what-ftc-facebook-settlement-means-consumers.

2. 企业数据属性：数据驱动创新的动力与制度保障

（1）企业数据的起源。

在互联网与大数据时代，每个人都成为信息的生产者和消费者。个人在网络空间的一举一动都会留下"数据足迹"，这些看似零散的数据痕迹一旦经过大数据技术的挖掘、整合和分析，就可能带来个人隐私泄露的风险。同时，公有领域和私有领域都迫切希望借助数字技术，从海量数据中发现新知，创造新价值。个人数据保护与利用之间的冲突，在网络精准广告领域表现得尤为突出。

以"Cookie 隐私第一案——朱某诉百度隐私权纠纷案"[1] 为例。朱某发现，在其使用百度搜索引擎后，再次访问网页时就会弹出与先前搜索内容相关的广告。这种网络精准广告投放行为依赖于 Cookie 技术。其原理是，当用户通过浏览器访问网站时，网站服务器会发送 Cookie 信息至用户浏览器并储存。网站服务器由此可分析用户的浏览偏好，向其推送个性化广告。一审法院认为，百度公司未经同意收集使用朱某的浏览记录，侵犯了其隐私权。但二审法院推翻了这一判决。法院认为，Cookie 信息只能识别浏览器而非具体用户。网站仅是基于浏览记录判断用户的大致偏好，并非针对特定个人，且这些数据经过匿名化处理后已无法识别、无法追溯到特定个人，不属于受法律保护的个人隐私信息范畴。就像"小明和邻居家女孩早恋"这条信息，虽然涉及隐私，但如果"小明"只是化名，无法确定是哪个小明，那么公开这条信息可能并不构成隐私侵权。

该案例反映出，在数据驱动的商业模式中，如何平衡个人数据保护与合理利用是一个棘手的问题。一方面，Cookie 等数据追踪技术客观上可能触及个人隐私；另一方面，经过匿名化处理的数据已难以识别特定个人，而这类数据的分析利用对企业经营发展至关重要。企业通过数据的收集、加工、处理形成数据资产，并由此取得竞争优势，根据劳动创造价值理论，理应对其享有一定的权益。

可见，个人数据与企业数据并非简单对立，而是相互交融的。个人数

---

[1] （2014）宁民终字第 5028 号民事判决书。

据经企业汇聚、提炼，转化为企业数据后才具有商业价值。而企业利用数据开展精准营销等，反过来又可以为消费者提供更优质、个性化的服务。关键是要在两者间找到平衡。唯有厘清数据全生命周期的权责边界，构建合规有序的数据治理机制，才能最大化地开发数据这座"富矿"，推动经济高质量发展。

（2）企业数据的应用与价值。

从个人数据到企业数据，从数据资源到数据要素，需要进行全周期、动态的数据管理。这就要求企业围绕数据资产的全生命周期，建立健全数据管理制度，优化数据管理流程，实施动态管理策略，确保数据安全有序流动，实现数据价值最大化。最终目标是使数据成为企业资产，从而实现"数据资产化"。

数据存储安全性是企业数据管理的核心议题之一。大规模的数据泄露事件时有发生，给企业声誉和经济利益造成巨大损失，更严重侵害了用户隐私。近期曝出的"泄漏之母"（MOAB）事件，则将数据泄露的风险和危害提升到了一个新高度。❶ MOAB 事件也凸显了数据共享的"双刃剑"效应。一方面，数据共享有助于释放数据价值、创新数据应用；另一方面，过度共享、滥用数据又可能酿成大规模的隐私灾难。如何在鼓励共享开放与确保隐私安全间寻求平衡，是摆在立法者面前的重大课题。对此，《网络安全法》《数据安全法》《个人信息保护法》等为数据出境、共享划定了基本的安全红线。未来，还应进一步细化数据分级分类、安全评估、数据去标识化等共享规则，为数据安全流动扫清障碍。

在大数据时代，互联网企业产品引发的数据争夺容易导致数据壁垒，由于人工智能的发展依靠大量数据的喂养，企业纷纷展开数据争抢。❷ 对于底层数据资源的竞争是人工智能企业最关键的市场竞争力体现。在这种情况下，企业、机构间不愿意共享、流通数据，而导致形成"信息壁垒"，

---

❶ Mother of all Breachies – A Historic Data Leak Reveals 26 Billion Records：Check What's Exposed［EB/OL］.［2024 – 01 – 22］. https：//securityaffairs.com/157933/breaking – news/largest – data – leak – ever. html.

❷ 丁晓东. 数据到底属于谁？——从网络爬虫看平台数据权属与数据保护［J］. 华东政法大学学报，2019，22（5）：69 – 83.

在一定程度上阻碍了信息数据的流通。数据也是各个公司竞争的对象，从目前我国法院案例判罚情况来看，法院支持数据权益属于公司所有，恶意侵犯其他企业的数据权益就违反了《反不正当竞争法》的规定。

在腾讯与聚客通群控软件相关公司不正当竞争数据纠纷案❶中。腾讯公司开发运营个人微信产品，为消费者提供即时社交通信服务。个人微信产品中的数据内容主要为个人微信用户的账号数据、好友关系链数据、用户操作数据等个人身份数据和行为数据。浙江搜道网络技术有限公司、杭州聚客通科技有限公司两被告开发运营的"聚客通群控软件"，利用Xposed外挂技术将该软件中的"个人号"功能模块嵌套于个人微信产品中运行，为购买该软件服务的微信用户在个人微信平台中开展商业营销、商业管理活动提供帮助。腾讯公司向浙江省杭州铁路运输法院提起诉讼，主张其享有微信平台的数据权益，两被告擅自获取、使用涉案数据，构成不正当竞争。一审法院认为，网络平台方对于数据资源整体与单一原始数据个体享有不同的数据权益。两被告通过被控侵权软件擅自收集微信用户数据，存储于自己所控制的服务器内的行为，不仅危及微信用户的数据安全，而且对腾讯公司基于数据资源整体获得的竞争权益构成实质性损害。两被告的行为有违商业道德，且违反了《网络安全法》的相关规定，构成不正当竞争。一审法院遂判决两被告停止涉案不正当竞争行为，共同赔偿腾讯公司经济损失及为制止不正当竞争行为所支付的合理费用共计260万元。"石油数据第一案"❷ 属于首例以商业秘密方式保护石油数据的案例，在该案中，原告一美国碳酸盐公司创建了DAKS系统，并许可原告二凯文迪公司在中国运营DAKS系统；被告一翟某在原告二凯文迪公司任职期间，接触了原告的DAKS系统的数据，并在离职后制作了与原告DAKS系统类似的IRBS系统。翟某将IRBS系统卖给被告二大庆正方公司，通过被告三北京金正方公司的网站对外提供IRBS系统服务。经鉴定，DAKS系统具有秘密性（非公知性）；被告的IRBS系统相关数据包含原告DAKS系统相关

---

❶ （2019）浙8601民初1987号民事判决书。

❷ （2022）最高法知民终901号民事判决书，该案入选"最高人民法院知识产权法庭成立五周年100件典型案例"第84件，本案原告的代理律师是本书作者陈福。

数据，二者具有同一性。原告指控被告翟某、大庆正方公司和北京金正方公司侵犯了其技术秘密，主张以商业秘密的方式来保护数据，获得一审、二审法院的支持。该案通过商业秘密来保护数据，为类似案件设定了一个重要的司法先例，强化了以技术秘密的方式对数据侵权行为进行约束。这两个案例都反映出，在数据要素市场竞争中，法院支持数据权益属于企业所有，恶意侵犯其他企业的数据权益构成不正当竞争。这也体现了我国反不正当竞争执法和司法机关规范数据要素市场秩序的鲜明立场。

数据产品交易是指将数据资产包装为标准化的数据产品，并通过数据交易平台进行交易的过程。2023年11月，中国气象局在第二十五届中国国际高新技术成果交易会上，推出了19项高价值气象数据产品，在贵阳、深圳、上海三地数据交易所同步挂牌上市。这批产品涵盖历史观测数据、实况观测数据、预报产品等多个类别，可广泛应用于水利水电、能源生态、大气环境等国计民生重要领域。值得关注的是，进入流通交易的数据产品将匹配唯一的"数据身份证"，以确保数据可信可溯、安全合规。这反映了中国气象局正在积极推动数据要素市场建设，探索"持证上市、带证交易、凭证应用"的数据交易新模式。而气象数据产品的成功挂牌，也为其他行业领域的数据产品化、市场化提供了有益的示范。[1]

如何盘活数据资产、拓宽融资渠道，是众多数据企业面临的共同课题。随着数据资产价值的日益凸显，以数据资产为依托开展投融资活动正成为一种新趋势。2023年12月，光大银行深圳分行联手深圳数据交易所，成功为一家香港数据企业提供了300万元的跨境数据资产融资服务。这是国内首笔面向境外数据服务商的创新金融服务。[2] 这一案例的实现路径值得关注：首先由深圳数据交易所对数据企业及其数据产品进行审核，完成产品的公示和上架；随后第三方评估机构对数据服务进行价值评估；最后光大银行基于产品上架信息和价值评估结果，完成对企业的授信审批。可

---

[1] 中国气象局. 19项高价值气象数据产品挂牌上市！首笔场内气象数据交易完成！[EB/OL]. (2023-11-20) [2024-03-20]. https://mp.weixin.qq.com/s/fp6uIVB1_vX5KqYGq8sPYw.

[2] 深窗综合：光大银行深圳分行携手深圳数据交易所，成功打通首笔跨境企业数据资产融资业务 [EB/OL]. (2023-11-20) [2024-03-20]. https://m.shenchuang.com/show/1637111.shtml.

＊ 数据资产入表与资本化

以看到，在数据投融资过程中，数据交易平台、评估机构、金融机构的协同至关重要。只有建立多方参与的数据融资生态，才能更好地发挥数据资产的价值，为数据企业插上腾飞的翅膀。

以数据资产作价出资的实践正在加速展开。2023年8月，青岛华通智能科技研究院有限公司将其数据资产经评估作价后，成功入股两家合作企业。这是国内数据资产作价投资入股的首个案例，标志着数据资产在企业资本运作中迈出了关键的一步。可以预见，随着数据资产价值评估体系日臻完善，将会有更多企业效仿先行者的步伐，将数据资产转化为真金白银，融入生产经营的各个环节。❶

3. 公共利益属性：数据价值外溢与社会效用拓展

数据作为一种新型生产要素，具有显著的正外部性，其价值往往能够通过流通共享而不断放大，并外溢到更广泛的经济社会领域。数据的这种公共利益属性，既源于数据应用范围的不断拓展，也得益于数据开放共享程度的持续深化。个人数据和企业数据经过脱敏汇聚、授权开放后，会在一定程度上体现出公共利益属性。同时，也应看到，部分公共数据因关乎民生福祉、社会公平正义，其公共利益属性更加突出。

（1）个人数据向企业数据演进中的公共利益萌芽。

从个人数据到企业数据，是一个数据价值不断积累、社会效用持续拓展的过程。个人在日常生活、社交及消费等场景中产生的数据，一旦经过收集汇聚、去标识化处理，并由数据平台或企业进行分析加工，往往能够产生超出单个个体需求的社会价值。

一方面，个人数据的聚合利用能够更好地服务公共利益。以共享单车数据为例，借助大数据分析骑行轨迹、热点区域等，交通管理部门可以精准预测接驳需求、缓解潮汐堆积现象，进而优化公交线路布局。杭州、北京等地依托共享单车数据，在客流密集站点周边增设公交站、开通微循环线路，既有效满足市民"最后一公里"出行需求，也极大提升了公交吸引力。再如，电商平台汇聚的消费者数据，经脱敏分析后可用于洞察市场趋

---

❶ 推动数据资产化 释放数据新价值 青岛率先开展"数据资产作价入股签约"[EB/OL]. (2023−09−05)[2024−03−20]. https：//mp.weixin.qq.com/s/a6M0qe−WvlKTx27Hd3m99Q.

势、引导产业升级，为政府科学决策提供有力支撑。

另一方面，个人数据向企业数据演进的过程，也伴随着数据"孤岛"的打通和价值的放大。不同企业掌握的用户数据各有侧重，横向打通则有助于描摹更全面、更立体的用户画像；纵向串联同一用户不同场景、不同时期的数据，则有助于洞察行为变化。企业间有序共享数据，既能为用户提供更精准的服务，也有利于形成数据协同、多方共赢的良性生态。

（2）公共数据的显著公共利益属性。

公共数据是指政府部门和公共机构在履行管理和服务职能中产生的数据，因其权威性、关联性、时效性，在经济调节、市场监管、公共服务、社会治理等方方面面发挥着不可替代的作用。一般而言，这些数据具有先天的公共属性，理应最大限度地造福全社会。❶

然而，公共数据的开放共享在惠及社会的同时，若缺乏规范管理也可能引发数据滥用等问题，损害公共利益。因此，如何在促进公共数据开放利用的同时，明晰商业利用边界，是亟待研究的重要课题。

当前，我国正积极推进公共数据授权运营，旨在引入市场机制盘活社会数据资源、释放数据红利。通过政府对市场主体的授权，实现政府数据与社会数据的融合治理，能够极大提升公共数据的流通效率和应用价值。但与此同时，公共数据授权运营也面临诸多法律和伦理问题，如数据产权界定模糊、授权运营的法律地位不明确、对运营主体的管控存在空白等。对此，有必要厘清公共数据授权运营的治理边界，平衡好数据开发利用和隐私安全保护、公平交易秩序维护等多方利益，严把公共数据准入、流通、应用等关口。唯有构建全流程可追溯、全领域可监管的协同治理机制，实现政府与市场在公共数据运营中的良性互动，方能更好地释放数据生产要素潜力。❷

在界定公共数据商业利用边界方面，一方面，要立足公共数据的公共属性，确立公平开放、诚实信用、权益保护、安全可控等基本原则。公共

---

❶ 郑磊, 刘新萍. 我国公共数据开放利用的现状、体系与能力建设研究 [J]. 经济纵横, 2024（1）：86-92.

❷ 中国信通院：公共数据授权运营发展洞察（2023年）[EB/OL]. (2023-12-21) [2024-03-20]. https://www.caict.ac.cn/kxyj/qwfb/ztbg/202312/P020231221390945017197.pdf.

数据作为一种新型公共资源，其开发利用应坚持最广泛的社会普惠。同时，也应防止商业利用演变为垄断和侵权，甄别和规制损害国家利益、社会公共利益和他人合法权益的行为。另一方面，要充分调动社会力量参与公共数据开发利用的积极性。在全面审视公共数据利用可能带来的风险的基础上，以负面清单为主要方式划定商业利用的禁止性边界，为合规利用留出充分空间。对于促进创新、带动就业、惠及民生的数据创新利用行为，则可考虑给予适当豁免或优惠。❶

4. 国家安全属性：数据主权维护与治理能力提升

在数字时代，数据已经成为一种关乎国家安全和主权的战略性资源。一方面，拥有和掌控关键数据资源事关国家竞争力和话语权；另一方面，数据跨境流动、数据滥用等问题对国家主权和公民权益构成新的挑战。可以说，数据治理能力已经成为国家综合实力和安全的重要体现。因此，如何在推动数据开放流通、释放数据价值的同时，切实维护数据主权、保障国家安全，是数据立法和实践的重大课题。

（1）数据安全是国家安全的重要组成部分。

在2018年的"数据出境第一案"中，华大基因等机构未经许可，将我国公民的人类遗传资源数据提供给境外机构。❷ 人类遗传资源数据属于国家战略资源，一旦落入外国政府或机构之手，可能被用于针对我国人群的基因武器研发，后果不堪设想。

除了人类遗传资源，互联网企业掌握着海量的公民数据，同样事关国家安全。2021年的"滴滴事件"再次敲响警钟❸，拥有重要数据的企业如缺乏必要安全审查，数据资产一旦被外资控制，可能威胁数据主权，危及国家政治经济安全。滴滴公司掌握的海量个人出行数据，既反映了人口分布、经济运行等敏感信息，也可能被利用实施精准的政治操纵、价值观渗

---

❶ 沈韵，冯晓青. 公共数据商业利用边界研究［J］. 知识产权，2023（11）：60-77.
❷ 澎湃新闻：出境处罚第一案：违反人类遗传资源管理规定，6家机构遭科技部处罚！［EB/OL］.（2018-10-25）［2024-03-20］. https://mp.weixin.qq.com/s/qXQ3E2B-WoC0ojOGKxgOvw.
❸ 网信中国：国家互联网信息办公室有关负责人就对滴滴全球股份有限公司依法作出网络安全审查相关行政处罚的决定答记者问［EB/OL］.（2022-07-21）［2024-03-20］. https://mp.weixin.qq.com/s/6v-BVICScq1loDmdx7x9ww.

透。因此，对关系国计民生的重点行业数据，必须坚持安全可控。

为应对数据安全形势，我国陆续出台了一系列法律制度。《数据安全法》第1条明确将维护国家主权作为立法目的，第24条规定对影响或可能影响国家安全的数据处理活动进行国家安全审查。《个人信息保护法》第40条要求关键信息基础设施运营者仅在必要时向境外提供个人信息，并经国家网信部门组织的安全评估。这些规定为维护国家数据主权提供了法治保障。

（2）核心数据是国家安全的关键。

根据国家标准 GB/T 43697—2024《数据安全技术 数据分类分级规则》（2024年10月1日起正式实施），核心数据是指"对领域、群体、区域具有较高覆盖度或达到较高精度、较大规模、一定深度的，一旦被非法使用或共享，可能直接影响政治安全的重要数据。核心数据主要包括关系国家安全重点领域的数据，关系国民经济命脉、重要民生、重大公共利益的数据，经国家有关部门评估确定的其他数据"。可见，核心数据涉及国家政治、经济、社会等核心利益，其重要性不言而喻。

从国家安全视角看，核心数据的保护至关重要。首先，核心数据往往涉及国家重大战略部署、关键基础设施运行、国防科技创新等敏感信息，一旦泄露可能危及国家政治安全和国防安全。其次，核心数据代表着国家在特定领域的竞争优势，如果被对手掌握可能削弱我国战略性新兴产业和未来产业的竞争力。最后，部分核心数据关系广大人民群众的切身利益，必须确保其不被滥用、泄露，以维护公民合法权益。

（3）个人数据跨境流动对国家安全的影响。

个人数据跨境流动在为全球数字经济发展带来机遇的同时，也对各国的国家安全和公民权益带来新的挑战。一方面，个人数据的大规模跨境流动可能导致数据主权受损。一些跨国企业依托技术优势大规模收集个人数据，并将数据转移至境外，使这些企业实际获得了对公民数据的"治外法权"。国家对本国公民数据的管辖权和控制权面临削弱。"棱镜门"事件揭示，一些国家还可能基于国家安全动机，对互联网企业实施数据监控，侵犯他国公民隐私和国家主权。另一方面，个人数据的不当跨境利用还可能危及国家经济安全。掌握海量公民数据的跨国企业通过数据积累形成市场垄断，进而影响一国产业发展态势。同时，个人数据还可能经由商业渠道，为外国政府情报部门和军方所用，危害一国国防安全。

2024年2月28日，美国总统拜登签署了一项开创性的行政命令《防止有关国家获取美国人的大量敏感个人数据和美国政府相关数据》（Executive Order on Preventing Access to Americans' Bulk Sensitive Personal Data and United States Government–Related Data by Countries of Concern，以下简称《敏感数据行政令》）。该行政令指示司法部制定条例，禁止或限制美国主体进行可能导致中国、俄罗斯等6个"受关注国家"及相关实体获取美国公民敏感个人数据和美国政府相关数据的交易。

事实上，无论是美国的《敏感数据行政令》，还是我国数据出境安全评估、标准合同等管理制度，其根本目的都在于在促进个人数据跨境自由流动的同时，防范相关国家安全风险，维护公民合法权益。这体现了在数字时代各国政府对数据主权意识的觉醒。

需要指出的是，中美在个人数据跨境监管立场上仍存在一定差异。美国《敏感数据行政令》基于国家安全考量，对中国等"受关注国家"采取了更为严格的数据出境限制措施，在一定程度上带有"脱钩"色彩。而我国《促进和规范数据跨境流动规定》则在坚持安全评估的同时，对符合特定情形的个人数据出境作出豁免规定，并赋予自贸区一定的立法自主权，体现出在风险可控的前提下支持数据跨境流动的鲜明导向。可以预见，在可控范围内放宽限制、便利数据流动，将成为我国参与全球数字治理、塑造国际规则的重要着力点。

总的来看，个人数据跨境流动已成为国家间博弈的新领域。在数字主权意识日益增强的大背景下，中美等主要经济体虽在个人数据跨境监管实践中各有侧重，但基本遵循了"安全与发展并重"的共同逻辑。未来，在全球多边规则尚难达成共识的情况下，有序推进区域性数据流动机制建设或将成为现实路径选择。[1]

---

[1] 陈福：美国《敏感数据行政令》深入解读（下）[EB/OL]．[2024–03–14]．https://mp.weixin.qq.com/s/jZ7LvBWdiDUshP51037SoA．

（四）数据身份性

近年来，随着数据日益成为驱动经济社会发展的关键生产要素，如何界定数据权属，规范数据流通秩序，已成为法治变革的重点领域。2022年12月，中共中央、国务院发布《数据二十条》，提出建立"数据资源持有权、数据加工使用权、数据产品经营权等分置的产权运行机制"。这一被称为"数据三权分置"的制度创新，为构建数据要素市场化配置提供了顶层方案。那么，这三项权利各自内涵如何界定？对数据生态建设将产生怎样的影响？对此，有必要从法理层面深入探讨。

正如上文对数据身份性的分析，在数据驱动的数字社会，不同主体因其在数据全生命周期中扮演的角色而呈现出多元化身份属性。这种基于角色分工的身份界定，是厘清数据权属关系的重要切入点。对此，有学者提出，应在"所有权—用益权"二元结构下配置数据权利：作为数据形成的逻辑起点，个人和公共机构拥有数据所有权；而对数据进行专业加工处理和经营的平台企业则拥有数据用益权。❶ 这为"数据三权分置"提供了理论渊源。在此基础上，有学者进一步指出，三项分置权利可被视为数据用益权在不同阶段的具体表征：数据持有权体现为对数据资源的排他性管理；"加工使用权"则源于持有权人对他人的许可；当数据产品最终形成时，加工者还享有"产品经营权"。换言之，作为一项独立于数据所有权的用益性权能，数据三权以"许可"这一法律行为为纽带，由此展开了数据流转利用的完整图景。❷

可见，通过角色分工下的身份界定和权能赋予，三权分置制度构建了一套全新的数据社会关系：围绕数据这一核心要素，持有者、加工者、经营者之间通过彼此许可和再许可，编织成一张利益共享、分工协作的关系网络。正是在这样的关系图景中，数据驱动的创新动能和发展活力得以充分释放。

---

❶ 申卫星. 数据产权：从两权分离到三权分置[J]. 中国法律评论，2023（6）：125-137.
❷ 许可. 从权利束迈向权利块：数据三权分置的反思与重构[J]. 中国法律评论，2023（2）：22-37.

* 数据资产入表与资本化

1. 数据资源持有权

数据资源持有权在法律属性上应定位为一种基于事实状态的数据使用权,而非传统民法意义上的所有权或用益物权。《数据二十条》在表述上特意使用"持有权"而非"所有权"的概念,这一细微差别的背后,体现了政策制定者对数据资源属性的深刻洞见。

首先,"持有"强调对数据资源事实上的管领和控制,突出了数据占有的合法性,有别于所有权意义上的归属和支配。❶ 这种表述方式契合了数据非排他、可复制的自然属性,为权利设置留下了弹性空间。其次,淡化所有权而强调持有权,意在促进数据的流通和利用,揭示了数据资源"动态流动性"的本质特征。在数字经济时代,激活数据要素、释放数据价值的关键在于流动而非单一归属。最后,持有权作为一种事实状态上的使用权能,可以在一定程度上避免对数据财产权归属的争议,为数据产权制度的构建探索出新路径。

需要指出的是,数据资源持有权并非一种完全的、无限扩张的权利,其仍受到必要的限制。持有权采取了"限权+赋权"的平衡模式❷,在赋予权利主体相应权能的同时,也力图防止权利异化,造成数据市场秩序的混乱。具体而言,数据资源持有权具有如下法律属性。

数据资源持有权是一种基于事实状态的数据使用权,不同于物权法意义上的所有权支配和占有;数据资源持有权不能等同于民法中的占有,虽然两者在权能上有一定相似性,占有权是一种附随于所有权的事实状态,而持有权本身就是一项独立的权利;数据资源持有权具有共享性和非排他性特征,不同主体可以对同一数据同时享有持有权,有利于实现数据价值最大化;数据资源持有权具有权利边界,不是对数据的无限制支配。权利人在行使持有权时,负有维护数据流通秩序、防止权利滥用的义务。

数据资源持有权的行使须受到以下限制。

一是数据安全合规的限制。数据安全既是数据产业健康发展的前提,也是保障国家利益、社会公共利益的必然要求。因此,数据持有者在开展

---

❶ 冯晓青. 数字经济时代数据产权结构及其制度构建[J]. 比较法研究,2023(6):16-32.
❷ 袁丁,袁震. 论数据资源持有权[J]. 新兴权利,2023(11):211-223.

数据处理活动时，必须遵守网络安全、数据出境安全评估等强制性规范。数据安全责任应当贯穿数据全生命周期，成为约束数据资源持有权行使的基本底线。

二是数据利益平衡的限制。在数据要素市场中，分散的个体数据汇聚形成大数据，产生数据网络效应。如何在保护个人隐私与促进数据开放共享间平衡，是数据资源持有权不得不面对的现实课题。为此，权利人在行使数据资源持有权时，应兼顾个人信息主体、公共利益相关方等多元主体正当诉求，而不能一味追求自身利益最大化。

三是公平竞争秩序的限制。数据作为生产要素，逐渐成为市场竞争的核心筹码。为防止平台企业凭借数据垄断地位，实施排除、限制竞争行为，损害创新活力，数据持有权的行使同样应受反垄断相关规制。对实质性限制竞争的数据"圈地"行为，执法机构有权依法查处。[1]

四是权利不当行使的限制。数据资源持有权不得违背诚实信用原则，不得用于侵权或不正当竞争目的。当持有权行使可能对他人或社会公共利益造成危害时，权利人负有采取适当措施、防患未然的注意义务。在利益冲突时，法律应当为持有权设置必要"防火墙"，引导权利人审慎行使相关权利。

总之，数据资源持有权虽系对数据事实管领的确认，但其权能边界不应"走极端"。有必要通过兜底条款等立法技术，为其设置"安全阀"。只有在合规、平衡、有序、诚信的框架内行使数据资源持有权，才能在"数据自由流动"与"合理边界限制"间找到最佳平衡点，进而为数据产业发展营造良好法治环境。

2. 数据加工使用权

数据加工使用权是《数据二十条》提出的数据"三权分置"方案中的核心内容之一。它指向了数据价值实现过程中最关键的中间环节——对数据进行加工提炼和使用转化。可以说，数据能否实现从数据资源向数据资产和数据产品的迭代升级，能否真正焕发生产要素的崭新活力，很大程度

---

[1] 房绍坤，周秀娟. 企业数据"三权分置"的法律构造 [J]. 社会科学战线，2023（9）：233-244.

上取决于这一环节的制度设计是否得当有效。"数据加工使用权"可分为"数据加工权"和"数据使用权"。

数据加工权，是指通过对原始数据进行清洗、抽取、转换、分析、挖掘、可视化等一系列处理，生成高级数据产品的权能。它表征了从海量的原始数据中提炼结构化、可用化、高价值数据的过程。如同璞玉须经雕琢方成美玉，原始数据只有经过加工提炼，才能凸显其价值功能。正如有学者所指出的，当下我国数据资源总量虽然位居世界前列，但在数据质量、数据关联度等方面还有不小差距，海量数据向高质量数据要素的转化任重道远。

数据使用权，是指将加工后的数据应用于特定场景、转化为现实生产力的权能。与单纯的占有相比，使用才是盘活数据、释放红利的直接途径。"数据只有流动和使用才能创造价值，单纯的采集和占有并不能产生价值"。[1] 从这个意义上讲，数据使用权是数据价值实现链条上的"最后一公里"，直接关乎数据要素价值的显现和兑现。可以预见，随着数字产业不断向纵深拓展，从智慧城市到数字政府，从数字金融到数字贸易，从工业互联网到车联网，数据应用场景必将更加丰富，数据创新图景必将更加壮阔。

数据加工使用权是将原始数据、数据资源转化为高价值数据集合的关键。这一权利的设置，承认并保障了数据处理者在数据价值提升过程中的创新性劳动投入和正当权益，是对财产权劳动理论在数据领域的现代诠释。《数据二十条》对数据加工使用权的规定，为处于数据产业中游的数据加工企业"赋能"，推动形成数据要素市场繁荣发展的"中流砥柱"。

数据集合区别于原始数据的一大特征，在于其聚合效应。单一数据难以彰显应有价值，唯有通过分门别类地归集、多源异构数据的关联，才能迸发数据要素的巨大能量。可以说，"数据单体是一堆散沙，而数据集合则是一座金山"。由此，"数据单体财产权利人只能获得使用的便利，而数

---

[1] 数据安全治理的"治"与"理"[EB/OL].[2024-07-07]. https：//sohu.com/a/433097203_490113.

据集合的财产权利人才能获得交换的机会"[1]。在数字经济时代，数据集合更易实现商品化、货币化，成为市场配置的"香饽饽"。当下，各行业正全面推进业务数据"聚通用"，从零售、电商的用户行为数据集合到工业、能源的设备状态数据集合，无不凸显出汇聚数据价值创造的磅礴力量。展望未来，还需进一步完善数据产权制度，尤其是推进政府数据、公共数据的融合共享，为社会主体汇聚数据资源、形成数据集合提供优质"数据矿藏"。

总之，数据集合既是原始数据加工利用的成果，也是数据要素价值实现的中间载体。《数据二十条》将数据加工使用权纳入分置式产权框架，并明确其权能边界和行为规范，无疑彰显了立法者对数据处理者权益的尊重，对数据价值挖掘的重视。

3. 数据产品经营权

数据产品具有明显的财产属性，这是构建数据产品经营权制度的理论基础。从财产的稀缺性、可转让性与经济性三个维度来看，数据产品都符合财产权客体的一般要求。

首先，数据产品具有稀缺性。虽然通常认为数据具有非竞争性和非稀缺性，但这主要针对的是尚未进入企业管理场域内的初始数据资源，而数据产品作为经过加工提炼后的数据资产，其获取需要付出技术、资本、劳动、营销等诸多成本，故而相较于原始数据具有更强的稀缺性。其次，数据产品具有可转让性。数据产品虽为无形之物，但通过将其内容固定在特定载体并设置访问权限，在一定范围内可实现类似有体物占有的效果，从而具备了可控制性、确定性与独立性，为其市场交易奠定了基础。最后，数据产品具有经济性。随着数字技术的发展，互联网行业已经形成成熟的数据分析增值模式，数据交易所的交易对象也明确将数据产品纳入其中。可见，数据产品的使用价值与交换价值已得到市场广泛认可。

数据产品经营权是一项新型权利，在现有法律中尚无明确规定。为实现该权利的有效保护，有必要对其主体、客体与权能内容进行细化设计。

数据产品的经营是一种新型商业行为，以营利为目的，故其权利主体

---

[1] 张新宝. 论作为新型财产权的数据财产权[J]. 中国社会科学，2023（4）：149-164.

应限定于从事数据产品实际经营活动的各类商事主体。相较于自然人，企业在数据产品经营中具有资金、技术、人力等方面的比较优势，通过规模效应可以有效降低交易成本、提高资源配置效率，因而将成为数据产品经营权的主要享有者。为鼓励创新，对个人开发者也不应设置过高的主体资格门槛。同时，赋予商事主体以产品经营权，也有利于强化其社会责任，平衡各方利益。

数据产品经营权的客体应当限于数据产品，即数据经过深加工形成可向用户提供的资产化数据，其已充分完成从原始数据向财产的转化，与作为原始记录的"数据"以及作为加工对象的"数据资源"有所区别。为保障经营权的空间，立法宜采取开放式措辞，以兼顾数据产业的发展及产品形态的多样性。但同时必须将数据产品与个人信息、商业秘密等在先权益切割开来，厘清产品收益与前置贡献的边界。只有经过脱敏处理且无法溯源至特定个人的数据，才能成为产权归属企业的数据产品。

从积极权能看，数据产品经营权的行使方式主要包括占有、使用、许可使用、收益等，与知识产权颇为类似，核心是保障权利人基于自身产品开发的劳动与投入获得合理回报。除直接使用外，经营权人还可以通过许可等方式实现产品的市场价值，甚至可将之投资入股、质押融资，充分发挥数据产品的财产功能与价值效用。

从消极权能看，经营权人有权排除他人对数据产品的不当利用，如擅自访问、窃取、披露、侵权、不正当竞争等。这既是对产品开发者合法利益的保护，也有助于维系公平有序的市场秩序。随着数字经济的深入，数据产品受到侵害的方式日趋多元，执法司法机关应当顺应新特点，完善相应规则，为经营权的行使提供周全保障。[1]

由此可见，经营权作为数据产品领域最核心的权利类型，兼具积极引导创新和消极规制滥用的双重功能，对于协调数据产业发展与社会公共利益具有重要价值。未来应通过成文法明确其权利边界，在制度中彰显科学、协调、普惠的立法理念。

---

[1] 叶敏，范馨允. 数据产品经营权的生成逻辑与权利架构［J］. 数字法治，2023（6）：158–174.

第三节　数据价值化过程

2019年，党的十九届四中全会首次将数据与劳动力、资本、土地、技术并列作为重要的生产要素，"反映了随着经济活动数字化转型加快，数据对提高生产效率的乘数作用凸显，成为最具时代特征新生产要素的重要变化"[1]。2022年《数据二十条》更是提出"要充分发挥我国海量数据规模和丰富应用场景优势，激活数据要素潜能，做强做优做大数字经济，增强经济发展新动能，构筑国家竞争新优势"。数据作为新的生产要素，蕴含着巨大的经济价值，实现数据价值的过程是以维护国家数据安全、保护个人信息和商业秘密为前提，以促进数据合规高效流通使用、赋能实体经济为主线，以数据产权、流通交易、收益分配、安全治理为重点，充分实现数据要素价值、促进全体人民共享数字经济发展红利，为深化创新驱动、推动高质量发展、推进国家治理体系和治理能力现代化提供有力支撑的过程。

数据是指以电子或者其他方式对信息的记录，在计算机系统中，数据是以二进制编码序列显示的信息。也就是说，数据的本质就是信息，当这些信息以杂乱无章的形式进行存储时，其本身的意义或价值是非常有限的。当数据持有者对这些杂乱无章的数据按照一定的规律进行处理、加工、整合之后，形成一定规模的数据资源；经过整合加工处理后的数据资源释放了原始数据的部分价值，但尚无法满足企业的自身应用或出售需求，尚不具有应用功能，因此需要对数据资源赋予进一步的创新性劳动和实质性加工，使之成为企业的数据资产；在《暂行规定》发布之后，企业数据资产具有了资本化的路径，从而打通了从原始数据到数据资源、从数据资源到数据资产、从数据资产到企业资本的数据价值化全流程。

---

[1] 新华社：中共中央关于坚持和完善中国特色社会主义制度 推进国家治理体系和治理能力现代化若干重大问题的决定［EB/OL］.（2023-09-08）［2024-03-20］. https://www.gov.cn/zhengce/202203/content_3635422.htm.

一、数据资源化

数据的价值在于使用，数据本身只是一堆符号，但是数据符号中蕴涵着信息，而信息是一种在认知层面降低未来不确定性的重要经济资源。英国信息学家泽勒于1987年提出的DIKW金字塔模型很好地说明了数据、信息、知识与智慧之间的关系，这是对于数据符号中蕴涵信息挖掘与知识提炼的过程；数据治理同样如此，数据治理是对原始数据经过处理后，使之成为可用资源或数据产品的过程。

（一）DIKW金字塔模型与数据治理

1. DIKW金字塔模型

DIKW金字塔模型是一个可以很好地帮助我们理解数据（Data）、信息（Information）、知识（Knowledge）和智慧（Wisdom）之间的关系的模型，这一模型还向人们展现了数据是如何一步步转化为信息、知识乃至智慧的方式。[1] DIKW模型将数据、信息、知识、智慧纳入一种金字塔形的层次体系，而数据作为金字塔的最底层，是信息、知识与智慧的初始来源。人类通过直接或原始观察及量度获得数据，通过分析数据间的关系获得信息，在行动上应用信息产生知识，智慧有暗示及预测未来的意味。

在人工智能和数字化时代，数据成为算法和机器学习的基石，为创新和洞察提供原材料。数据通常是未经加工的，本身没有特定的含义，比如数字、字符或者图像等。从某种意义上而言，数据是人类对于客观或虚拟世界的描述语言，在数字化时代，可以采用数据语言描述的客观世界与虚拟世界更为丰富，数据量也急剧膨胀。但是，数据只是一种原始的、客观的描述，大量的数据本身是无法产生实际价值的。

当数据被加工、组织或者以某种方式解释时，它就转化为信息。信息是使数据有意义的过程，是对数据的解释和理解，既存在客观的信息也存

---

[1] ROWLEY J. The wisdom hierarchy: representations of the DIKW hierarchy [J]. Journal of Information Science, 2007, 33 (2): 163–180.

在主观的信息，信息的形成过程是人类对事物的理解过程。在理解信息的概念时，应先理解信息熵的概念。信息熵是衡量信息量的概念，它代表了信息的不确定性和混乱度。在信息理论中，信息熵用于描述一个信息系统的平均信息量。当我们从数据中提取信息时，实际上是在减少信息熵，即降低不确定性。

知识是人类通过自身经验、学习和推理得到的信息的集合。知识涉及对信息的理解和应用，以及通过经验得到的洞察力，知识是个人或组织的宝贵资产。但是，知识是人类对客观信息的理解和应用，所以会存在一定的主观性。对于知识的应用，可以解决人类社会中存在的矛盾与问题，是人类社会赖以生存的基础。

智慧是知识的最高形式，涉及对知识的深刻理解、抽象和对复杂问题的洞察力。智慧是在知识的基础上通过经验、价值观和洞察力形成的，帮助人们做出明智的决策，并发现新的知识和知识背后的根因。人类的智慧不仅在于拥有知识，还在于能够利用这些知识来做出更深刻、更具创造性的决策。最高层级的智慧就是物理世界的客观真理，例如物理、化学、生物规律。比如核聚变原理，被人类发现物理规律后，其可以被用于制造杀伤性武器，也可以被用来创造清洁能源。

举例而言，某企业生产车间对生产条件、产量等数据进行了收集、整理，形成原始数据；通过对原始数据的整理、分析，企业发现在某种生产条件下产量最高，这就是信息，是通过对原始数据的分析得来；再进一步，通过长期的数据收集整理，企业找到了产量达到峰值的生产条件，于是将生产车间里的设备、生产条件进行调试，以达到最高产量，这就是企业所获得的知识；企业研发人员通过研究最佳生产条件，发现该生产条件下某化学反应的产出率最高，利用化学基础理论，又对该反应进行改良，例如加入一些催化剂等，或者对某些参数进一步调整，或者对反应试剂进一步筛选，使产出率更高，企业在该行业的地位更加突出，这就是企业对于知识的进一步理解和使用的过程，可称为智慧。

2. 数据治理

在《DAMA数据管理知识体系指南》中，数据治理的定义是对数据资产管理行使权利和控制的活动集合（规划、监控和执行）。[1]数据治理的目的包括数据共享、提升数据资产价值、提升数据质量等，在现阶段，大多数企业进行数据治理的目的主要还是提升数据质量，提高数据产品的服务能力。当前，数据治理的挑战主要体现在数据多样化，因而缺少统一的标准、多种类型异构数据源并存、计算逻辑理解不一致导致结果统计有偏差、数据链路长、数据合规保障等。

结合数据治理的目的以及挑战，数据治理的步骤主要包括：首先，对数据现状盘点，确定数据归属与职能；其次，进行数据建仓，包含传统意义上的数仓和元数据数仓，对这些数据进行统一采集和保存；再次，进行数据质量评估，确定评估标准，输出数据质量评估报告；最后，进行持续改进，根据数据质量报告推动数据持续改进，比如建立数据地图、分析血缘关系、持续监控数据质量、优化数据使用流程。将数据的产生和治理相结合，形成闭环，从而保证数据的采集和数据治理变得更好。

数据治理是企业数据资产价值实现的必要步骤，也是体现企业治理能力的关键指标。在数据处理领域的法律法规不断完善的背景下，我国数据处理者的合规义务也在不断提升，企业在数据治理活动中需要严格遵守相关法律法规的要求。

（二）数据资源化的过程

数据资源化是指企业将其持有的原始数据经过脱敏、清洗、整合、分析、可视化等加工步骤，在物理上按照一定的逻辑归集后达到"一定规模"，形成可重用、可应用、可获取的数据集合后，形成数据资源的过程。

企业原始数据的来源通常有通过公共数据授权、通过自身经营而产生、通过市场交易获得等途径。在原始数据中，有可能包含涉及国家安全、个人隐私、商业秘密等信息，因此需要对原始数据进行脱敏和清洗处理，保证原始数据内容不具有不合法信息以及防止泄漏个人隐私和商业秘密。本书认为，在数据资源化的过程中对原始数据进行的整合、分析是较

---

[1] 美国DAMA国际. DAMA数据管理知识体系指南（原书第2版）[M]. DAMA中国分会翻译组译. 北京：机械工业出版社，2020：43.

为基础、简单的处理过程，往往是指按照单一或有限的主题对原始数据进行整合，并对整合后的数据进行简单分析。经过可视化处理后，形成的多个可重用、可应用、可获取的数据集合。这些数据集合往往不能被企业直接应用，或者利用价值非常有限，无法作为数据产品进行市场流通，一般仅用于本企业内的数据展示。

例如，在某橡胶制品公司，在其整个生产流程涉及的各道工序的机器设备上均安装有传感器或其他数据收集设备，并在生产车间安装有温度传感器、湿度传感器、光照传感器等，该传感器或数据收集设备可以实时采集相关数据，并将采集的数据统一存储于服务器上。该公司还配备了数据处理设备，将其收集到的原始数据进行整合、分析、可视化处理后，在办公场所进行展示，在操作系统中可查看某台机器或某道工序或生产车间的实时数据和历史数据。

在该案例中，该企业仅仅是对传感器或数据收集设备采集的原始数据进行了简单的整合、分析与可视化处理，对于企业内部故障查询、实时监控等有一定的帮助，但是并未充分释放数据的经济价值，也无法作为企业的数据资产加以利用。在笔者考察过的多家企业中，都存在类似的情况，在企业的自身经营过程中，产生了大量的数据，企业对于产生的数据的价值也认可，遂采取了相应的数据采集、存储工作，但是对于数据的整合、分析是非常基础、简单的，没有完全释放数据本身的价值。

数据资源化仅仅是释放数据价值、提高数据要素市场化流通的第一步，但作为数据价值化的起点，应该首先做好数据的合规管理工作，特别是在企业所持有的数据数量巨大时，企业应严格保障原始数据中可能包含的国家秘密、个人隐私、商业秘密不被泄漏。而且，数据的价值在于其稀缺性，一旦企业数据泄漏，泄漏数据的稀缺性便不复存在，也失去了其本身的价值。

数据的合规管理工作要注意数据的全生命周期管理，包括数据的收集、存储、使用、加工、传输、提供、公开、删除等。持有大量数据的企业应该建立企业内部数据合规管理制度，在数据管理制度中应该包括数据全生命周期的合规管理制度。另外，企业还应该设置数据合规管理制度的成熟度评价机制，数据合规管理制度的成熟度评价机制应该从数据战略、数据治理、数据架构、数据标准、数据质量、数据安全、数据应用和数据生命周期管理 8 个能力域进行评价。其中，数据战略的制定可以明确企业数据合规管理和数据应用的目标及实施路线；数据治理是指构建组织、制度和沟通渠道体系，并使之有效地运行起来从而实现推动数据战略落地执行的目标；数据架构是指数据整体框架的规划和构建活动，包含数据模型、数据的分布、集成与分发及元数据管理，是整个数据管理工作的基础；数据标准是指企业数据标准体系的构建，包含数据元、主数据、参考数据等，是数据治理和数据应用的重要基础和依据；数据质量是指对数据质量的整体监控体系的构建和执行，包含质量需求管理、质量规则制定、数据质量分析与检查以及数据质量问题的闭环，最终实现数据质量提升的目标；数据安全是保障数据资产安全的职能活动，包含事前安全策略制定、事中的安全管理流程及事后的安全审计，是防止数据资产外泄的关键节点；数据应用是指企业对数据的具体业务应用职能活动，包含数据分析、共享服务、在数据标准的基础上促进数据在企业的经营管理活动中的有效应用，实现企业竞争力的提升；数据生命周期管理即通过对数据的全流程管理视角，全流程监控职能活动及数据质量以确保数据架构、数据标准、数据质量、数据安全和数据应用五大职能的落地实行。

二、数据资产化

数据资产化可谓当下理论界、实务界的热门话题，也是数据价值化链条中最重要的一环。关于数据资产化的路径，目前也有不同的看法，上海数据交易所在其《数据资产入表及估值实践与操作指南》中提出，企业数据资产化的路径为：数据资源化、资源产品化、产品资产化。而汤珂教授在其主编的《数据资产化》一书中提出，数据价值链为从原始数据、数据资源到数据资产然后加工成数据产品进入市场流通。[1] 这是两种较为典型的数据价值链，其核心区别在于，数据产品化与数据资产化在数据链条中的顺序问题。

---

[1] 汤珂. 数据资产化［M］. 北京：人民出版社，2023：4.

在本书看来，更值得考虑的问题是数据产品化是数据资产化链条中的必要环节吗？数据产品是指以数据集、数据信息服务、数据应用等为可辨认形态的产品类型，它是对数据资源进行创造性劳动后形成的满足特定应用场景需求的产物，是对数据资源的一种应用形态，是进一步释放数据价值的方法。另外，根据《暂行规定》的适用范围可以看到，"本规定适用于企业按照企业会计准则相关规定确认为无形资产或存货等资产类别的数据资源，以及企业合法拥有或控制的、预期会给企业带来经济利益的、但由于不满足企业会计准则相关资产确认条件而未确认为资产的数据资源的相关会计处理"。也就是说，可以计入企业资产负债表的包括可以确认为无形资产或存货的数据资源以及未确认为资产的数据资源。其中，无形资产或存货往往以"数据产品"作为载体，但是，"企业合法拥有或控制的、预期会给企业带来经济利益的、但由于不满足企业会计准则相关资产确认条件而未确认为资产的数据资源"也可以计入企业资产负债表，作为企业数据资产。综上所述，笔者认为数据产品并不是数据资源转变为数据资产的必要路径，而是主要路径。

数据资产化是发挥数据的基础资源作用和创新引擎作用，加快形成以创新为主要引领和支撑的数字经济的必然之路，对于企业而言，能够有效提升企业利润率，促进数据要素的利用与创新，加速企业的数字化转型，倒逼企业注重数据规范治理，实现数据安全保障。

（一）数据资产化的使命

《中华人民共和国民法典》（以下简称《民法典》）虽然将个人信息、数据作为民事权利予以承认，但是，《民法典》第111条的描述为"自然人的个人信息受法律保护"，并未表明个人信息作为一项具体的人格权进行保护，未明确"个人信息"具体为何种权利；第127条的规定为"法律对数据、网络虚拟财产的保护有规定的，依照其规定"，相当于给数据、网络虚拟财产以何种形式保护留了一个缺口，待相关制度成熟之后再予以确定。所以，《民法典》对于数据保护的细节不明确，导致权属存在争议。2022年12月，《数据二十条》提出建立数据产权制度，并确立数据资源持有权、数据加工使用权以及数据产品经营权的"三权分置"机制。为了响应这一国家层面的政策导向,并结合地方实际情况,各地相继出台有关数据产权登记的地方性规定。尽管数据产权登记在明确数据权属、保障数据权益方面发挥了积极作用,但与数据资产入表相比,其仍存在一定的局限性。

1. 数据权属证明力的补强

数据产权登记是一种推定权属,而并非确定数据资产的权属。当前的产权登记和著作权登记十分相似,通过权力机关对数据归属进行确认,然而,由于数据流转的链条复杂,各个阶段的授权调查难度大,这种确认仅只能视为对权属的一种推定,事实上,当企业合法获取或者产生数据资源,其就享有对该数据资源的权利。数据产权登记不能直接确定权属,只能推定权属。而数据资产入表要求必须确定权属,这是其与产权登记的本质区别。数据资产入表需要企业进行深入尽职调查,明确权属,而不能简单依靠推定。这也决定了数据资产入表必须建立在严谨的权属确认基础之上,这与产权登记的简单推定权属形成对比。

如上所述,如今关于数据权益的问题尚有争论,本书所述的数据权属证明力的补强并不在于刻意明晰数据到底为何种权益或者权利,而是通过追溯数据来源、厘清数据流转链条、确认各个环节中的权利归属是否明晰等来判断数据的权属问题,补强登记数据的权利归属证明力。

2. 以数据资产促数据合规

数据产权登记侧重短期证明,而数据资产入表需要长期的数据合规工作。事实上,目前企业具有"重数据价值而轻视数据授权"的问题,当意识到可以进行数据登记产权时,才"追溯调查"数据的来源和授权情况。在这种情况下,即使获得了产权登记证书,也很容易受到他人异议,难以真正获得数据产权。

相比之下,数据资产入表要求企业在入表前就开展大量的数据合规工作,包括收集、存储、处理数据的全过程合规性调查,确保各个环节均符合相关规定。这需要企业投入大量时间和精力开展合规调查、完善内控机制。如果企业平时就做好这些长期合规工作,那么在进行数据资产入表时,就能确保权属清晰、证据充分,避免遭受异议。

综上所述，数据产权登记的"追溯调查"与数据资产入表的"前置合规"是又一个重要区别。后者需要企业形成长期的合规工作机制，而不能像简单登记那样等到需要时才临时应对。因此，应当准确理解中国资产评估协会于2023年9月8日发布《数据资产评估指导意见》（以下简称《评估指导意见》）对数据资产"合法"的认识，并非权力机关确认数据权属后数据资产才合法，而是要在长期的经营中"合法"。准确认识这一区别，并在日常工作中做好合规，是企业进行数据入表的重要环节。

3. 优化改善企业报表

在企业数据资产入表过程中，可以将数据开发和加工等相关费用资产化，从而相应地改善和优化企业资产负债表和利润率，将数据资产列入财务报表中，能够充分释放数据资产的价值，全面提升企业估值，有效提高企业的利润率，改善财务报表。

4. 提升企业现代化治理水平

企业数据资产入表能够促进企业商业模式创新和提升企业现代化治理水平。数据资产入表推动相关制度和机制的完善，如企业负责人将更加重视数据资产的开发、利用和价值挖掘，注重通过数字化转型来收集更多的数据，充分挖掘数据新的应用场景，促进企业商业模式创新；数据资产入表推动建立独立的数据管理部门，推动企业加快数据合规体系建设，并逐步完善企业内部数据资产管理制度、数据资产合规制度和数据资产质量标准等相关制度，全面提升企业现代化治理水平。

5. 促进企业数据资产资本化

数据资产入表后，可将数据资产用于资本化运作。数据资产入表以后，数据资产的金融属性将得以加快释放，企业通过数据质押融资、数据作价出资入股、数据信托和数据资产证券化等方式探索金融化路径，从而进一步提升数据资产的价值应用空间。

（二）数据资产化的过程

1. 数据资产化过程中亟须解决的问题

与国外数据资产化的实践相比，我国在数据资产入表方面展现出明显

* 数据资产入表与资本化

的领先地位。这得益于我国长期以来对数据作为生产要素的认识,并在不同发展阶段积极纳入资本、技术、管理等要素中。特别是国家数据局的成立,这是我国持续深入推进数据要素市场化配置改革的重要标志,进一步凸显了我国在数字市场领域的前瞻性和创新力,因此需要抓住此次机遇。然而,我国数据资产入表面临两大挑战:数据资产确权挑战和数据资产合规挑战。

(1) 数据资产确权挑战。

在数据资产入表的过程中,确权路径的不明确性构成一个主要挑战。目前,对于如何对数据资产进行确权,现有法律并没有提供清晰的规定。我国现行法律体系中没有明文规定"数据权"的权利类型概念,有些观点主张以财产权的方式保护数据,但数据通常包括一些个人信息,如将包含个人信息的数据划归为某主体的财产权,必将损害个人信息主体的人格权;❶ 有些观点主张以人格权的方式保护数据,但数据具有财产属性,如将数据划归为人格权,将会限制数据的应用和交易;❷ 有些观点主张以侵权法的方式保护数据,但在该主张下,只有当数据权益受到损害时,数据权益人才能进行维权,这不利于数据在商业活动中的流通;❸ 有些观点主张以不正当竞争的方式保护数据,但在该主张下,保护的是市场公平竞争的秩序,该种权益无法在现有交易平台中进行交易。❹ 正是因为数据没有明确的权利边界,人们难以制定统一的交易规则来规范数据交易,所以目前我国虽然出现不少数据交易场所,但数据交易量不多,没有达到预期目的。《民法典》虽然提到数据权益,但并未对数据权利的具体性质和范围进行明确界定,这在法律层面上导致了一定程度的模糊性和不确定性。

《数据二十条》试图通过行政手段对数据权利进行分类,将其划分为数据资源持有权、数据加工使用权和数据产品经营权。这为数据资产化提

---

❶ 齐爱民,盘佳. 数据权、数据主权的确立与大数据保护的基本原则 [J]. 苏州大学学报(哲学社会科学版), 2015, 36 (1): 64-70.

❷ 梅夏英. 在分享和控制之间数据保护的私法局限和公共秩序构建 [J]. 中外法学, 2019, 31 (4): 845-870.

❸ 解正山. 个人信息保护法背景下的数据抓取侵权救济 [J]. 政法论坛, 2021, 39 (6): 29-40.

❹ 韩旭至. 数据确权的困境及破解之道 [J]. 东方法学, 2020 (1): 97-107.

供了一定的指引，但仍需要进一步的法律支持和明确性。在实践中，各地数据知识产权登记和数据产权登记的尝试表明，行业和市场正在探索有效的确权途径，但这些尝试仍处于发展阶段。这种法律和实践层面的不明确性，对于数据资产入表构成挑战，同时也为相关领域的发展提供了探索和改进的空间。在这一过程中，理解和适应这些法律和市场的变化将是实现数据资产化的关键。

北京数据堂公司与上海隐木公司著作权与不正当竞争纠纷一案让人们对数据的权属问题有了更进一步的思考。2023年12月14日，北京互联网法院依法组成合议庭公开开庭审理了该案。该案是全国首例涉及行政机关"数据知识产权登记证"效力认定案件。如上所述，数据权益并非法定权利，对数据市场竞争规则的行为规制是实现数据财产权益法律保护最便捷、高效的模式。司法裁判多通过《反不正当竞争法》实现对市场主体之间不正当数据抓取、利用、访问等行为进行法律规制。

该案中，原告北京数据堂公司认为，其为专业从事人工智能领域数据服务的科技创新企业，花费大量人力财力录制了1505个小时普通话收集采集语音数据，拥有该数据集的知识产权、数据权益等合法权益，该数据可供企业、高校等机构用于研发语音识别等人工智能技术。北京数据堂公司通过授权第三方使用该数据，收取授权许可费用获得收益。被告上海隐木公司与原告同样从事人工智能领域数据服务，非法获取原告收集采集的语音数据集，并在官方网站向公众传播，应当承担停止侵害、赔偿损失等民事责任。

被告辩称，原告诉请保护的数据财产权益并无法律依据，北京数据堂公司未能证明其收集的敏感个人信息取得了单独同意，应当认定收集的数据不合法；涉案数据集为互联网上完全公开的开源数据集，因此上海隐木公司取得的涉案数据集具有合法来源；上海隐木公司也未侵害数据堂公司的交易机会，不会获得任何商业利益。

该案中，原告在具有"数据知识产权登记证"的情况下，是否可以据此主张具有已登记数据的权利、是否具有权利基础、具有何种权利基础都是需要考虑的问题。所以，数据资产登记或者数据知识产权登记并不是实质意义上的确权，而是需要在通过数据资产入表的过程中确定数据资产的权属，梳理数据来源与链条，确保数据链条的完整性与合规性，从而实现数据资产"实质性"的确权。

（2）数据资产合规挑战。

数据资产合规挑战是数据资产入表过程中的另一关键问题。确保数据资产中的数据符合现行法律法规的要求，是一个复杂且至关重要的任务。《网络安全法》、《数据安全法》和《个人信息保护法》构成了中国在数据合规领域的三大基本法律框架。这些法律为保护数据隐私、确保数据安全以及合理利用个人信息提供了详细的指导和规定。在这些法律框架下，数据资产的管理受到隐私法规和安全问题的严格约束。企业在处理数据资产时，必须确保其数据处理活动遵守这些法律规定，特别是在涉及敏感信息的情况下。这包括但不限于个人身份信息、财务记录和其他可能影响个人隐私或安全的数据。

确保数据资产合规可能对企业提出了一系列挑战，包括在成本和实施方面的考量。企业需要投入相应的资源来建立和维护符合法律要求的数据处理和保护机制。这可能包括技术解决方案的开发和部署、员工培训以及持续的合规性监控和评估。因此，数据合规挑战要求企业在法律和技术层面都采取积极主动的措施，以确保其数据资产的管理和利用不仅符合业务需求，也符合相关的法律和规范要求。这对企业的数据治理能力提出了更高的要求，同时也是确保数据资产价值和可持续利用的关键。

此外，确保数据资产的准确性和可靠性是一项复杂任务，特别是当数据的来源或质量存在不确定性时。数据的来源可能是多元的，涵盖从内部系统到外部供应商的广泛范围，这些来源的多样性和复杂性增加了验证的难度。数据质量的不一致性，如不完整性、错误或过时的信息，都可能对数据资产的准确评估造成影响。数据处理和存储过程中可能出现的错误也会影响数据资产的准确性。这些错误可能源于技术故障、人为错误或数据处理过程中的不当操作。此外，随着数据的不断更新和修改，保持数据的最新状态和准确性也是一大挑战。在这种背景下，企业面临建立有效的数据治理和验证流程的重要任务，以确保数据资产的真实性和有效性。这不仅需要对现有的数据管理和处理流程进行精细化的审查，还需要对数据的来源、质量和完整性进行全面的评估和监控。总之，数据验证的挑战要求组织对数据资产进行更加严格和系统的管理,以确保其作为资产入表的可靠性和有效性。

2. 通过数据资产入表实现数据资产化

数据资产入表绝不是简单地变更会计处理方式,调整企业资产负债表,而是一项系统性的工程。在数据资产入表之前,需要对企业的数据资产、数据管理、财务情况等进行详细的盘点,必要情况下应聘请第三方专业机构进行尽职调查,只有在详细盘点之后,企业才能决定是否能进行数据资产入表,如果确定能够进行数据资产入表的,还应该确定哪些数据资产能够入表,以及能够入表的数据资产如何进行登记、评估。通过数据资产尽职调查、数据资产登记、数据资产评估、数据资产合规入表的四个数据资产入表阶段,最终完成数据资产入表工作,将数据确认为资产,真正实现数据资产化。在数据资产合规入表阶段,律师应当出具DAC(Data Asset Compliance,数据资产合规)法律意见书。DAC法律意见书是数据资产化与数据资本化进程中,为确保数据资产的合法性、合规性和安全性,由律师事务所出具的法律文件。该文件旨在确保数据合规,以满足数据资源被确认为资产的条件,并有效防止国有资产的流失。它是数据资产化过程中数据资产入表的前提,并为数据交易、融资、IPO等数据资本化活动提供法律保障。

三、数据资本化

数据资本化是数据价值化的高级阶段,数据资产入表后,企业需要开展资本市场活动,例如,数据资产质押贷款,增加企业的资产估值有利于融资、IPO,通过信贷融资、数据证券化等方式,将数据资产转化为资本,实现其增值和流通。在数据资本化阶段,数据资产不仅具有使用价值,更具备了交换价值和投资价值。通过数据分析和挖掘,企业可以发现隐藏在数据中的商业机会和价值,进而将数据资产转化为实际的经济效益。同时,金融机构也开始认识到数据资产的价值,并将其纳入风险评估和信贷决策的考量范围。

(一)数据资产融资

在全球化与数字化交织的时代背景下,企业面临日益激烈的市场竞争和业务拓展的压力。资金作为推动企业发展的核心动力，其充足与否直接关系企业的生存与成长。然而，传统的融资方式往往受限于质押物不足、信用记录不佳或融资成本过高等问题，难以满足企业日益增长的融资需求。因此，寻找新型资产融资方式成为企业突破资金瓶颈、实现可持续发展的关键。

通过数据资产融资，企业可以将数据资产作为质押或质押物，向银行或其他金融机构申请贷款。这种方式不仅能够有效缓解企业的资金周转压力，为业务拓展和创新提供资金支持，还能够提升企业的资产利用效率和市场竞争力。此外，数据资产融资还有助于推动企业数字化转型和升级，提高企业的信息化水平和数据管理能力。数据资产新型融资方式为企业解决资金问题提供了新的思路和方法。通过深入挖掘和利用数据资产的价值，企业可以拓展融资渠道、降低融资成本、提高融资效率，为企业的可持续发展注入新的活力。随着数字经济的不断发展和完善，数据资产融资有望成为企业融资领域的重要创新方向，推动整个经济社会的数字化转型和升级。数据资产质押融资面临数据资产如何变现价值和如何执行等风险与挑战。因此，应在完成数据资产入表后再进行数据资产质押贷款，通过DAC法律意见书确保数据资产质押融资流程的合法性、合规性和安全性，具体数据资产质押融资流程和要求参见第七章第二节。

（二）数据资产证券化

数据资产证券化是以数据资产未来产生的现金流为偿付支持，发行数据资产支持证券的过程；它能为数据产业提供强大的金融驱动力，是突破我国数字产业化与产业数字化发展瓶颈的关键环节。商务部于2020年8月印发的《全面深化服务贸易创新发展试点总体方案》附表中明确列举了全面深化服务贸易创新发展试点任务、具体举措及责任分工，其中包括"支持试点地区发展基于工业互联网的大数据采集、存储、处理、分析、挖掘和交易等跨境服务；探索数据服务采集、脱敏、应用、交易、监管等规则和标准；推动数据资产的商品化、证券化，探索形成大数据交易的新模式；探索对数据交易安全保障问题进行研究论证"。在地方性法规层面，北京市2022年通过的《北京市数字经济促进条例》第21条明确指出"支持开展数据入股、数据信贷、数据信托和数据资产证券化等数字经济业态创新",深圳市 2022 年通过的《深圳经济特区数字经济产业促进条例》也在其第 25 条指出"推动探索数据跨境流通、数据资产证券化等交易模式创新"。所以,数据资产证券化在我国已经在逐步地探索与展开。

数据资产证券化是数据资产向数据资本形态转变的重要方式,通过结构化的设计实现企业数据资产未来收益的即期变现,有利于盘活企业资产,并且数据资产的证券化使企业数据资产的流动性变强,有利于数据要素的流通与交易,通过证券化将企业数据资产这种非标资产转化为标准资产,将极大促进企业数据资产的流转。❶

但是,数据资产证券化同时面临诸多风险与挑战。首先,作为数据资产证券化的基础资产即数据资产的合法性问题难以解决,包括数据资产的权属问题、合规治理问题等;其次,数据资产存在真实出售与破产隔离的风险,由于数据资产需要权利人持续的维护,存在实时的更新,当权利人无法正常经营时,势必会影响数据资产的继续运营和价值,即一旦权利人具有破产风险,以该数据资产作为基础资产的证券也存在破产风险,难以做到风险隔离;再次,数据资产存在较大的数据安全与个人信息保护的风险;最后,数据资产证券化产品存在现金流归集的法律风险。

有鉴于此,在数据资产证券化之前,有必要做好数据资产的合规工作,明确数据产权的形成和流转规则,在数据资产入表成为企业数据资产之前聘请律师事务所出具法律意见书,按照上述流程做好数据资产的确权登记、评估再入表,将经过上述程序作为基础资产入池门槛有利于减轻部分项目的尽职调查,在尽职调查中将数据资产的确权登记、评估、入表作为实质审查内容,防止基础资产存在不合法或不合规之处。另外,在对基础数据资产进行尽职调查的过程中,重点参考法律意见书中数据合规的相关意见,以及审查基础资产中是否包含个人信息,对于涉及个人信息的基础资产,应特别注重个人信息处理的合法性问题。

---

❶ 宋晓晖. 数据资产证券化:意义、法律风险及其应对 [J]. 互联网周刊, 2023 (19): 20 – 22.

(三) 数据资产信托

数据信托首先是一种法律构想,《麻省理工科技评论》将数据信托定义为一个代表人们收集和管理他们个人数据的法律实体❶,而ODI(英国开放数据研究所)则认为数据信托是提供独立数据管理的法律结构,其中数据信托的受托人要承担具有法律约束力的责任,并且应当以信托受益人的最佳利益为考量,做出有关数据的决定,比如谁可以访问数据、能够以何种方式访问数据或者数据信托的收益如何分配等。无论是一种法律实体还是法律结构,其目的均在于解决"数据主体与数据控制者之间不平衡的权利关系"。❷

在我国,《中华人民共和国信托法》(以下简称《信托法》)中的"信托"是指委托人基于对受托人的信任,将其财产权委托给受托人,由受托人按委托人的意愿以自己的名义,为受益人的利益或者特定目的,进行管理或者处分的行为。因此,在我国设立数据信托,首要前提是能够明确基于数据的财产权,其次则是要明确哪些主体可以作为委托人、受托人或受益人。考虑到数据信托可能带来的巨大商业价值,数据信托在我国不仅引起了学术界的广泛关注,更激发了信托公司等金融机构的业务热情,后者已经成为推动我国数据信托发展的重要力量。

在国外的数据信托领域,较为成熟的有"美式方案"和"英式方案"两种。"美式方案"以美国学者巴尔金"信息受托人理论"为代表,提出以数据控制人为数据信托的受托人,巴尔金关注到数据主体与数据控制者之间不平衡的权利关系,正是这种关系使得信息受托人理论成为必要。"英式方案"的核心思想是由独立第三方为数据主体提供相应的数据信托服务,这一方案在结构上与传统信托更加相似,更具有可操作性。❸

---

❶ MIT Technology Review:10 Breakthrough Technologies 2021 [EB/OL]. [2023 – 02 – 24]. https://www.technologyreview.com/2021/02/24/1014369/10 – breakthrough – technologies – 2021.

❷ ODI:Defining a 'data trust' [EB/OL]. (2018 – 10 – 19) [2024 – 03 – 20]. https://theodi.org/article/defining – a – data – trust/.

❸ 凌超. "数据信托"探析:基于数据治理与数据资产化的双重视角 [J]. 信息通信技术与政策,2022 (2):22 – 28.

上述的"美式方案"和"英式方案",美国的"信息受托人"对中国的借鉴意义有限,英国的数据信托理论和实践对中国有重要的借鉴意义,至少可以从以下两个方面探索数据信托的可行性:一是数据流通与交易,由于数据的权属难以确认,数据信托可以悬置这个问题,通过个人或企业的数据财产权益设立数据信托,同时通过第三方管理和隐私计算等技术手段,确保数据流通和交易过程中的数据安全;二是对公共数据的管理,公共数据具有体量大、价值高的特性,针对公共数据设立不同类型的公共数据信托不失为一种有益的尝试。[1]

---

[1] 翟志勇. 论数据信托:一种数据治理的新方案[J]. 东方法学, 2021 (4): 61-76.

第二章　国外数据要素市场化的实践与探索

近年来，随着数字经济的蓬勃发展，数据已然成为驱动经济增长的新引擎。全球各国政府和组织都在积极探索数据资产管理和合规入表的有效途径，以期在数字时代占据先机。根据全球开放数据晴雨表（Global Data Barometer，GDB）2022 年的报告，在受调查的 109 个地区和国家中，近 70% 建立了开放数据门户并拥有专职队伍，47% 左右拥有专属预算，超过 62% 具备国家层级的相关框架，60% 以上的政策和法律框架覆盖了政府对企业等外部机构的数据共享。[1] 这表明全球数据开放程度持续提升，数据要素市场化已成为全球性议题。

欧盟重视数据立法的顶层设计，加强数据主权建设；美国在数据交易模式方面较为多样，数据市场政策相对开放；德国率先打造数据空间，建立可信流通体系；英国金融行业在数据市场交易方面先行先试；日本设立"数据银行"，并成立数字厅统筹数据治理工作；韩国则推行 MyData 模式，促进个人数据自主权；新加坡在数据要素市场化方面也采取了积极举措，推出了"可信数据共享框架"，旨在促进数据共享和利用。通过对国外实践的研究，可以发现，虽然各国在数据资产管理和合规入表方面的进展不尽相同，但总体上都在朝着规范化、制度化的方向迈进。国际社会方面，CPTPP、DEPA、RCEP 等条约则为数字贸易与数据跨境流动提供了规则指引。本章将聚焦国外数据要素市场化的实践与探索，通过梳理欧盟、美国、日本、韩国、新加坡等国家和地区的相关政策法规，以及 CPTPP 等全

---

[1] Global Data Barometer：The Global Data Barometer Report [EB/OL]. [2024-03-19]. https://globaldatabarometer.org/the-global-data-barometer-report-first-edition/.

球数字贸易规则的相关内容，为我国数据资产合规入表提供有益借鉴。

第一节　欧盟数据要素市场化的实践与探索

欧盟是全球最早开启数据立法先河的地区之一，经过近30年的不懈努力，已经形成全面系统、层次清晰的数据法律规范体系，树立了全球数据立法和数字规则制定的标杆。欧盟高度重视数据在数字经济时代的战略地位，将数据视为驱动创新发展的关键要素。为了在激烈的国际竞争中抢占先机，欧盟着力构建独特的数据治理体系，在数据主权、数据市场、数据空间等方面进行了积极探索和制度创新。纵观欧盟数据立法沿革，呈现出顶层设计超前、法律供给充沛、制度逻辑严谨的鲜明特点，为我们认识欧盟的数字战略、把握全球数据治理趋势提供了重要窗口。

一、欧盟数据立法概述

自2020年以来，面对日益激烈的全球数字经济竞争态势，欧盟将"数字化转型"提升至战略高度。欧盟委员会接连发布了一系列纲领性文件：《塑造欧洲的数字未来》勾勒出欧盟数字发展的宏伟蓝图；《欧洲数据战略》提出了激活数据这一新型生产要素的系统方案；《2030数字指南针：数字十年的欧洲之路》则进一步明确了未来十年欧盟数字转型的目标、路径与措施。这些战略规划旨在通过构建欧洲公共数据空间、打造欧洲单一数字市场，有效整合数字资源，充分释放数据价值，激发数字创新活力，为欧洲数字产业的快速崛起夯实根基。

如表2-1所示，欧盟针对数字经济发展的各个关键领域，制定并实施了一系列法律法规，形成涵盖数据保护、数据流通、平台治理以及人工智能等领域的综合性数字立法体系。

* 数据资产入表与资本化

表 2-1 欧盟数据立法体系

领域	法律名称和缩写
数据保护	《数据保护指令》（DPD）
	《通用数据保护条例》（GDPR）
数据流通	《开放数据和公共部门信息再利用指令》（PSI）
	《非个人数据自由流动条例》（FFD）
	《数据治理法案》（DGA）
	《数据法案》（DA）
平台治理	《数字服务法案》（DSA）
	《数字市场法案》（DMA）
人工智能领域	《人工智能法案》（AI Act）

纵观欧盟数据法律体系的发展脉络，呈现出以下鲜明特点：

（1）欧盟高度重视数据立法的顶层设计。❶ 欧盟充分认识到数据作为新型生产要素对数字经济发展的战略意义，从 20 世纪 90 年代就开始酝酿制定《数据保护指令》，开启了数据立法的先河。2010 年，欧盟将建设数字单一市场作为核心发展战略，之后密集出台了一系列涵盖数据保护与流通各个环节的法律法规。2020 年，欧盟发布《欧洲数据战略》，提出了打造欧洲数据空间、加强数据基础设施建设、完善数据治理机制的宏伟蓝图和行动纲领。由此可见，制定数据法律从来都是欧盟一以贯之的战略抉择，是其谋求技术自主和数字竞争力的重要法宝。

（2）欧盟着力加强数据主权建设。❷ 随着数字经济的崛起，数据日益成为国家竞争的战略性资源。欧盟意识到必须通过法律手段捍卫数据主权，减少对美国互联网巨头的技术依赖。一方面，欧盟以一系列法案确立了对个人数据的高标准保护，给予用户更多的知情权、控制权、同意权和删除权。个人数据保护成为欧盟数字治理的优先议题和核心价值，《通用数据保护条例》更是凭借严苛的合规要求和高额处罚，成为全球个人数据保护的金标准，迫使包括硅谷科技巨头在内的所有在欧运营的企业规范数

---

❶ 李丹，刘晓峰. 欧盟数据治理的顶层设计解读及启示［J］. 中国电信业，2022（9）：66.
❷ 翟志勇. 数据主权的兴起及其双重属性［J］. 中国法律评论，2018（6）：196-202.

据行为、强化数据责任，极大彰显了欧盟的制度霸权。❶ 另一方面，欧盟着力为欧洲数据空间的构建扫除障碍。《非个人数据自由流动条例》明确禁止成员国对数据存储地域设限，要求打破数据"孤岛"，为工业数据、公共数据的自由流动创造条件。《数据治理法案》和《数据法案》则为企业、政府、社会之间的数据开放共享确立规范，有助于盘活数据这一关键生产要素。由此可见，欧盟通过立法在实现数据安全和数据流通之间的平衡、维护数据主权的同时，也为其数字市场的蓬勃发展提供制度保障。

（3）欧盟以体系化思维构建数据法律体系。❷ 纵览欧盟数据法律体系的形成过程，可以看到一以贯之的整体性、系统性思维。一方面，从20世纪90年代的《个人数据保护指令》，到21世纪的《通用数据保护条例》《数据库指令》等，再到近年来的《非个人数据自由流动条例》《数字服务法案》《数字市场法案》，涵盖数据治理的方方面面，法律体系不断扩展完善；另一方面，从数据保护到促进利用，从规范平台经济到培育数据市场，支撑数字经济发展的法律制度环环相扣，系统集成，彼此形成良性的支撑和补充。可以说，纵向上，欧盟数据法律体现了循序渐进、与时俱进的法治精神；横向上，体现了全局统筹、协同配套的立法智慧。这种高瞻远瞩的顶层设计和多管齐下的立法行动，保证了欧盟数据法律的科学性、稳定性和开放性，值得其他国家和地区学习借鉴。

（4）欧盟力图借助数据立法重塑全球规则秩序。当前，数据跨境流动不断升级，全球数字治理规则亟待构建。面对美国科技巨头的市场垄断和规则垄断，欧盟试图以制度创新和模式输出，重塑数字规则秩序，打造"布鲁塞尔效应"❸。其中，《通用数据保护条例》就是一个典型案例：该法案不仅对欧盟境内机构适用，只要涉及处理欧盟个人数据，全球所有组织都必须遵守，违者将面临高额罚款。这种域外效力的做法虽然备受争

---

❶ 孙莹. 大规模侵害个人信息高额罚款研究［J］. 中国法学，2020（5）：106-126.
❷ 谢琳灿. 欧盟数字立法最新进展及启示［J］. 中国改革，2022（6）：79-82.
❸ 金晶. 欧盟的规则，全球的标准？：数据跨境流动监管的"逐顶竞争"［J］. 中外法学，2023，35（1）：46-65. 布鲁塞尔效应（Brussels effect），是指欧盟事实上（但不一定是法律上）通过市场机制将其法律推广至境外，导致其单边监管全球化的过程。因为布鲁塞尔效应，受监管的实体，特别是公司，最终会出于各种原因，即使处在欧盟之外，也遵守欧盟法律。

议，却充分彰显了欧盟以规则塑造市场、以制度赢得话语权的决心。事实上，GDPR 已经成为全球个人数据保护的标杆，推动 100 多个国家制定或修订了数据保护法律，可谓欧盟外交政策的重大胜利。而在最新的《数字服务法案》《数字市场法案》等法案中，欧盟更是锚定了平台经济发展的基本规则，力图主导全球平台治理的议程设置。可以预见，随着欧盟在数据领域立法的不断深化，其对全球数字规则格局的影响力将进一步凸显，"布鲁塞尔效应"也将更加深远。

综上所述，欧盟树立了全球数据立法的样板。从《个人数据保护指令》到《通用数据保护条例》，从《非个人数据自由流动条例》到《数字服务法案》，欧盟以前瞻的立法视野、有力的制度供给、开放的治理理念，引领了全球数字经济的规则之争。这种立法为先、监管护航、开放有序的发展路径，对世界各国数字经济立法和数字市场建设，具有重要的启示意义。

二、欧盟数据流通战略

欧盟高度重视数据流通，将其作为抢占数字经济制高点、强化全球竞争力的关键战略。通过系统梳理欧盟的相关举措，可以将其数据流通的总体战略概括为"数据主权、单一市场与共同空间"。

（一）数据主权

欧盟将数据主权视为维护数字主权的核心要义。数字主权的概念早在 2000 年初就已出现在欧洲的学术和政治论辩中，2010 年的《欧洲数字化议程》则正式将其纳入政策议程，数字主权被进一步上升为纲领性目标，体现在一系列官方文件和政治宣示中。

欧盟对数字主权的诉求可以从主动和被动两个维度来理解。一方面，欧盟意识到掌控数字资源对塑造未来竞争力至关重要，必须在关键核心技术上保持自主可控，摆脱对外部力量的过度依赖。因此，欧盟将数字主权与技术创新战略紧密结合，加大对数字基础设施、先进计算、数据处理等领域的投入，以补齐"技术栈"的短板，夯实数字发展的硬实力。❶ 另一方面，基于对数字空间规则制定权的追求，欧盟力图将自身的价值理念和发展模式外溢和投射。长期以来，欧盟在个人数据保护等领域已经树立全球标杆，形成所谓的"布鲁塞尔效应"。如今，面对美国科技巨头的垄断地位和数据话语权，欧盟更加强调要通过制度创新和治理赋能，以捍卫数字主权。诸如 DGA、DA 等一系列数据立法的密集出台，正是欧盟将内部规则外部化、抢占国际规则制高点的生动体现。需要指出的是，欧盟对数字主权的追求绝非要构筑"数字高墙"。恰恰相反，欧盟一直强调在坚持自身原则的同时，要以开放包容的心态深化国际数字合作。❷ 数据充分性认定机制就是很好的例证，通过与第三国达成互认安排，在高标准保护的前提下促进数据自由流动。未来，欧盟还将继续利用自身的体量优势和制度力量，通过贸易协定、行为准则等方式，塑造公平合理的数字秩序，携手全球伙伴共创数字发展的光明前景。

（二）单一市场

欧盟单一市场是指在欧盟范围内，实现商品、服务、资本和人员自由流动的统一大市场。它是欧洲一体化的核心支柱，旨在消除成员国之间的贸易壁垒，促进区域经济融合与发展。进入数字时代，欧盟提出打造"数字单一市场"（Digital Single Market）的战略构想。2015 年，欧盟委员会发布《数字单一市场战略》，旨在推动数字领域的市场一体化，为企业和消费者营造公平、开放、安全的数字化环境。

随着大数据成为数字经济的关键驱动力，欧盟进一步提出建设"单一数据市场"（Single Data Market）的战略目标。《欧洲数据战略》明确指出，欧盟应充分利用数据这一"21 世纪的新石油"，打通数据在不同主体、区域和行业间的流通渠道，释放数据价值，赋能产业数字化转型。这一战略的实现路径主要包括：一是出台系列法案，消除数据共享障碍。如《非

---

❶ 郭丰，秦越. 欧盟维护数字主权的理念与行动［J］. 信息资源管理学报，2022，12（4）：70 – 81.
❷ 赵琳，钱雨秋，郑汉. 欧盟数据要素市场培育政策、实践与模式［J/OL］. 图书馆论坛，1 – 10［2024 – 05 – 27］. http：//kns. cnki. net/kcms/detail/44. 1306. G2. 20240325. 1052. 002. html.

个人数据自由流动条例》《数据治理法案》《数据法案》等先后出台,在数据隐私保护、公共数据开放、工业数据共享等方面确立了基本规范。二是建设欧洲共同数据空间。围绕工业、交通、农业等九大重点领域,建设高质量、可互操作、安全可信的数据空间,为行业数据的汇聚流通奠定设施基础。三是完善数字竞争规则。通过《数字市场法案》《数字服务法案》等举措,遏制平台垄断,保护消费者权益,为中小企业营造公平竞争环境。这些战略举措共同构成欧盟打造统一、开放、有序的数据市场的政策工具箱。

尽管受到新冠疫情、能源危机、通胀等多重冲击,但欧盟仍将单一市场视为维系经济竞争力的制胜法宝。根据《2024年单一市场和竞争力报告》[1],欧盟正通过一系列举措增强单一市场韧性:(1)持续完善单一市场规则,简化行政程序,优化营商环境;(2)加快能源基础设施建设,降低企业能源成本;(3)加强资本市场联盟建设,提升风险投资供给;(4)加大公共投资力度,在关键领域维持竞争优势;(5)加速科技成果转化,提升研发投入商业化水平;(6)推动贸易自由化,同时运用贸易保护工具维护战略产业发展;(7)缩小技术和人才差距,强化教育培训。

(三)共同空间

所谓"共同空间",是指在特定领域内,多个利益相关方基于共同的治理框架和技术架构,实现数据的汇聚、流通和应用的一种联邦式数据生态系统。在此基础上,"共同数据空间"则专指欧盟在数据治理领域探索构建的,旨在实现公共数据、工业数据等在不同区域、行业、部门之间自由流动的制度安排与实践探索。2020年,欧盟发布《欧洲数据战略》,首次系统提出"共同数据空间"的宏大设想。根据该战略,欧盟将在工业制造、交通、能源、农业、金融、公共管理等九大战略性领域构建数据空间,并将科研领域的"开放科学云"纳入其中,最终形成覆盖整个欧洲的

---

[1] Directorate – General for Internal Market, Industry, Entrepreneurship and SMEs: The 2024 Annual Single Market and Competitiveness Report [EB/OL]. [2024 – 02 – 14]. https://single – market – economy. ec. europa. eu/publications/2024 – annual – single – market – and – competitiveness – report_en.

"共同数据空间"。这一战略蓝图可以概括为"三横两纵一应用"的总体框架[1]：

"三横"即法律层、技术层和组织层。其中，法律层强调通过立法保障数据流通秩序；技术层强调新型基础设施建设，提升数据处理与共享能力；组织层则从机制、规范、标准等方面规划产业协同生态。"两纵"是指贯穿数据空间建设始终的安全与开放理念。欧盟强调数据空间须严格遵守 GDPR 等数据保护、网络安全规范，同时秉持开放思维，允许社会多元主体广泛参与。"一应用"指的是覆盖上述九大领域的具体应用场景，由点及面地推进共同数据空间建设。基于这一框架，欧盟正加速共同数据空间的顶层规划和法律制度供给。2022 年，《数据治理法案》正式生效，为公共部门数据开放、数据中介服务、数据利他组织等设定了基本规范。同年，《数据法案》提案通过并启动立法程序，进一步明确了物联网数据共享的权利义务规则。在此基础上，欧盟还积极推动数据空间的实践应用，医疗健康成为率先突破的领域。2022 年，欧盟宣布正式启动"欧洲健康数据空间"建设，借助统一的技术标准、治理规则和基础设施，推动医疗数据的初次利用与二次开发，以期全面赋能医疗产业创新发展。

三、欧盟数据法律现状

（一）数据保护

1.《通用数据保护条例》

欧盟《通用数据保护条例》（General Data Protection Regulation, GDPR）是欧盟为了加强对个人数据的保护，规范数据在欧盟内部市场自由流通而制定的条例性法规。GDPR 起草于 2012 年，历经 4 年多的立法程序，最终于 2016 年 4 月通过，并于 2018 年 5 月 25 日在欧盟全境正式生效实施。作为全球最严格、影响最广的数据保护法律，GDPR 开创了个人数

---

[1] 王轶，王宏伟. 借鉴欧盟部署共同数据空间经验提升数字经济竞争力［J］. 中国工业和信息化，2023（7）：52 – 55.

据保护和隐私立法的新时代。

GDPR 共计 99 条，涵盖个人数据处理活动的各个环节。[1] 其核心内容包括个人数据的定义、数据处理的基本原则和法律依据、数据主体的八项权利、敏感个人数据和儿童数据的特别保护、安全保障措施、独立监管机构、违规处罚等。值得一提的是，GDPR 创设了数据可携权、被遗忘权等新型权利，进一步强化了个人对数据的控制。此外，GDPR 还确立了域外效力原则，凡是涉及欧盟居民个人数据的处理行为，无论发生在何地、数据控制者是否设立在欧盟境内，都须遵守 GDPR 的规定。这为 GDPR 赢得了"数字世界的新宪法"的美誉。尽管 GDPR 并未明确将数据定义为一种资产，但其通过赋予个人对其数据的知情权、访问权、反对权、删除权、可携权等一系列权利，实质上肯定了个人数据的财产属性和经济价值。这不仅有助于实现个人对数据的自主控制，促进数据共享开放，也为数据要素市场化奠定了重要法律基础。正如欧盟委员会所言，GDPR 旨在建立一个基于高水平信任的数字单一市场，既保护数据隐私，又促进数据自由流动，以数据驱动经济增长和社会进步。[2]

GDPR 的一个显著特点是其"长臂管辖"的法律适用范围。[3] 传统上，法律管辖权通常基于属地原则，即一国法律仅适用于其主权领土内的行为。但在数字时代，数据跨境流动日益频繁，科技企业利用互联网开展全球业务，传统的属地原则难以有效规制日益复杂的数据处理活动。面对这一挑战，GDPR 确立了"影响主义"管辖原则。根据该原则，即便数据控制者或处理者在欧盟境内没有设立分支机构或使用当地设备，但只要其数据处理行为涉及欧盟居民的个人数据，就必须遵守 GDPR 的规定。也就是说，GDPR 的适用以数据处理行为的影响所及为准，而非行为发生地。这一扩张性的管辖权主张，大大拓展了欧盟数据保护法的"触角"。实践中，

---

[1] 金晶. 欧盟《一般数据保护条例》：演进、要点与疑义 [J]. 欧洲研究，2018，36（4）：1–26.

[2] European commison：Data protection in the EU [EB/OL]. [2024–02–14]. https://commission.europa.eu/law/law–topic/data–protection/data–protection–eu_en.

[3] 叶开儒. 数据跨境流动规制中的"长臂管辖"——对欧盟 GDPR 的原旨主义考察 [J]. 法学评论，2020，38（1）：106–117.

这意味着全球范围内的企业，无论总部是否设在欧盟，只要向欧盟用户提供商品或服务，就都将受到 GDPR 的约束。举例而言，一家中国的电商平台如果允许欧盟消费者在其网站购物，即便其没有在欧盟设立分支机构，也理应遵循 GDPR 关于个人数据收集、存储、使用等方面的要求。

从更广泛的视角看，GDPR"域外效力"的做法一定程度上突破了传统国际法的既有格局，为跨境数据治理带来新的挑战。以立法手段将一国法律观念和规则强加于他国，在主权平等原则下是否合理尚有待商榷。不同法域在个人权益保护与数据自由流动间的利益权衡点各不相同，GDPR 的"一刀切"做法可能加剧法律冲突和市场分割。此外，严苛的域外合规要求对发展中国家企业而言难度更大，可能加剧数字鸿沟。可以说自 GDPR 开始，数据跨境合规成了每一家跨国公司的必修课。

2. 《非个人数据自由流动条例》

为充分释放数据资源的价值，促进数据在欧盟范围内自由流动，欧盟出台了《非个人数据自由流动条例》（Regulation on the Free Flow of Non-personal Data，FFD）。该条例于 2018 年 11 月生效，与 GDPR 共同构成欧盟数据治理的"双轮驱动"，为个人数据与非个人数据在欧盟内的自由流动提供了制度保障。

FFD 的一个核心内容是界定非个人数据的概念。根据 FFD，非个人数据是指不属于 GDPR 中所定义的个人数据的所有数据。其包括两类数据：一是匿名处理后不能再识别特定个人的数据；二是最初就与个人无关的数据，如机器产生的数据、工业数据等。通过明确非个人数据的内涵与外延，为该条例的实施奠定了基础。为消除成员国对非个人数据设置的流动障碍，FFD 规定禁止成员国出于经济原因对非个人数据提出数据本地化要求。成员国不得以法律、法规或行政规定等方式要求将非个人数据存储或处理限制在特定地域内，除非出于公共安全考虑且此要求符合必要性和比例性原则。[1] 这有助于打破数据"孤岛"，促进数据在欧盟内自由流动。此外，为促进云服务市场的竞争，提高用户选择服务提供商的灵活性，FFD

---

[1] 《非个人数据自由流动条例》第 4 条。

* 数据资产入表与资本化

还明确了数据可携带权。❶ FFD 要求云服务商制定行为准则,就数据可携性相关的技术标准、流程及成本等作出规定,方便用户在不同服务提供商之间切换,避免被特定服务商"锁定"。为进一步提高非个人数据的可获得性和再利用性,条例鼓励相关行业组织或协会制定数据共享相关的行为准则。通过行业自律,有助于在保护权利人利益的同时,促进行业内数据的共享与开放,充分挖掘数据资源的应用价值。FFD 的另一项重要内容是建立主管部门数据访问的合作机制。为保障公共部门在必要时能访问其他成员国境内的数据,FFD 规定各成员国指定单一联络点,负责就跨境数据访问事宜与其他成员国开展合作,并协助本国主管部门获取所需数据。该机制有利于提升政府治理和公共服务效能。❷ FFD 的实施对于促进欧盟数字经济发展具有重要意义。通过消除数据流动壁垒,促进数据共享开放,能够激发数据驱动型创新,促进新产业、新业态、新模式的发展,增强欧盟在全球数字经济竞争中的优势地位。同时,FFD 与 GDPR 形成互补,共同为数字单一市场的建设奠定了法律基础。

(二)数据治理

在 GDPR 为个人数据保护设定全新标准的同时,欧盟也意识到,单靠强化数据主体权利尚不足以充分释放数据要素的潜能。数据流通不畅,既妨碍了数据价值的充分挖掘利用,也制约了欧盟数字单一市场建设的进程。为进一步打通数据"血脉",激活数据"淤积",欧盟在个人数据保护的基础上,着力优化整体数据治理环境,出台了一系列旨在促进公共数据开放、行业数据共享的专门立法。《数据治理法案》(Data Governance Act,DGA)和《数据法案》(Data Act,DA)正是欧盟数据治理领域的两大立法支柱。DGA 聚焦数据开放共享的制度供给,为公共部门数据再利用、数据中介服务、数据利他等设定了规范和标准。而 DA 则侧重数据要素市场化配置,从数据权属、交易规则、竞争秩序等方面为数据流通"疏堵"。

---

❶ 《非个人数据自由流动条例》第 6 条。
❷ 吴沈括,霍文新. 欧盟数据治理新指向:《非个人数据自由流动框架条例》(提案)研究[J]. 网络空间安全,2018,9 (3):30 – 35.

两部法案目标契合、内容互补,共同构成一个促进数据自由流动、规范行业数据共享的基础性法律框架。

1. 《数据治理法案》

《数据治理法案》(DGA)是欧盟为推动数据开放共享而制定的重要立法。在 DGA 出台之前,欧盟数据共享面临诸多障碍:一是各方对数据共享缺乏信任,担心数据滥用风险;二是再利用他人数据的规则不明,法律障碍突出;三是缺乏可靠的数据中介服务,共享渠道不畅。这些问题导致宝贵的数据资源难以重复使用,数据价值挖掘成本高昂。为破解这些难题,DGA 围绕公共数据再利用、数据共享服务和数据利他三大机制,构建了一套促进数据开放共享的基础性制度规范。

首先,DGA 明确了公共数据再利用的规则。一方面,DGA 规定公共部门原则上应允许数据再利用,但不得违反保密义务,不得授予排他性权利。这有助于在保护隐私和商业秘密的同时,最大限度释放公共数据的社会价值。另一方面,DGA 对再利用的条件、收费标准等作出规范,要求制定统一的许可条款,建立国家单一信息点,为数据再利用者提供便利。这将有效降低寻找和获取可用数据的交易成本。其次,DGA 确立了数据共享服务的规范。DGA 对三类数据共享服务(数据持有者[法人]与潜在数据用户之间的中介服务、寻求利用其个人数据的数据主体与潜在数据用户之间的中介服务和数据合作服务)设定了统一的通知义务,明确了运营条件和行为规范。通过引入可信第三方,DGA 有望打破数据共享僵局,为数据提供方、使用方搭建安全、便捷的对接通道。主管部门的合规监管将进一步强化各方对数据共享的信心。最后,DGA 提出了"数据利他"的创新理念。所谓数据利他,是指个人、企业在自愿基础上,为科研创新、公共利益之目的贡献数据的行为。DGA 鼓励成立"数据利他组织",专门从事数据利他活动,并通过登记备案、信息披露等方式接受监管。同时,DGA 还计划推出统一的数据利他同意书,为相关数据处理提供法律依据。数据利他有望成为凝聚社会各界数据资源、造福全民的重要途径。

随着 DGA 的实施,欧盟有望加速形成统一、开放、规范的数据要素市场。数据开放共享将进一步带动数字产业创新,为中小企业发展注入新动能。公民将从优质的数字产品和服务中获益，并有更多机会参与到数据利他的崇高事业中来。政府决策也将因数据充分利用而更加科学民主。可以预见，DGA将成为欧盟建设数字单一市场、彰显数字主权的关键一环。

2.《数据法案》

《数据法案》（DA）为欧洲数据战略的关键支柱，致力于推动欧洲成为全球数据经济的引领者，为促进欧盟内部单一数据市场的建设发挥重要作用，进一步平衡个人数据保护和数据自由流通之间的关系。❶ 在DGA为数据自由流动制定基础框架的基础上，DA进一步聚焦于推动数据要素在流通过程中的公平利用，致力于平衡用户特别是中小企业的数据权益，助力实现欧盟数据市场的繁荣。

DA明确赋予物联网设备用户对相关数据的访问权、共享权和利用权。用户有权请求获取设备产生的数据，并可以要求数据持有者向第三方提供这些数据。这一规定有助于促进用户与设备制造商、第三方服务商之间的数据互联互通，激发数据价值，也使得用户对个人数据拥有了更大的支配权，对GDPR第20条第4款数据可携带权的行使作了细致的规范。❷ 同时，DA还提出了一系列措施，以防止滥用不平等的数据共享合同，保护中小企业在数据利用中的合法权益。云计算是数据要素流通的重要载体，❸但目前云服务市场"套牢"现象严重，用户数据迁移困难，市场缺乏竞争活力。对此，DA提出了一系列"去套牢"措施，强化云服务提供商间的互操作义务，要求提供商采用开放接口，支持数据在不同云平台间的自由转移，同时赋予云服务用户充分的自由迁徙权。这些制度安排有助于打破云计算市场的人为数据壁垒，为各类企业开展公平竞争、加速创新提供制度保障。此外，DA还在B2G数据共享方面提出了新的规定。DA授予公共

---

❶ 吴沈括，柯晓薇. 欧盟《数据法案》的规范要旨与制度启示：以个人信息保护为视角[J]. 信息通信技术与政策，2024，50（1）：2–6.

❷ 伍旋航. 从零碎到系统：《数据法案》数据访问权与欧盟数据流通监管[EB/OL].[2024–03–28]. https://mp.weixin.qq.com/s/ffpbxGMiaCn6M5YqHaicWA.

❸ 孟小峰，慈祥. 大数据管理：概念、技术与挑战[J]. 计算机研究与发展，2013，50（1）：146–169.

部门机构在自然灾害等高度公共利益的情况下，在符合特定条件的前提下，访问和使用私营公司持有数据的权力。这一规定有助于提升政府部门的数据治理和应急响应能力。

总之，DA 与 DGA 形成合力，通过一系列制度设计，进一步完善了欧盟数据治理体系，有助于在保障数据安全与个人权益的前提下，充分释放数据要素价值，推动欧洲数字经济繁荣发展，加速欧盟数字单一市场的建设进程。对于中国的数字经济发展而言，欧盟的相关立法实践值得借鉴，应加快构建数据流通规则，在注重个人信息保护的同时，为企业合理利用数据创造良好的制度环境。

（三）数据流通

数据的自由流动是释放数据要素价值、促进创新发展的关键。然而，伴随着平台经济的崛起，数据治理面临新的挑战。少数科技巨头凭借其海量数据和技术优势，主导了数字服务市场，形成新型垄断，成为阻碍数据自由流动的一大障碍。这些平台巨头不仅掌控了大量用户数据，还通过算法推荐、搜索排名等方式影响了信息流动，削弱了中小企业的竞争力，引发社会各界对数字市场公平竞争的广泛关切。面对平台经济带来的数据壁垒，欧盟审时度势，在 GDPR 奠定数据保护基石的基础上，进一步聚焦数字服务领域，制定了一揽子法律法规，构建起全面、综合的数字治理体系。其中，《数字服务法案》（DSA）和《数字市场法案》（DMA）作为两大支柱性立法，从不同维度入手，共同应对平台经济挑战，推进数据要素自由有序流动，重塑数字服务市场格局。

1.《数字服务法案》

欧盟《数字服务法案》（Digital Services Act，DSA）作为 GDPR 的有机延伸和补充，在数据保护基础之上，进一步强化了平台责任，明确了用户权益，旨在营造更加安全、公平、创新的数字生态。[1]

DSA 主要针对在线中介服务提供商，包括在线市场、社交网络、内容

---

[1] 吴沈括，胡然. 数字平台监管的欧盟新方案与中国镜鉴——围绕《数字服务法案》《数字市场法案》提案的探析［J］. 电子政务，2021（2）：111.

* 数据资产入表与资本化

共享平台、应用商店等。DSA 采用分级管理的方式，根据企业的规模和影响力，将数字服务提供者分为四类：中介服务提供者、托管服务提供者、在线平台提供者和超大型在线平台提供者。不同类别的提供者需承担不同层级的义务，义务范围随着企业规模和影响力的增大而递增。DSA 从算法透明、风险评估、投诉处理等方面加强平台问责，建立按比例、分层级的义务体系，对月活用户超过 4500 万的"超大型在线平台"（VLOPs）规定了最严格的要求。截至 2024 年 3 月 18 日，欧盟已经指定了两批 VLOPs 和超大在线搜索引擎（VLOSEs），其中不乏像亚马逊商城、Zalando、阿里巴巴速卖通等跨境电商平台以及 Facebook、Meta、TikTok 等社会化媒体平台。❶

DSA 具有广泛的域外管辖效力，不仅规范欧盟境内企业，也适用于向欧盟用户提供服务的欧盟以外企业。对于违反 DSA 的行为，欧盟委员会有权施以严厉的处罚，最高罚款可达企业全球年营业额的 6%。欧盟委员会 2024 年 2 月 19 日的文件显示，该监管机构已经正式根据《数字服务法》（DSA）对字节跳动旗下 TikTok 启动调查程序，以查明该社交媒体平台是否采取了足够措施来保护儿童。❷

此外，DSA 还规定了中介服务提供者的免责情形，在满足一定条件下，服务提供者可以免于承担传输或存储非法信息的责任。DSA 秉持以人为本、包容创新的价值追求，在促进数字经济发展的同时，着力保障个人权利、维护公平竞争、弥合数字鸿沟，体现了欧盟在数字时代的人本关怀。

毋庸置疑，DSA 是全球数字治理的开创性立法，将深刻影响全球数字产业格局。对平台企业而言，合规成本大幅提高，商业模式面临重构，跨国运营也将趋于复杂。但长远来看，高标准的规则体系有助于厘清平台边界，规范行业生态，为良性竞争奠定制度根基。

---

❶ 周杨，梁天翔：欧盟《数字服务法》（DSA）全面生效背景下企业合规应对要点 [EB/OL]．[2024-04-03]．https://mp.weixin.qq.com/s/kjDh7TJxAY8dNjk2VDPFNQ．
❷ Kaamel：隐私快讯｜欧盟正式启动 TikTok DSA 调查，或面临巨额罚款 [EB/OL]．[2024-02-22]．https://mp.weixin.qq.com/s/OCPtZteKQi8erqimaNeyHg．

2. 《数字市场法案》

欧盟《数字市场法案》(DMA)是与《数字服务法》(DSA)一同出台的重要立法，旨在促进数字市场的公平竞争，防止大型科技公司滥用其主导地位。DMA 主要针对被称为"守门人"(Gatekeeper)的大型科技平台，这些平台在其所处的核心平台服务领域拥有显著影响力，且在多个欧盟成员国开展业务。违反法案相关规定，将面临最高全球年营业额 10% 的罚款。2024 年 3 月，欧盟委员会根据《数字市场法案》(DMA)对谷歌、苹果和 Meta 涉嫌违规行为展开调查。具体而言，欧盟委员会怀疑，谷歌和苹果的应用商店实施的"引导规则"(steering rules)、谷歌搜索防止自我优待的措施、苹果关于用户选择的合规措施，以及 Meta "付款或同意"的商业模式未能有效履行《数字市场法案》规定的守门人义务。[1]

DMA 为"守门人"设定了一系列义务和禁止行为。例如，"守门人"必须允许第三方应用与其平台互操作，不得以不公平的条件限制商业用户接触其平台上的最终用户，不得在搜索结果中给予自家产品优先排序等。同时，DMA 还要求"守门人"共享其平台上生成的某些数据，提高在线广告服务的透明度，并接受合规审计。

DMA 的出台为规制大型科技平台提供了有力工具，有助于打破其"守门人"地位，为中小企业创造更加公平的竞争环境，促进数字市场的创新发展。受 DMA 影响的科技巨头需审慎评估合规风险，调整业务模式，中国企业也应密切关注 DMA 动向，把握数字市场新机遇。

四、欧盟数据要素市场化探索

随着数据日益成为数字经济的关键驱动力，如何完善数据确权制度，平衡激励创新与促进共享，成为世界各国面临的共同挑战。作为数据立法的先行者，欧盟在探索数据确权路径时，经历了从"产权化"到"去产权化"的重大转变。

---

[1] 反垄断实务评论：欧盟《数字市场法》首批调查：谷歌、苹果和 Meta 涉嫌违反守门人义务 [EB/OL]. [2024-03-26]. https://mp.weixin.qq.com/s/RxrPSjeZNQ7qY3FCUBcY2g.

欧盟最初尝试对数据进行"产权化"保护，以期通过赋予数据生产者专属权利，来激励数据生产、促进数据流通交易。然而，无论是"数据库特别权利"还是"数据生产者权"，这些产权化措施在实践中均未达预期政策目标，反而可能因加剧数据垄断而阻碍数据共享开放。鉴于产权化的弊端，经过反复论证，欧盟决策者最终达成"去产权化"共识，转而采取"数据访问和使用权"等制度设计，重点关注用户对数据的访问和使用，以期消除数据壁垒。经过反复论证，最终在"去产权化"的方向上达成共识。这一转变集中体现在一系列数据立法中。从2018年的GDPR到2019年的FFD，再到近年的DA、DGA、DSA、DMA等，欧盟着力构建"数据访问和使用权"等新型制度，重点关注用户对数据的可访问性和可携带性，以期打破数据"孤岛"，消除流通壁垒。尤其是，欧盟提出要建设覆盖各行各业的"共同数据空间"，通过API等技术手段，促进不同主体、区域、部门间的数据融通，充分释放数据价值。

然而，审视欧盟数据立法的实践效果，其在促进数字经济发展方面的表现却不尽人意。一方面，欧盟对个人数据的过度保护抬高了企业合规成本，抑制了数字企业的创新活力。另一方面，对非个人数据，尤其是公共数据的开放共享规则反复调整，采取的授权收费模式收效甚微。同时，对数字平台企业的严厉监管，客观上阻碍了人工智能等新技术在欧洲的广泛应用。欧盟数据立法的诸多措施，虽然在保护个人权益方面有所建树，但在激发数据价值、壮大数字经济方面难言成功。时至今日，欧盟仍未对数据财产权作出明确规定。换言之，当前欧盟法中尚无赋予相关主体数据专属权利的制度安排。欧盟的探索历程表明，对于新型生产要素而言，传统的产权模式难以完全契合数据的经济属性和共享利用需求，去产权化的制度创新更有利于发挥数据价值、促进数据流动。

值得注意的是，虽然欧盟经验有一定借鉴意义，但我国在数据确权问题上决不能照搬欧盟的"去产权化"做法。相反，立足社会主义市场经济条件，围绕激活数据要素潜力，我国应加快构建独具特色的数据产权制度体系。通过产权激励机制，推动政府数据开放共享、社会数据资源整合利用，为建设数字中国夯实基础。

第二节　美国数据要素市场化的实践与探索

美国作为全球数字经济的领军者，始终站在数据要素市场化的最前沿。纵观美国的数据立法历程，从最早的部门性法律，到如今州层面的综合性隐私保护法案，反映出美国数据立法逐步走向成熟和完善。与此同时，美国还在数据流通战略和跨境数据传输等方面进行了积极探索，力图在确保数据安全与个人隐私的前提下，最大限度地释放数据要素的价值，并借助数据推动经济创新和社会进步。

一、美国数据立法概述

随着数字技术的快速发展和广泛应用，个人数据的收集、使用和保护日益受到关注。然而，与欧盟出台《通用数据保护条例》（GDPR）不同的是，美国至今尚未制定联邦层面的统一综合性隐私保护法律。在联邦法律缺位的情况下，美国各州纷纷采取行动，出台州层面的隐私保护法案，力图在数字时代加强对公民隐私权的保护。在国家层面上，美国目前还没有关于数据行业和实体的法律，但部分州制定了关于个人信息安全和数据泄露的法律。2018 年《加利福尼亚州消费者隐私法案》（CCPA）于 2020 年 1 月 1 日生效，赋予和保证了加州消费者各项数据隐私权利。2020 年 11 月，《加利福尼亚州消费者隐私法案》修改，并于 2023 年 1 月 1 日生效。美国其他州也陆续通过了自己的消费者数据隐私相关法律，如《科罗拉多州隐私法》（2023 年 7 月 1 日）、《康涅狄格州个人数据隐私和在线监控法案》（2023 年 7 月 1 日）、《犹他州消费者隐私法》（2023 年 12 月 31 日）和《弗吉尼亚州消费者数据保护法》（2023 年 1 月 1 日）。

自 2018 年加利福尼亚州通过全美第一部综合性隐私保护法案《加利福尼亚州消费者隐私法案》（CCPA）以来，越来越多的州意识到隐私立法的必要性和紧迫性。据国际隐私专业协会（IAPP）的统计❶，截至2023年年底，美国已有12个州正式签署通过综合性隐私保护法案，它们分别是：加利福尼亚州、科罗拉多州、康涅狄格州、特拉华州、犹他州、弗吉尼亚州、印第安纳州、爱荷华州、蒙大拿州、俄勒冈州、田纳西州和得克萨斯州。这些州的隐私保护法案大多参考了CCPA和GDPR，在确立隐私保护原则的同时，也充分考虑了各州的产业特点和现实需求。

通过对已生效的12部州隐私保护法案的比较分析可以发现，各州法律在隐私定义、豁免情形、消费者权利、企业责任和执法处罚等方面存在诸多相似之处，但也有各自的特色和差异化规定。在个人信息定义上，各州普遍将个人信息界定为可以直接或间接识别特定个人身份的信息，同时将去标识化信息排除在外。多数州法律都将种族、族裔、宗教信仰、基因、生物特征、健康状况和性取向等信息认定为敏感个人信息。在豁免实体方面，政府机构、非营利组织以及受《健康保险携带和责任法案》（HIPAA）、《格雷姆-里奇-比利雷法案》（GLBA）等联邦法律监管的实体通常可以免于遵守州隐私法的要求。

各州法律均从不同角度规定了消费者的数据权利，主要包括知情权、访问权、删除权、更正权、可携带权以及选择退出权等。相应地，数据控制者也被赋予通知义务、响应消费者请求的义务、数据安全和数据保护影响评估等方面的合规责任。为督促企业履行隐私保护义务，各州执法机构有权对违法行为进行调查和处罚。多数州为数据控制者设立了30~90天的违规补救期，同时规定了2500~20000美元不等的罚款金额。值得一提的是，加利福尼亚州是唯一赋予消费者提起私人诉讼的州，但仅限于数据泄露的情形。

美国各州隐私立法呈现出多点开花、百花齐放的局面。这种碎片化的立法现状一方面反映了美国联邦制下州与州之间的差异，另一方面也对企业在不同州之间开展业务提出了挑战。对于在美国开展业务的企业而言，全面了解和遵守各州隐私法律法规，采取有针对性的合规措施，是避免违

---

❶ IAPP：US State Comprehensive Privacy Laws Report–Overview［EB/OL］.［2024–03–31］. https：//iapp.org/resources/article/us–state–privacy–laws–overview/.

规风险、赢得消费者信任的必由之路。从长远来看，制定统一的联邦隐私立法仍将是美国的一项重要任务，但这需要联邦立法者凝聚共识、平衡利益相关方诉求。在联邦法出台之前，各州隐私立法仍将是美国数字隐私保护的主要法律依据。

二、美国数据流通战略

（一）美国数据流通战略概述

美国的数据流通战略是一个多层次、多维度的框架，旨在确保数据的自由流动、安全保护以及创新和经济增长的促进。这一战略涵盖立法、政策制定、国际合作以及对新兴技术的适应等多个方面。

（1）美国的数据流通战略强调数据的自由流通对于经济创新、竞争力和全球贸易的重要性。美国政府通过制定和实施相关法律，如《数字千年版权法案》（DMCA）和《电子隐私通信法案》（ECPA），来保护数据的自由流通，同时确保个人隐私和数据安全。（2）美国在数据流通战略中也特别注重数据安全和隐私保护。美国政府通过《网络安全信息共享法案》（CISA）等立法，鼓励私营部门与政府之间在网络安全信息方面的共享，以提高整体的数据安全水平。此外，美国还通过《儿童在线隐私保护法案》（COPPA）等法律，对未成年人的在线隐私进行特别保护。（3）美国的数据流通战略还包括对国际合作的重视。美国与多个国家和地区签订了自由贸易协定，其中包括关于数据流通的条款，以促进跨国界的数据共享和利用。美国还积极参与国际组织，如经济合作与发展组织（OECD）和世界贸易组织（WTO），推动全球数据流通规则的制定和实施。（4）美国的数据流通战略也考虑到了新兴技术的发展，如人工智能（AI）、物联网（IoT）和云计算等。美国政府通过制定政策和提供资金支持，鼓励这些技术的研究和应用，同时也关注这些技术对数据流通的影响，并制定相应的法规来确保数据的安全和隐私。（5）美国的数据流通战略还包括对国内政策的持续评估和调整。随着技术的发展和社会的变化，美国政府会定期审查现有的数据流通政策和法规，确保它们能够适应新的挑战和需求。

综上所述，美国的数据流通战略是一个综合考虑自由、安全、创新和国际合作的动态框架。通过这一战略，美国旨在建立一个既能促进经济发展，又能保护个人隐私和国家安全的数据流通环境。

(二) 美国数据跨境流通探索

1.《美国法学会、欧洲法学会数据交易和数据权利基本原则》介绍

美国法学会和欧洲法学会从2016年起开始就数据经济领域的法律制定开展合作。经过五年多的努力，于2021年9月正式发布《美国法学会、欧洲法学会数据交易和数据权利基本原则》（以下简称《数据原则》）。❶

《数据原则》的草案形成于2017年9月在维也纳举行的欧洲法学会年会。会上，克里斯蒂安娜·温德霍斯特、尼尔·科恩和史蒂夫·韦斯三位专家提交了一份"讨论框架草案"，提出制定一份欧美数据交易和数据权利基本原则的设想。该倡议得到美欧两大法学会的积极响应。次年2月，欧洲法学会委员会正式设立起草小组，由温德霍斯特和科恩担任报告人，史蒂夫·韦斯和约翰·托马斯勋爵担任主席，组织欧美法学专家开展原则的起草工作。2018年8月，初稿完成。此后，草案历经多轮修改完善，广泛吸收联合国经贸委员会、日本政府、全球人工智能伙伴关系数据治理工作组、德国工业联合会等多方的意见建议。2021年1月，形成"委员会草案2.0"提交美国法学会审议；9月，报告人提交"欧洲法学会委员会草案最终稿"并最终获批。至此，历时五年的《数据原则》制定工作宣告完成。

《数据原则》共包含五个部分、四十条具体条款，以简明扼要的方式阐释了数字经济中数据交易和数据权利的核心规则，为各国立法和实践提供基本指引。《数据原则》并未试图为数字经济的方方面面提供详尽无遗的标准，而是着眼于这一快速发展领域的关键问题。第一部分"总则"明确了制定目的、适用范围，并对"数据""数据控制""数据提供"等关键术语进行了定义，力求与国际通行做法和美欧法学会其他相关文件保持

---

❶ ELI Final Council Draft: ALI – ELI Principles For A Data Economy——Data Transactions And Data Rights [EB/OL]. [2024-03-19]. https://principlesforadataeconomy.org/.

一致。第二部分聚焦"数据合同"。该部分分为"一般原则""数据提供与共享合同""数据服务合同"三章。其中，针对数据传输、便捷访问、资源利用、授权访问、数据池等典型合同类型，《数据原则》明确了各方当事人的基本权利义务。对数据加工、数据信托、数据托管、数据市场服务等新兴的数据服务模式，《数据原则》也给出了一些示范性条款，可为类似交易提供参考。第三部分阐述了"数据权利"。在数字时代，数据价值链日益延长，涉及数据提供者、生产者、批发商、零售商、终端用户、数据经纪人等多个主体。除通过数据合同对数据流通进行安排外，还需要对各参与主体的数据权利进行合理界定和保障。《数据原则》就数据访问权、移植权、拒绝权、更正权、利润分享权等权利类型作了规定。尤其是针对共同生成数据的情形，《数据原则》创新性地提出一套兼顾个人隐私保护和财产权理论的权利规则体系。针对出于公共利益需要而产生的第三方数据权利，《数据原则》也明确了其正当性基础、控制者与接收方义务等基本原则。第四部分涉及数据活动对第三方的保护。数据提供可能影响他人的知识产权或隐私权益。《数据原则》就如何判断和认定数据活动的第三方效力，以及数据供应方、接收方的义务和救济措施等问题给出了指引。《数据原则》还肯定了通过合同对数据的下游使用施加限制的可能性，这类似于商业秘密保护中的违约责任。第五部分涉及跨国数据活动的法律适用问题。《数据原则》没有另创新的冲突规范，而是强调应优先适用与数据活动联系最密切国家的法律，尤其是合同应优先适用当事人选择的准据法。在认定最密切联系时，《数据原则》提供了一些考量因素，如数据控制者与生产者的常居地、数据生成与加工地、合同履行地、标的所在地等。总的来说，《数据原则》力求与一般国际私法规则相协调。

需要指出的是，《数据原则》并非创设一套全新的数据法律制度，而是在现有法律框架内，针对数字时代数据交易与流通的特点，提炼和确立了一些关键的原则性规则，以期为各国立法提供参考，在国际层面凝聚共识。尽管《数据原则》本身并无法律约束力，但其代表了欧美法学界的主流观点，有望成为未来数据立法的重要软法渊源。

2. 欧盟－美国隐私框架

2023年7月10日，欧盟委员会通过欧盟－美国数据隐私框架（EU－

U. S. Data Privacy Framework，DPF）的充分性决定。这标志着继安全港协议和隐私盾协议之后，欧盟与美国在跨大西洋数据传输领域达成的又一重要共识。DPF 旨在为从欧盟到美国的个人数据提供充分的保护，确保数据在大西洋两岸的自由流动。❶

DPF 的出台有其复杂的历史背景。早在 2000 年，欧盟与美国曾达成安全港协议，但该协议在 2015 年被欧盟法院判决无效。欧盟法院认为，美国的国家安全法律和实践使得欧盟公民的个人数据在美国缺乏足够的保护。为了应对安全港协议无效的局面，欧盟和美国于 2016 年达成了隐私盾协议。然而，隐私盾协议的命运并不比安全港协议更长久。2020 年 7 月，欧盟法院在 Schrems Ⅱ 案中裁定隐私盾协议无效，理由是美国的情报监控项目过于宽泛，缺乏对欧盟公民权利的必要限制，且欧盟公民在美国没有真正有效的司法救济途径。

Schrems Ⅱ 案的判决给欧美之间的数据传输蒙上了一层阴影。❷ 为了重建大西洋两岸的数据桥梁，欧盟和美国展开了新一轮的谈判。这一次，双方吸取过去的教训，在个人权利保护与国家安全之间进行了更细致的平衡。谈判的成果就是 DPF 框架。那么，DPF 框架具体包含哪些内容呢？首先，DPF 对美国的信号情报活动设定了更明确的限制。美国承诺，只有在追求具体的国家安全目标时才会收集欧盟个人数据，且收集行为必须符合必要性和比例性原则。其次，DPF 引入了新的救济机制。欧盟个人如果认为自己的权利受到美国情报部门的侵犯，可以向新设立的数据保护审查法院（Data Protection Review Court，DPRC）提起申诉。DPRC 有权勒令情报

---

❶ EUROPEAN COMMISSION：COMMISSION IMPLEMENTING DECISION of 10.7.2023 [EB/OL]. [2024 – 03 – 19]. https：//commission. europa. eu/system/files/2023 – 07/Adequacy%20decision%20EU – US%20Data%20Privacy%20Framework_en. pdf.

❷ Schrems Ⅱ 案件（Case C – 311/18）涉及奥地利隐私权活动家马克西米利安·施雷姆斯（Maximilian Schrems）对脸书爱尔兰有限公司提出的投诉。施雷姆斯挑战了脸书将其个人数据从欧盟传输到美国的做法，认为这些数据在美国没有得到足够的保护。2020 年 7 月 16 日，欧盟法院（CJEU）在其判决中宣布，EU – US 隐私盾协议（Privacy Shield）无效，因为美国的监控法律没有提供足够的保护。法院确认，标准合同条款（SCCs）在原则上仍然有效，但数据出口商必须评估接收数据的国家是否能提供等同于欧盟法律的保护。Norton Rose Fulbright：Schrems Ⅱ landmark ruling：A detailed analysis [EB/OL]. [2024 – 03 – 20]. https：//www. nortonrosefulbright. com/en/knowledge/publications/ad5f304c/schrems – ii – landmark – ruling – a – detailed – analysis.

部门采取补救措施。再次，DPF 对参与该框架的美国企业提出了一系列数据保护要求，包括通知、选择、访问、安全等方面，以确保欧盟个人数据在商业领域得到与欧盟同等的保护。尽管 DPF 框架在加强对个人权利保护方面迈出了重要一步，但其能否经受住未来法律挑战的考验尚有待观察。部分评论者指出，DPF 框架与欧盟法律在必要性和比例性原则的理解上可能存在分歧，而 DPRC 的独立性和透明度也还有待提高。此外，美国总统有权修改 DPF 框架下的行政命令，这引发了一些关于该框架稳定性的疑虑。

从程序上看，DPF 的充分性认定还需要完成几个后续步骤。欧洲议会和成员国组成的委员会有权对充分性决定提出异议。如无异议，充分性决定将在欧盟官方公报公布后正式生效。届时，美国企业可以通过加入 DPF 框架，从欧盟接收个人数据，而无须额外的数据传输工具（如标准合同条款）。对于已经加入隐私盾协议的美国企业，如果其证明符合 DPF 的要求，则可以继续从欧盟接收个人数据。除欧盟以外，DPF 框架有望惠及英国和瑞士。美国商务部已分别发布针对英国的 UK Extension to the EU – U. S. DPF 和针对瑞士的 Swiss – U. S. DPF。不过，这两个扩展版 DPF 的最终生效还取决于英国和瑞士政府的充分性认定。

综上所述，DPF 框架的达成标志着欧美在数字治理和数据保护领域的重要进展。尽管框架本身还不够完美，但它为加强个人权利保护和促进数据自由流动指明了方向。未来 DPF 框架的实施和完善，不仅将深刻影响欧美两地的数字经济，也将为全球数据治理规则的发展提供有益的样本。对于中国企业而言，密切关注 DPF 框架的动向，借鉴其中的经验教训，对于应对日益复杂的全球数据合规形势具有重要意义。

三、美国数据法律现状

美国作为全球科技创新和互联网经济的领头羊，其数据流通现状具有显著的特点和深远的影响。美国的数据流通主张民主、自由，并且倾向于少干涉数据的跨境流通，这与美国的价值观和商业实践紧密相连。

首先，美国的民主价值观强调个人自由和权利，这种价值观在数据流通领域体现为对个人数据权利的尊重。美国法律体系中，如《隐私权法案》等，为个人数据保护提供了法律基础。同时，美国也鼓励创新和竞争，这促使科技公司在保护用户隐私的同时，积极开发新的数据应用和服务。其次，美国在数据流通方面采取了较为宽松的政策，这与美国推崇的自由市场经济原则相吻合。美国政府在数据流通方面的干预相对较少，更多地依赖市场机制来调节数据的流动和使用。这种政策环境为数据驱动的创新提供了肥沃的土壤，促进了数据经济的快速发展。然而，这种自由流通的数据政策也带来了一些挑战和问题。例如，数据隐私和安全问题日益突出，用户对于自己的数据被滥用或泄露的担忧不断增加。此外，数据的自由流通也可能导致数据垄断现象，大型科技公司通过控制大量数据来巩固其市场地位，这可能会抑制竞争和创新。为了应对这些挑战，美国政府和监管机构开始采取一些措施来平衡数据流通的自由与监管。例如，《加州消费者隐私法案》（CCPA）的实施，为消费者提供了更多的数据控制权，同时也要求企业在处理个人数据时更加透明和负责任。此外，美国也在国际层面推动数据流通规则的制定，如与欧盟就数据保护和隐私问题进行的谈判。

在跨境数据流通方面，美国主张数据的自由流动，认为这有助于促进全球贸易和经济增长。美国支持建立多边框架来保护数据流通，如通过与其他国家签署的自由贸易协定中的数字贸易章节。美国也积极参与国际组织，如经济合作与发展组织（OECD），推动制定全球数据流通的标准和规则。尽管美国在数据流通方面采取了较为自由的政策，但这并不意味着没有边界。美国在处理与国家安全相关的数据时，会采取更为严格的措施。例如，美国外国投资委员会（CFIUS）会对涉及敏感数据的外国投资进行审查，以保护国家安全。

（一）美国联邦层面立法

美国的数据保护法律体系复杂且技术性强，在联邦层面缺乏统一性。尽管公众对数据保护的兴趣日益增加，但目前尚无一部全面规范个人数据收集和使用的联邦法律。相反，美国联邦的数据保护法律主要针对特定行业和数据子类别进行监管。

《格雷姆-里奇-比利雷法》（GLBA）是针对金融机构的数据保护法律，旨在重组金融服务业并消除银行、证券和保险机构在业务范围方面的界限。GLBA 定义了"非公开个人信息"的范围，并对金融机构在数据分享、安全保障措施以及隐私政策披露等方面作出规定。

《家庭教育权和隐私权法》（FERPA）则聚焦于保护学生的教育信息和记录。该法对"教育记录"作了广泛定义，赋予学生父母和成年学生对教育记录披露的控制权，并规定了违反信息共享和披露规则的处罚措施。

《儿童在线隐私保护法》（COPPA）旨在保护 13 岁以下未成年人的在线隐私。该法要求面向儿童提供服务的商业网站和服务提供商须通知并获得儿童父母的"可验证同意"，制定恰当步骤保障儿童信息的安全性、保密性和完整性，并制定清晰的隐私保护指南。

《电子通信隐私法》（ECPA）则主要规范通过电话等通信手段的窃听和电子监听行为，要求在窃听过程中须经被窃听者许可。

美国的数据保护法律仍处于发展和完善阶段。联邦层面尚缺乏统一、全面的立法，而各州和国际社会的相关立法发展则为美国联邦法的制定提供了有益参考。未来美国能否在联邦层面实现数据保护的系统性立法，值得持续关注。

（二）美国州层面的立法：以《加利福尼亚州消费者隐私法案》（CCPA）与《加利福尼亚州隐私权法案》（CPRA）为例

美国加利福尼亚州近年来在个人信息保护立法领域动作频频，先后出台《加利福尼亚州消费者隐私法案》（CCPA）和《加利福尼亚州隐私权法案》（CPRA），引起了世界范围的广泛关注。作为美国科技创新和经济发展的重要引擎，加州拥有众多知名科技企业总部，其个人信息保护立法的进程和内容对美国乃至全球隐私保护法律制度的发展都具有重要影响。

2018 年，为了应对日益严峻的个人信息保护形势，加州率先通过 CCPA，开启美国各州隐私立法的先河。CCPA 赋予加州消费者更多掌控个人信息的权利，例如知情权、删除权、反对出售个人信息权等，同时也对企业收集、使用、共享个人信息的行为提出更高的要求。这部法案的生效极大地推动了美国企业隐私政策涉及的理念，促使企业在产品和服务设计

＊ 数据资产入表与资本化

之初就充分考虑用户隐私，而非事后补救。

CCPA 和 GDPR 在界定个人信息时采用了不同的方法。CCPA 结合了抽象的定义和不完全的列举，给企业提供了相对清晰的判断标准，同时也为将来纳入新型个人信息如生物识别等敏感数据留有余地。具体来说，CCPA 第 1798.140 条将"个人信息"定义为能够识别、关联、描述、联系或合理地直接或间接连接特定消费者或家庭的信息。而 GDPR 则将个人数据泛泛地定义为与已识别或可识别自然人相关的任何信息。两者在分类上并无根本差异，但 CCPA 的界定方式更具操作性和灵活性。❶

但 CCPA 在实施过程中也暴露出一些不足之处。例如该法案虽然提出了诸多隐私权利，但对如何落实、执行这些权利缺乏明确的操作指引；部分重要概念的界定不够清晰，容易引起争议；对违法行为的处罚力度偏弱，难以形成足够的威慑；缺乏专门的监管机构来统筹协调该领域的执法工作等。

为了弥补 CCPA 的短板，加州民众发起了一项名为"加州隐私权利法案"（CPRA）的公民投票倡议。最终这一倡议以压倒性的多数票获得通过，进一步完善了加州的个人信息保护法律体系。CPRA 在 CCPA 框架的基础上，扩大了隐私权保护的范围，加强了对敏感个人信息的特别保护，提高了对违法行为的处罚额度，并设立专门的隐私保护机构。

具体而言，CPRA 延续了 CCPA 赋予消费者的各项权利，并增加了更正权、针对敏感个人信息的限制处理权、自动化决策反对权等新的权利内容，极大地扩展了消费者对个人信息的控制力。同时，CPRA 对个人敏感信息作出了明确定义，针对这一特殊的个人信息类型提出了更为严格的收集、使用规则，如必须事先征得消费者的明示同意，消费者有权随时撤回同意等。为了督促企业切实履行隐私保护义务，CPRA 将违法处罚额度显著提高，尤其是涉及 16 岁以下未成年人隐私权时，可处以最高每次 7500 美元的罚款。

值得一提的是，为了加强个人信息保护法律的有效实施，CPRA 还创

---

❶ 王融，黄致韬：迈向行政规制的个人信息保护：GDPR 与 CCPA 处罚制度比较［EB/OL］.（2020-03-18）［2024-03-20］. https：//www.tisi.org/13449.

设了加州隐私保护局（CPPA），这是美国首个专职负责隐私保护事务的州级行政机构。CPPA 拥有广泛的执法权和调查权，可依职权启动执法程序并直接处以高额罚款，不受加州检察长的监督。CPPA 每年将获得 1000 万美元的专项拨款，保证其履行职责的独立性。CPPA 的设立为 CPRA 未来的执行提供了强有力的组织保障。

总的来看，CPRA 在 CCPA 的基础上，进一步强化加州消费者对个人信息的控制权，扩大了隐私权保护的范围并加大了隐私权保护的力度，构建了更加全面、系统的个人信息保护法律制度。虽然 CCPA 和 CPRA 目前都只是加州这一州的法律，但鉴于加州在美国乃至全球经济中的重要地位，这两部法案必将对整个美国以及其他国家和地区的隐私立法产生深远影响。越来越多的企业已经开始重视隐私保护合规，积极调整内部流程，这将有力推动形成更加成熟、规范的个人信息保护实践。可以预见，在 CCPA 和 CPRA 的引领下，以加州为代表的美国各州隐私立法有望进一步加速，隐私保护在企业经营中的战略地位也将日益凸显。对互联网企业而言，未来把握隐私保护这一制高点，将成为决定其能否在市场竞争中胜出的关键因素。

（三）美国涉华数据立法

2024 年以来，美国政府和国会在涉华数据问题上动作频频，接连推出了一系列立法和政策举措。2 月 28 日，拜登总统签署题为《防止受关注国家获取美国人大量敏感个人数据和美国政府相关数据的行政命令》（EO14117 号）的行政令。3 月，美国国会众议院又先后抛出《保护美国人数据免受外国对手侵害法》（HR7520）和《保护美国人免受外国对手控制应用程序法》（HR7521）两项法案，且均以压倒性票数在众议院获得通过，凸显了美国两党在数据安全问题上对中国的共同关切。

尽管上述举措在具体内容和侧重点上存在差异，但都明确将中国定义为"受关注国家"或"外国对手"，意在强化对中国在数据领域的管控和限制。这一转变背后反映的是美国对待数据治理日益抬头的国家安全视角。长期以来，美国数据治理集中在保护个人隐私上，而如今更多地聚焦于国家安全视角，这在一定程度上是大国博弈加剧的结果。

拜登政府的行政命令对"受关注国家"在数据经纪商、软硬件供应商、劳务输出、对美投资等方面设置了诸多限制，意在全面防范中国等国通过商业渠道获取美国敏感数据。而两项国会法案则分别针对数据经纪商和社交媒体公司，前者禁止数据经纪商向危害美国国家安全的外国实体转移美国公民个人信息，后者则赋予美国政府封禁外国对手控制的社交媒体平台的权力。

表面上看，美国此轮涉华数据立法和政策与其长期以来标榜的数据自由流动理念存在一定悖论。但实际上，美国对数据跨境流动采取更为审慎的态度由来已久，对中国在数据领域的戒备之心也非一日之寒。近年来，随着中美在数字经济、数据治理等新兴领域竞争日趋激烈，美国进一步强化了对华技术和数据"脱钩"的诉求。这些涉华数据举措背后，实质上正是美国围绕关键技术领域对华实施管控，谋求巩固自身优势地位的体现。

从行政命令到国会两院，从数据经纪商到社交媒体平台，美国此轮针对中国的数据立法和政策从覆盖范围到管控力度都前所未有。尽管HR7520和HR7521目前还有待参议院进一步审议，但行政命令的出台已为国会相关立法提供了现实抓手。可以预见，随着美国以国家安全为由对华数据管控的不断深化，中美在数据领域的竞争博弈将进一步升温，美国单方面设置的"数字壁垒"或将对数据跨境流动和数字贸易造成一定负面影响。对此，中方需要未雨绸缪，采取必要的应对和防范措施。

四、美国数据要素市场化探索

近年来，随着数字经济的快速发展，数据作为一种新型生产要素，正在成为推动经济增长和社会发展的重要驱动力。美国作为全球数字经济的引领者，在数据资产化和数据交易市场方面一直走在前列。

从国家战略层面来看，美国政府高度重视数据作为战略资源的重要性。2013年，时任美国总统奥巴马签署行政命令，明确信息是联邦政府、合作伙伴和公众的战略资产。2017年，特朗普政府发布的《国家安全战略报告》指出，数据将影响美国的经济繁荣和未来在世界的战略地位。2019年，美国发布《联邦数据战略与2020年行动计划》，进一步强调数据是国家重要战略资产，提出一系列具体措施来促进政府数据资产的管理、维护、利用和共享。在法律法规方面，虽然美国尚未出台联邦层面的数据隐私保护法案，但各州已经开始制定相关法律。其中，最具代表性的是 2018 年通过的《加利福尼亚州消费者隐私法案》（CCPA）和 2020 年修订通过的《加利福尼亚州隐私权法案》（CPRA），为加州居民提供了广泛的数据隐私保护权利。此外，科罗拉多州、弗吉尼亚州、犹他州等多个州也相继通过了类似法案。2022 年，美国国会发布《美国数据隐私和保护法》（ADPPA）草案，该法案有望成为美国第一部全国性的数据隐私保护法律。2023 年 7 月，欧盟批准了新的欧美数据传输协议《欧盟－美国数据隐私框架》（DPF），为跨大西洋数据流动提供了法律保障。在数据交易市场方面，美国拥有全球最为活跃和成熟的数据交易生态系统。数据经纪商作为重要的市场参与者，通过多种渠道收集、整合和销售数据，为企业提供有价值的数据资产和洞察。[1] 数据交易平台则充当了数据提供方和购买方之间的撮合者，促进了数据资产的流通和交易。目前，美国数据交易平台主要有三种商业模式：C2B 分销模式、B2B 集中销售模式和 B2B2C 分销集销混合模式，其中 B2B2C 模式发展最为迅速，代表企业包括安客诚公司（Acxiom）、核心逻辑公司（Corelogic）、数据逻辑公司（Datalogix）等。

不过，美国的数据资产化进程也面临着一些挑战。首先是复杂的数据所有权和权利归属问题，各公司之间存在持续的数据权利纠纷，阻碍了数据资源向有价值资产的转化。其次是数据管理的复杂性，不同来源和类型的数据缺乏标准化，数据共享开放和打通存在困难。此外，数据质量参差不齐、隐私泄露风险以及数据价值评估和定价困难等问题，都增加了数据资产化的难度。尽管存在诸多挑战，但美国数据资产交易市场仍在不断发展变化，呈现出创新性和多样化特点。一方面，区块链、人工智能、云计算等新兴技术的应用，为数据资产提供了更安全、高效、智能的存储、流通和分析手段。另一方面，随着企业对数据洞察的需求日益增长，数据经纪行业向多元化方向发展，不同行业和领域的数据整合不断加深，数据资

---

[1] 王丽颖，王花蕾. 美国数据经纪商监管制度对我国数据服务业发展的启示［J］. 信息安全与通信保密，2022（3）：10－18.

产的应用场景和价值得到充分挖掘。同时，日益严格的隐私保护政策法规，也推动了数据资产交易市场向更加规范化、透明化的方向发展。数据经纪商和交易平台需要遵守最新的数据隐私保护要求，平衡好数据利用和用户隐私之间的关系。

第三节　日本数据要素市场化的实践与探索

日本是全球数字治理的积极实践者和重要推动者。近年来，日本政府高度重视数据资源开发利用，着力推进数据立法与治理体系建设，力图在数字经济时代抢占先机。日本构建了国家顶层设计与行业自律相结合的立体化数据治理格局，形成以《个人信息保护法》为核心、多部门协同治理的法律政策体系，在数据要素市场化方面也进行了诸多有益探索。

一、日本数据立法概述

日本在数字经济时代，高度重视个人信息保护与数据治理。日本采取了"国家立法"与"产业自律"并行的方式，在法律的统领下，充分发挥行业组织、第三方机构、企业内部机构等各方力量，共同推进数据治理，构建了较为全面、多元的数据治理体系。

在国家立法层面，日本于2003年制定了《个人信息保护法》，奠定个人数据保护的法律基础。此后，日本于2015年和2020年两次修订该法，不断完善个人信息保护制度。修订后的《个人信息保护法》扩大了个人信息的范围，将个人识别符也纳入保护对象；引入"匿名加工信息"制度，在保护个人隐私的同时，促进个人数据的利用；建立个人信息保护委员会，负责法律的实施与监管；要求经营者以显著方式公开其个人信息保护方针、制度等内容，加强企业的责任。日本还制定了《行政机关个人信息保护法》《独立行政法人等个人信息保护法》，对公共部门的个人信息加以规范。这些法律共同构成日本个人信息保护的基本法律框架。

在行业自律方面，日本非常重视行业组织在数据治理中的作用。日本各行业协会积极制定行业指南，对本行业的数据利用和保护提出具体要求，促进行业内规则统一，提高企业合规意识。如日本信息通信网络产业协会制定《电信事业个人信息保护指南》，对电信行业数据保护作出详细规范；日本制药工业协会制定《制药企业个人信息保护指南》，为制药行业数据利用提供指导；日本金融厅发布《金融行业个人信息保护指引》，规范金融机构个人信息保护工作。行业自律性规范是法律规定的重要补充，有助于结合行业特点，细化数据治理要求。

第三方机构在日本数据治理体系中也发挥着重要作用。日本设立了国家层面的个人信息保护委员会，负责统领数据保护监管工作。同时，日本还鼓励企业设立个人信息保护管理人，负责企业内部的数据保护合规。一些行业协会、消费者团体等第三方机构也积极参与数据治理，它们通过制定标准、开展认证、受理投诉、提供咨询等方式，推动企业加强数据保护，促进行业自律，成为连接政府监管、行业自律、企业责任的重要纽带。

数据跨境流动是数字经济时代的重要议题。日本重视平衡数据跨境流动与安全保护。《个人信息保护法》规定，原则上禁止向境外第三方提供个人数据，但经本人同意、企业采取必要措施保护个人权益的，可以例外。这体现了兼顾数据流动与保护的平衡思路。日本还参与了 APEC、OECD 等国际组织和论坛的区域性和国际性数字规则构建，推动形成高标准数字贸易规则，努力实现数据安全有序流动。

总的来看，日本围绕"国家立法+行业自律"构建了较为完善的数据治理体系，重视发挥行业组织、第三方机构、企业内部机构等各方力量，注重法律制度创新，着力平衡数据保护与利用，努力营造良好的数字经济发展环境。在新一轮数字革命的浪潮中，日本的数据立法与治理实践值得借鉴，对我国数字经济立法、数字规则构建具有重要启示意义。

二、日本数据流通战略

日本政府于 2021 年 6 月发布《综合数据战略》，旨在通过完善数据"全生命周期"的制度安排，特别是在数据生态架构、数据信任体系以及数据跨境规则等关键领域进行日本特色的制度创新,整合公共与私营部门的监管体系,进而解决数据治理政出多门的难题,以期释放数据要素价值,抢抓数字经济发展的先机,推动日本数字化转型,最终打造一个现实空间和虚拟空间高度融合、兼顾经济增长与社会发展的超智能社会。❶

《综合数据战略》的出台有多重背景原因。首先,推动产业转型升级是现实需要。日本产业发展面临"技术壁垒"减少、"产品溢价"下降、劳动力短缺等困境,亟须通过数字化转型提高生产力。其次,加强国际竞争力是战略抉择。面对各国在数据资源、规则和话语权领域的激烈竞争,日本提出的"可信数据自由流动"倡议虽获多国支持,但仍需夯实国内制度框架,以推动倡议落地。最后,迫切需要转变落后的数字治理能力。新冠疫情暴露了日本传统数据收集汇总模式及"印章文化"等弊端,加速了政府数字化进程,而《综合数据战略》正是其数字化转型愿景落地的重要一环。

《综合数据战略》的主要内容涵盖数据生态架构、数据信任体系建设和数据跨境规则等方面。在数据生态架构方面,日本将其分为7个层面,即基建层、数据库层、连接层、应用层、规则层、社会层和价值层,形成从数据采集到价值再生产的完整产业链。在数据信任体系建设方面,日本着力于数字认证机制建设,借鉴欧盟标准扩大"个人号码"(My Number)制度的使用范围;数据平台建设,由官方牵头成立跨行业数据整合平台"DATA-EX";以及数据市场培育,鼓励金融机构开展信息银行服务,为数据交易提供信任载体。在数据跨境规则方面,日本积极推广"可信数据自由流动"倡议,利用参与区域自贸谈判的机会,在对接美欧数据规则框架的同时,输出自身理念。

从政策体系上看,《综合数据战略》虽冠以"战略"之名,但实质是日本数字社会治理进程中的一个政策分支,与其他政治和社会制度密不可分。其"战略"之名旨在突出其跨部门、跨行业、跨领域之整合作用,克服长期存在的分散治理难题。同期发布的《成长战略实施计划》和《实现数字社会的重点计划》都将《综合数据战略》视为实现日本经济成长与数

---

❶ 蒋旭栋. 日本综合数据战略探析[J]. 信息安全与通信保密, 2022 (7): 140-149.

字社会治理的重要举措。从制定过程看,《综合数据战略》由内阁 IT 综合战略总部下设的"数据治理阁僚会议"主导,其下属"数据战略工作组"负责具体制定,与"数字基础设施""My Number 制度"等其他工作组职能并列。可见,数据战略只是日本整个数字战略的一个组成部分。❶

当前,全球主要经济体无不将数字经济作为核心驱动力,纷纷制定数字发展战略和数据治理规则。日本作为世界第三大经济体,在全球范围内的规则制定能力以及在美欧间的协调角色不容小觑。《综合数据战略》正是日本在数字时代积极主动作为,力图在数字经济规则制定中占得先机,在全球竞争中抢占制高点的关键举措。然而,落实数据战略绝非一蹴而就。日本在数字产业建设、平衡个人信息保护与发展、规避美国压力等方面仍面临诸多难题。国内各界亦对战略能否打通部门藩篱、整合碎片化治理、真正释放数据红利表示担忧。未来,日本数据战略的推进和成效如何,仍有待进一步观察。

三、日本数据法律现状

日本的数据保护法律框架主要由《个人信息保护法》(APPI)构成,这是日本数据保护的核心法律。除此之外,还有一些其他与《个人信息保护法》相配套的施行令和施行规则、特定行业的数据保护规定,它们补充了日本个人信息保护的法律体系,并针对特定领域或行业提供了额外的指导和要求。因此,本书将着重介绍日本《个人信息保护法》。

日本是亚太地区较早制定个人信息保护法律的国家之一。早在 2003 年 5 月,为回应经济合作与发展组织(OECD)提出的《隐私保护和个人数据跨境流通的指南》,以及应对当时国内频发的互联网、信用卡等领域的个人信息泄露事件,日本颁布了《个人信息保护法》。该法以个人信息的有效利用与妥善保护为立法宗旨,确立了个人信息保护的基本理念和原则,明确了政府、地方公共团体和个人信息处理者等各方主体的责任和义

---

❶ 梅傲,柯晨亮. 日本开放数据利用模式分析及其启示[J]. 现代情报,2022,42(3):95-101.

务，旨在实现个人信息合理利用与个人权益保护之间的平衡。[1]

《个人信息保护法》共 8 章，主要内容包括：第一章总则，阐明立法目的、基本理念和定义；第二章规定国家及地方公共团体在个人信息保护方面的责任和义务；第三章规定保护个人信息的基本措施，包括制定基本方针、采取安全管理措施等；第四章对个人信息处理者提出具体义务要求，如告知收集目的、取得同意、查询和更正等；第五章明确行政机关等处理个人信息的义务；第六章设立个人信息保护委员会，赋予其独立的监督管理职责；第七章为附则，规定法律适用范围；第八章规定违反本法的法律责任。由此可见，日本《个人信息保护法》在确立统一规范的同时，也对不同主体作出有针对性的规定。

在监管体制上，日本原先呈现一定程度的分散化特点，总务省、个人信息保护委员会和地方公共团体均在各自领域内承担监管职责。但随着《个人信息保护法》的不断修订完善，日本逐步强化个人信息保护委员会的独立性和权威性，推进统一监管机构的法制化建设。

事实上，日本《个人信息保护法》设有"三年一改"条款，要求政府每三年就个人信息保护相关国际动向及新技术、新产业发展情况进行评估，并结合法律实施情况制定必要的修订措施。这体现了日本个人信息保护立法与时俱进、持续优化的特点。自 2003 年颁布以来，《个人信息保护法》已历经多次修订。

2023 年 4 月，日本最新修订的《个人信息保护法》正式实施，呈现以下亮点：（1）进一步吸收整合原先分散在不同法律文件中的个人信息保护规定，扩充条文数量，实现立法的统一化；（2）从机构设置、地位、组成、任免等方面强化个人信息保护委员会的独立性和权威性，推进单一监管机构的建设；（3）进一步规范政府个人信息处理行为，如要求行政机关编制和公布"个人信息档案簿"，但对可能影响公共事务执行的内容可以不予记录；（4）完善匿名加工信息制度，强调匿名化须达到"不可识别""不可复原"的标准，并采取防范匿名信息被恢复识别的风险；（5）进一步细化医疗、学术研究等特殊领域的个人信息处理规则，统一对公立与私立机

---

[1] 张红. 大数据时代日本个人信息保护法探究［J］. 财经法学，2020（3）：150–160.

构的要求,并对学术目的的处理作例外规定;(6)根据违规主体类型设置相应的处罚措施,对个人信息处理者、委员会建议违反者的处罚力度有所加大。可以看出,日本《个人信息保护法》在确立统一规范的基础上,也注重增强制度的针对性和可操作性,并通过动态修订来适应数字时代个人信息保护的新需求。❶

此外,日本的个人信息保护立法呈现出一定的"混合"特色。一方面,其立法形式和保护模式更接近欧盟,采取综合立法模式并设立统一监管机构。另一方面,在保护理念和制度内核上,日本更偏向于美国做法,更加强调个人信息的合理利用。这与日本法律体系中存在大陆法系和英美法系两大传统,最终形成兼具两大法系特点的独特路径有关。❷

总的来看,日本《个人信息保护法》经过20年发展,在坚持基本原则的同时,也在不断吸收国际经验、回应现实需求,逐步构建起较为成熟完善的法律制度。未来,日本个人信息保护法制如何进一步适应数字经济发展、平衡创新与安全等新课题,值得持续关注。作为亚太地区个人信息保护立法较为典型的代表,日本的实践经验对包括中国在内的地区国家,亦具有重要借鉴意义。

四、日本数据要素市场化探索

随着数字经济的蓬勃发展,数据作为一种新型生产要素,正在成为推动经济增长和社会创新的关键驱动力。如何有效开发利用数据资源,激发数据要素市场活力,已成为各国政府和产业界共同关注的重大课题。在此背景下,以个人数据交易和流通为主要业务的数据银行模式应运而生,并在全球多个国家和地区得到积极探索实践。

数据银行是一种创新的个人数据管理和运营模式,其核心理念是强调

---

❶ 黄柏. 日本《个人信息保护法》的最新修改及动向 [M] //李成玲. 日本法研究:第7卷. 延边:延边大学出版社, 2022: 99 – 114.

❷ 张涛. 个人信息保护中独立监管机构的组织法构造 [J]. 河北法学, 2022, 40 (7): 91 – 118.

个人对自身数据的掌控权和收益权。❶ 通过数据银行，个人可以自主决定是否将其数据资产委托给专业机构进行管理和交易，并获得相应的经济回报。数据银行的业务流程通常包括以下环节：首先，数据银行机构与个人建立合作关系，通过交易合同获得个人授权，以收集、管理和运营其数据；其次，数据银行通过多种渠道采集个人数据，如从第三方支付机构获取金融数据，从医疗机构获取健康数据，从政企获取行为偏好数据等，并将这些数据集中存放在安全可控的个人数据商店进行管理；最后，数据银行根据个人意愿，在合同约定范围内开展数据保管、交易等基础业务，或提供个人信用评分等增值服务，产生的收益由个人与数据银行按约定比例分成。

日本是全球较早探索数据银行模式的国家之一。近年来，日本政府转变数据治理思路，更加强调数据开发利用。2014年，日本修订《个人信息保护法》，为个人数据的自由流通和安全利用提供法律保障。在此基础上，日本政府提出一系列数据战略构想，其中信息银行的建设备受关注。2017年，日本内阁下设的"数据流通环境整备研究会"发布报告，建议通过信息银行来促进跨领域数据流通和利用，发挥数据在数字社会中的基础性作用。

与中国各地纷纷开设数据交易所不同，日本是从信托机构入手，改革现有金融体制，以信息银行为核心，逐步搭建数据信托服务体系，进而培育数据交易市场，最终形成符合本国需求的数字信任机制。日本信息银行的设想是，先将分散的个人数据整合起来，统一由"数据银行"进行存储管理，再由"数据银行"作为中介，将数据包装开发为产品，最后在"数字市场"上进行交易，提供给第三方企业做二次开发。

2018年以来，日本多家金融机构和科技巨头开始试点信息银行服务。如电通集团推出"MEY"信息银行服务，三井住友银行、索尼开展信息银行运营，三菱UFJ银行也宣布提供类似服务。由此可见，日本金融业已开始尝试数据信托服务转型。不过，目前市场接受度尚不高，仍处于较长的探索期。一方面，日本民众对数据安全仍存顾虑；另一方面，信息银行仅

---

❶ 郭兵，李强，段旭良，等. 个人数据银行——一种基于银行架构的个人大数据资产管理与增值服务的新模式［J］. 计算机学报，2017，40（1）：126-143.

是培育数据市场的载体之一，在整个数据交易市场盈利前景尚不明朗的情况下，信息银行的商业模式仍有待检验。

除日本外，英国、美国、韩国、欧盟等多个国家和地区也在积极探索数据银行模式。以英国为例，其于2011年发起了Midata项目，旨在赋予消费者对其个人数据的掌控权，推动数据银行发展。Midata项目要求企业将其掌握的消费者个人数据，以机器可读的电子格式免费提供给消费者本人，由消费者自主决定是否提供给第三方进行管理和利用。这种"个人数据自主可携权"理念，成为英国数据银行的重要法律基础。此后，英国数据银行进一步演变为Mydata模式，强调以用户为中心，通过标准化和自动化手段，方便个人汇集分散在不同机构的个人数据，实现一站式的数据管理和利用。目前，美国、韩国、欧盟等国家和地区也先后效仿英国，积极推进Mydata模式的本土化实践。

综上所述，数据银行作为连接个人数据供给方和需求方的创新平台，有望推动数字要素市场化进程，为数据价值挖掘和流通提供新路径。通过构建规范有序的个人数据交易机制，一方面，数据银行可以保障个人对数据的知情权、控制权和收益权，提升个人数据资产管理的便利性；另一方面，也有利于促进数据跨机构、跨行业的融合共享，为数据驱动的业务创新提供坚实支撑。未来，如何进一步完善数据银行的顶层设计和配套制度，加强个人数据全生命周期的安全保护，构建公平合理的利益分配机制，将成为推动数据银行健康持续发展的关键所在。日本等国的有益探索，为加快培育数据要素市场、激发经济发展新动能提供了宝贵经验，值得借鉴。中国在推进数字经济发展过程中，也应充分吸收国际经验，立足本国国情，因地制宜地探索符合自身需求的数据要素市场化路径，推动数据这一新型生产要素更好地服务经济社会发展全局

第四节　韩国数据要素市场化的实践与探索

韩国近年来在数据立法、数据流通、数据要素市场化等方面进行了诸多探索，形成一套体系化的制度框架和发展策略，推动数据成为驱动创新

发展的新动能。纵观韩国的数据发展之路，对中国乃至世界各国推进数字经济建设、打造数据驱动型社会，都具有重要启示意义。

一、韩国数据立法概述

近年来，韩国高度重视数字经济发展，积极推进数字化转型，在数字立法方面取得显著进展。为推动数字经济发展，适应数字时代治理需求，韩国政府相继出台了一系列数字领域法律法规，形成较为完备的数字立法体系。

韩国数字立法的出台有多重背景原因。一方面，发展数字经济是韩国应对经济增长放缓、提升国家竞争力的战略选择。韩国政府意识到，大力发展数字产业，推动传统产业数字化转型，有助于培育新的经济增长点。另一方面，韩国需要完善数字治理，加强数字监管，维护数字生态安全。随着数字技术广泛渗透各行各业，网络安全、数据安全等风险日益凸显，亟须制定相关法律规范。同时，保障公民数字权益，营造安全可信的数字环境，也是韩国数字立法的重要考量。

韩国数字立法涵盖面广，内容丰富，但在监管取向上存在一定的争议。一方面，韩国出台了《数字经济促进法》《软件产业振兴法》等法律，支持数字创新创业，鼓励新技术新模式应用，对数字经济发展进行原则性规定和制度性安排。特别是在数据治理领域，韩国率先提出发展数据产业，制定《数据产业振兴和利用促进基本法》，成为世界上首个以基本法形式促进数据产业发展的国家。韩国还设立国家数据政策委员会，统筹规划国家数据政策，推动数据开放共享和流通交易。

另一方面，韩国的数字监管立法呈现出明显的强监管取向，引发了一些争议。例如，《国家网络安全法案》显著强化了政府网络监管权限，规定情报机构可以绕开个人信息保护法对用户实施监控。尽管其本意是提升网络安全法规效力，加强网络威胁应对能力，但这种以政府权力优先的做法也引发了对隐私权保护的担忧。这表明韩国的数字立法在促进创新发展和加强安全监管之间，尚需进一步平衡。

总的来看，韩国高度重视数字立法，将其视为推进数字经济、引领数字创新的重要制度供给。一系列法律法规的出台，为韩国数字产业崛起、数字治理能力提升提供了有力支撑。特别是在全球率先提出发展数据产业，从国家战略高度推动数字化转型，这些举措对其他国家具有重要借鉴意义。同时，韩国数字立法在促进创新和加强监管之间的权衡，仍是一个值得关注和思考的问题。

二、韩国数据流通战略

韩国作为亚洲乃至全球的科技强国，其数据流通战略体现了对数字经济的高度重视和对数据作为关键生产要素的认识。韩国的数据流通战略旨在通过促进数据的开放、共享和利用，来推动国家经济的数字化转型和创新驱动发展。

（1）韩国政府通过立法来规范和促进数据流通。例如，韩国的《个人信息保护法》（PIPA）旨在保护个人隐私，同时鼓励数据的合理利用。此外，韩国还推动了《数据基本法》的立法进程，该法旨在建立一个全面的法律框架，以促进数据的流通和创新。（2）韩国政府积极推动数据开放政策，通过建立国家数据开放平台，鼓励公共部门的数据共享。这些开放的数据资源不仅有助于提高政府服务的透明度和效率，也为私营部门和研究机构提供了丰富的数据资源，促进了创新和创业。（3）韩国的数据流通战略强调国际合作和多边机制的建立。韩国积极参与国际组织和论坛，如OECD和APEC，推动全球数据流通规则的制定。韩国还与其他国家签订双边协议，促进跨境数据流通，以支持国际贸易和投资。（4）韩国政府认识到新兴技术对数据流通的重要性，因此在人工智能、大数据、云计算等领域投入大量资源，以推动技术创新和应用。韩国政府还鼓励企业采用先进的数据管理和分析技术，以提高数据的利用效率和价值。（5）韩国的数据流通战略还包括对数据安全和隐私保护的重视。韩国政府通过建立严格的数据安全标准和认证体系，确保数据在流通过程中的安全和隐私得到保护。韩国的数据流通战略是一个全面、前瞻性的计划，旨在通过法律、政策、国际合作和技术创新，建立一个开放、安全、高效的数据流通环境，以支持国家的数字化转型和经济增长。

＊ 数据资产入表与资本化

三、韩国数据法律现状

（一）韩国《数据产业振兴和促进使用的基本法》

韩国在 2021 年 9 月通过全球首部以基本法形式促进数据产业发展的法律——《数据产业振兴和促进使用的基本法》（以下简称《数据基本法》）。该法的出台标志着韩国在数字经济和数据产业发展领域迈出了开创性的一步。《数据基本法》的颁布是韩国顺应第四次工业革命浪潮，抢抓数据发展机遇的重要举措。❶

近年来，韩国数据产业发展迅速，但由于缺乏专门的法律规范，行业发展面临诸多不确定性和制度障碍。数据权属界定不清晰、公共数据开放不足、数据流通不畅等问题严重制约了数据价值的释放。同时，法律缺位也导致数据滥用、数据垄断等问题时有发生，亟须加强行业监管。在此背景下，韩国国会审议通过《数据基本法》，旨在从法律层面夯实数据产业发展基础。

《数据基本法》共计 6 章 43 条，是一部内容丰富、涵盖面广的综合性法律。该法明确了"数据"的定义，确立了自然人和法人对其合法取得数据的权利，这是数据要素市场建设的基石。在产业振兴方面，法案要求制定国家数据产业发展战略和振兴计划，设立国家数据政策委员会统筹推进相关工作。

《数据基本法》的一大亮点是提出建立"数据交易师"等新型数据产业职业，并对其职责、资格认证和行为规范等予以明确。这是在立法层面推动数据经济就业岗位创造的有益尝试。同时，法案着力提升数据流通性，要求支持数据可携带和 API 接口开放，推动数据在不同主体和场景间灵活流动，最大化发挥数据价值。在加强事前事中事后全流程监管方面，法案创设性地提出设立国家数据战略委员会，协调数据治理相关事务。该委员会由政府、学界、业界、民间多方代表组成，负责审议国家数据战

---

❶ 刘新海，安光勇. 国际数据观察 | 韩国《数据基本法》可为国内数据要素市场建设提供借鉴 [EB/OL]. [2024 - 03 - 29]. https://mp.weixin.qq.com/s/jDS3pj2tmmicHWeRnHuMuQ.

略，研究数据产业重大问题，促进公私协作，体现了开放包容的治理理念。法案还明确了数据跨境流动的条件，既支持数据国际化利用，又强调数据安全和个人信息保护。

《数据基本法》作为一部数据领域的基本法，在促进产业发展的同时，也注重规范行业秩序、保护各方权益。但由于数字经济和数据产业瞬息万变，在某些细节性问题上，该法采取了弹性化的原则性规定，授权政府制定配套的行政法规予以细化。这体现了立法的前瞻性和开放性。同时，这也对法律实施提出了更高要求，政府还需制定完善的再委托立法和执法制度，以充分落实法律精神。在平衡创新与安全、发展与保护等方面如何把握尺度，也是法案实施中可能面临的挑战。

（二）韩国《个人信息保护法》

韩国是亚洲最早制定《个人信息保护法》的国家之一。2011年，韩国正式颁布实施《个人信息保护法》，旨在规范个人信息的收集、利用、提供等行为，防止个人信息被非法滥用，保护公民隐私权和其他相关权益。《个人信息保护法》的出台，标志着韩国个人信息保护进入法治化轨道。

近年来，随着以大数据、人工智能为代表的数字技术的快速发展，数据已经成为推动经济社会发展的关键生产要素。作为全球信息通信技术大国，韩国政府深刻认识到，要在激烈的国际竞争中抢占先机，必须在发展数字经济的同时，确保个人信息安全有序流动。在此背景下，韩国决定启动《个人信息保护法》的修订工作。

2021年9月，韩国个人信息保护委员会向国会提交了新的《个人信息保护法》修正案，并于2023年3月14日颁布。[1] 这是韩国自2011年以来，首次由政府牵头组织，广泛听取各方意见，对《个人信息保护法》进行的一次全面修订。修正案共包括以下几个方面的主要内容：（1）引入个人信息可携权。修正案赋予个人对其向企业提供的个人信息的获取权和转移权，个人可以要求将自己的信息传输给其他主体。这有利于打破平台和企

---

[1] 杨智博. 韩国《个人信息保护法》的最新修正及其对我国之启示 [J]. 华南理工大学学报（社会科学版），2022，24（1）：89.

业对个人数据的垄断，促进数据在社会上的自由流动和广泛利用。(2) 增加对自动化决策的限制。随着人工智能的发展，算法辅助甚至取代人工进行决策的情形日益增多。为防止"算法黑箱"侵害个人权益，修正案赋予个人拒绝纯粹由自动化决策作出的、可能对其权益造成重大影响的决定的权利。(3) 优化知情同意制度。韩国原有《个人信息保护法》过于强调事前告知，同意程序烦琐，不利于鼓励社会数据资源的流通利用。修正案在保留知情同意原则的同时，增加签订履行合同所必需、法律规定、公共利益需要等个人信息处理的合法性基础，并放宽征得儿童监护人同意的条件。(4) 统一个人信息保护规则。以往韩国信息通信领域存在《个人信息保护法》《信用信息法》《促进信息通信网络利用法》等多部法律并存、部分规定重叠的情况。修正案统一适用《个人信息保护法》，废除其他法律中的特殊规定，并将《个人信息保护法》的适用范围扩展至所有领域，形成统一的个人信息保护规则体系。(5) 因应新技术发展完善制度。针对移动影像采集设备广泛应用可能侵犯个人隐私的问题，修正案规定，在公共场所使用此类设备须以合理目的为前提、向他人告知，不得在私人空间使用。这为无人机、行车记录仪等新兴技术设备采集个人信息划定了红线。(6) 促进信息合理跨境流动。数字时代，数据跨境流动日益频繁，原有规定个人同意作为唯一前提已不合时宜。修正案增加个人信息跨境流动的合法途径，包括国际条约依据、数据接收方通过个人信息保护认证、数据流向个人信息保护水平与韩国相当的国家等。同时，为防范海外数据滥用风险，赋予主管部门责令中止跨境流动的权力，加强事中事后监管。(7) 加大违法处罚力度。原有《个人信息保护法》以刑事处罚为主，惩戒效果有限。修正案从以刑事处罚为中心转向以行政处罚为中心，大幅提高罚款金额至违法企业全球营收的3%，并引入法定赔偿金、惩罚性赔偿金、身体损害保险等多种救济措施，以提高违法成本，督促企业依法合规处理个人信息。(8) 完善个人信息保护社会共治机制。为发挥行业自律和社会监督作用，修正案鼓励行业组织制定个人信息保护标准，引入案件调查机制，推动个人信息纠纷高效化解，多元主体协同推进个人信息保护工作。

纵观全球，个人信息保护立法呈现日益趋同化态势。韩国此次《个人信息保护法》修订，在许多方面与欧盟 GDPR、中国《个人信息保护法》

殊途同归：一是立法理念从重保护向兼顾利用转变，在坚持知情同意原则基础上拓展个人信息处理的其他合法性基础；二是进一步细化、扩展个人信息权利，引入数据可携权、拒绝自动化决策权等新兴权利；三是加大处罚力度，大幅提高罚款额度，将违法所得纳入罚款计算基数；四是针对人工智能、物联网等新技术可能带来的个人信息保护风险，制定专门规则加以应对。

同时，韩国《个人信息保护法》修正案也呈现出鲜明特色：（1）统一适用《个人信息保护法》，取消行业性特别规定，有利于提高法律适用的一致性；（2）重视发挥行业组织、社会力量作用，引导形成多元共治的社会格局；（3）对个人信息跨境流动采取宽进严管，既为数据跨境流动提供多样化途径，也赋予政府在事中事后加强监管、制止违法行为的权力。

四、韩国数据要素市场化探索

韩国在数据要素市场化方面进行了积极探索，尽管目前尚未实现数据资产确权，但其在推动数据产业发展和数据利用方面采取了一系列举措。2023年，韩国的全球数字竞争力排名第六位。[1] 为了促进数据利用和数据产业的可持续发展，韩国在管理机构方面设立了国家数据政策委员会，作为国家数据和新产业政策的管理机构，负责审议与国家总体数据政策有关的事项。委员会每三年修订发布《数据产业振兴基本计划》，旨在鼓励和扶持数据产业发展，推动全社会数据的产生、开放和共享，建立数据流通交易生态系统，推动国家全面的数字化转型。

国家数据政策委员会由15名政府委员和15名普通委员组成，其中政府委员分别来自韩国科学技术部、教育部、国土交通部等中央政府部门。委员会主席由总理担任，秘书长由科学和信息通信技术部部长和公共管理安全部部长担任。2022年9月14日和2023年1月26日，委员会分别召开第一次会议和第二次会议，讨论和审议《数据产业领域法规的完善措施》

---

[1] IMD：World Digital Competitiveness Ranking［EB/OL］.［2024－03－31］. https://www.imd.org/centers/wcc/world－competitiveness－center/rankings/world－digital－competitiveness－ranking/.

《第一次数据产业振兴基本计划的制定和推进方向》《第一批数据产业振兴基本规划》等，以鼓励数据产业发展。

韩国于 2021 年 10 月 12 日发布了世界上第一部数据产业基本法律——《数据产业振兴和利用促进基本法》，大力促进数据产业发展和振兴数据经济，成为世界上第一个提出促进数据产业发展的国家。随后制定的《数据产业领域法规的完善措施》中，明确了 MyData、假名数据、在线视频处理设备、收集使用个人信息标准等数据利用方面的改进措施，制定了鼓励元宇宙和自动驾驶新产业培育的相关政策。

在《第一次数据产业振兴基本计划的制定和推进方向》中，韩国提出促进更多的高质量数据开放、建立易于参与的数据流通和交易生态系统，打造促进创新、安全的数据利用基础，培育数据安全基础和加强数据产业基础等目标。《第一批数据产业振兴基本规划》确定了 2023—2025 年国家数据综合政策方向，制定了韩国到 2027 年将数据市场规模扩大到 50 万亿韩元，数据利用能力进入全球前十名等目标，并提出"促进所有数据的创新生产、开放和共享""建立以私营部门为主导的数据流通和交易生态系统""为安全和创新的数据利用奠定基础""夯实数据产业基础，全面推动国家数字化转型"等几大重点任务。

在数据安全保护方面，韩国采用较为宽松的保护方式，主要在《反不正当竞争及保护商业秘密法》中对数据安全进行规制，并未提升到刑事处罚的高度。2021 年修订发布的《反不正当竞争及保护商业秘密法》规定，以企业代码控制措施界定保护范围，保护企业对其数据控制、利用的稳定状态，禁止未经许可获取、利用、公开数据。

总的来说，韩国在数据要素市场化和数据产业发展方面进行了积极探索，通过设立国家数据政策委员会、发布数据产业振兴计划、完善数据利用相关法规等措施，推动数据开放共享和数据流通交易，培育数据产业生态，促进国家数字化转型。尽管目前在数据确权和数据安全保护等方面还有待进一步完善，但韩国的实践对其他国家推进数据要素市场化和数字经济发展具有重要借鉴意义。

第二章　国外数据要素市场化的实践与探索 ∗

第五节　新加坡数据要素市场化的实践与探索

新加坡作为全球最自由、最具创新活力的经济体之一，凭借其独特的区位优势和开放的数字经济政策，正致力于打造立足本国、链接世界的"数据流通中转站"。为实现这一目标，新加坡近年来在数据要素市场化方面进行了积极探索，形成一套独具特色的制度创新和实践样本。

一、新加坡数据立法概述

新加坡在数字经济时代积极打造"智慧国"形象，全面推进数字化发展，为此在数据立法方面做出巨大努力。新加坡采用专门立法的模式，制定了一系列关于数据利用和保护的法律法规，致力于形成完善的数据法律规范体系。

新加坡的数据立法起步较早。2006年，新加坡提出实现"智能城市2015"的发展蓝图；2014年公布"智慧国2025"的十年计划。在此背景下，随着网络智能、电子数据等方面成果显著，新加坡逐步进入数字经济深耕期。与此同时，日益严重的网络数据安全问题也引起关注。为应对挑战，新加坡出台了一系列法律政策，将网络安全定为"国家议题"，通过加强网络数据保护、激励科技创新等举措，强化国家在数字经济时代的核心竞争力。

2012年10月，新加坡通过《个人数据保护法》，该法主体部分于2014年7月生效，是新加坡数据立法的重要里程碑。2016年10月，新加坡公布网络安全战略，阐述了新加坡网络安全的愿景、目标和优先事项，促进具有弹性和可信赖的国际网络环境建设。在该战略指引下，新加坡数据立法不断进步。2018年2月，新加坡议会通过《2018年网络安全法》。总体而言，新加坡具有相对完善的法律制度体系，包括2012年《个人数据保护法》、涉及《个人数据保护法》具体实施的六部规例（Regulations）和相关法定机构的四个公告（Notifications），其中6部规例分别就《个人

111

* 数据资产入表与资本化

数据保护法》实施细则、可私了的犯罪、数据外泄通知、上诉程序、执行和谢绝来电登记处等问题进行规定。此外，针对与个人数据保护有关的民事诉讼，还有相应的法庭规则（Rules of Court 2021，Order 57）。❶

在立法模式上，新加坡参考 GDPR，同时受英国影响，采取专门立法路径，制定数据利用和保护的专门法律。《个人数据保护法》是新加坡规范个人数据收集、使用和披露的综合性法律。同时，新加坡还针对电信、医疗、社会服务等特定领域制定数据保护指南，指导各行业企业更好地保护个人数据。此外，《银行法》《刑事诉讼法》等其他法律中也有关于数据的规定。

在数据监管体制方面，新加坡通信与信息部是主导机构，下设网络安全局、信息通信媒体发展局、个人数据保护委员会三个机构，从不同方面推进数据保护工作。个人数据保护委员会负责管理和执行《个人数据保护法》，提高公众数据保护意识，协助企业提升数据保护能力，并对违法行为进行处罚。信息通信媒体发展局的职责包括促进信息通信媒体产业发展，规范电信和媒体服务，建立互联网监管框架等。网络安全局则通过监控网络空间、防范网络威胁、保护关键信息基础设施等手段，确保新加坡网络空间安全，推动数字经济发展。

二、新加坡数据流通战略

新加坡凭借其独特的区位优势和开放的数字经济政策，正致力于打造全球数据流通的中转枢纽。作为全球最自由、最数字化的经济体之一，新加坡高度重视数据对未来经济增长的战略意义。通过积极参与区域数字贸易协定，新加坡正在构建一个立足本国、链接世界的数据流通网络，力图在日益激烈的国际数字竞争中抢占先机。

如图 2-1 所示，新加坡是多个区域数字贸易协定的重要成员，包括《印太经济框架》（IPEF）、《全面与进步跨太平洋伙伴关系协定》（CPTPP）、《区域全面经济伙伴关系协定》（RCEP）和《数字经济伙伴关

---

❶ 韩驰. 新加坡个人数据保护规例［EB/OL］. ［2024-04-27］. https：//mp.weixin. qq.com/s/3JrH6PxTv8YgmH4JrvuY8g.

系协定》（DEPA）等。这些协定虽然在覆盖范围和规则深度上有所差异，但都以促进数据自由流动为重要目标。新加坡积极参与其中，一方面是为了争取区域数字贸易规则制定的话语权，另一方面也是看中数据流通带来的巨大经济机遇。为抓住这些机遇，新加坡制定了系统的数据流通战略。首先，新加坡着力完善数据治理制度，在确保数据安全和隐私的前提下，最大限度促进数据开放共享。其次，新加坡大力发展数字基础设施，为数据流通提供有力支撑。新加坡拥有世界一流的通信网络设施，是亚太地区最大的数据中心市场之一。最后，新加坡还充分利用RCEP、CPTPP、DEPA等国际合作机制，推动数字贸易"互联互通"，为打造数据流通中转站奠定坚实基础。

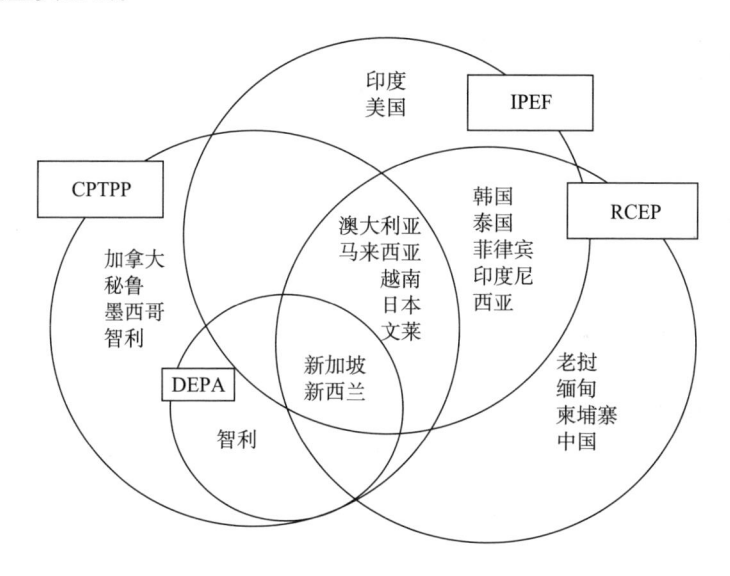

图2-1　IPEF、CPTPP、RCEP、DEPA成员关系

事实上，新加坡不仅积极参与区域数字贸易协定，更是凭借一流的基础设施和良好的营商环境，成为全球数据中心的聚集地。根据《凯谛思数据中心全球选址指数报告2021》（*Arcadis Data Centre Location Index 2021*）显示，新加坡是仅次于美国的全球最具竞争力的数据中心国家，也是亚太地区最大的数据中心市场。这一评估综合考虑了宏观经济环境、数字基础设施、能源供给等多方面因素。❶ 领先的基础设施配套和良好的政策环境，吸引了各大互联网巨头纷纷在新加坡建立自建数据中心。根据研究公司 Structure Research 的统计，截至 2021 年新加坡大约运营着 60 个数据中心。❷ 谷歌、Meta（原 Facebook）、亚马逊、微软、阿里巴巴等全球头部科技企业，均已在新加坡投资建设大型数据中心，为本地及周边地区提供云服务。

立足本国优势，借助国际合作，新加坡正在多管齐下打造数据流通中转站。一方面，新加坡着眼国内，完善数据治理制度，改善数字基础设施，为数据跨境流动创造有利环境；另一方面，新加坡立足全球，积极参与 IPEF、CPTPP、RCEP、DEPA 等区域数字贸易协定，推动各经济体在数字领域的政策对接与规则衔接。可以预见，环绕新加坡数据中心优势，以新加坡为枢纽的亚太数据流通网络将日益完善，为深化区域数字经济合作注入新的增长动力。

三、新加坡数据法律现状

（一）《个人数据保护法》

新加坡是全球最早制定个人数据保护法的国家之一。2012 年，新加坡通过《个人数据保护法》（PDPA），该法旨在规范机构收集、使用和披露个人数据的行为，建立个人数据保护委员会，创立"谢绝来电"登记制度等。《个人数据保护法》的主体部分于 2014 年 7 月生效，标志着新加坡个人数据保护进入法治化轨道。2020 年，为进一步加强个人数据保护，适应数字时代的新变化，新加坡对《个人数据保护法》进行了重要修订。此次修订最引人注目的亮点之一，是引入了"数据可携带权"这一全新概念，大幅强化了个人对其数据的选择权和控制权。修订后的《个人数据保护

---

❶ ARCADIS：The Arcadis Data Center location Index 2021 [EB/OL]. (2021-12-31) [2024-03-20]. https://www.arcadis.com/en/knowledge-hub/perspectives/asia/2021/data-center.

❷ 商务部：新加坡暂停建设新的数据中心 [EB/OL]. (2021-05-10) [2024-07-07]. http://sg.mofcom.gov.cn/article/sxtz/xjpyshj/202105/20210503059797.shtml.

法》专门设置章节,对数据可携带权和数据传输义务作出详细规定。根据新法案,个人有权要求数据控制者将其个人数据传输给指定的第三方机构,以防止个人数据被锁定在特定服务中,确保数据主体能够自由切换到新的服务。这使新加坡成为继欧盟GDPR之后,又一个在立法中明确数据可携带权的代表性国家。

具体而言,数据可携带义务主要包含三方面内容:一是建立数据传输请求权和传输义务的对应机制。个人可向数据控制者提出传输请求,要求其将符合条件的数据发送给指定的接收方。在符合法定前提下,数据控制者必须按要求完成传输。二是规定实施数据传输的限制条件。如传输可能威胁第三人健康安全、损害数据主体人身安全或国家利益等情况下,控制者可拒绝传输请求。三是明确涉及第三方数据时的传输规则。经请求,控制者在特定情形下应将相关第三方数据一并传输。数据可携带权的确立,开创了一种新型的数据权利义务关系,为个人数据在不同行业、不同机构间的合规流动扫清障碍,有助于形成促进数据共享利用的新生态,对数字经济发展具有重要意义。❶ 与此同时,新加坡《个人数据保护法》在这次修订中还体现出诸多亮点:首次纳入衍生数据的定义,扩大了个人数据的保护范围;大幅提高违法处罚力度,加强机构自律和个人守法意识;回应人工智能等新技术风险,规制个人信息非法获取行为;在特定条件下放宽收集使用数据的例外规定,兼顾企业合理用数需求。

总的来看,修订后的新加坡《个人数据保护法》进一步向国际标准看齐,更加强调以个人权利为本位,在保护个人信息、惩治违法行为方面更加严格,同时也没有忽视鼓励创新、促进数据利用的现实需求。这为世界各国制定数据保护政策提供了新的思路和借鉴。尤其值得一提的是,新加坡将数据可携带权上升到法律层面予以确认和规范,开创了国际立法的先河。这表明,在数据日益成为关键生产要素的数字时代,如何从制度上赋予个人更多的数据主导权,平衡数据保护与利用的关系,已成为国际社会的共同课题。在这一背景下,数据可携带权无疑是一次勇敢的尝试和有益

---

❶ 人民资讯:新加坡《个人数据保护法》中的"数据携带"[EB/OL].(2021-06-08)[2024-03-20]. https://baijiahao.baidu.com/s?id=1701973826296620202&wfr=spider&for=pc.

的探索，对全球数据流动治理和数字规则构建具有重要的引领意义。

(二) 2021年《个人数据保护规例》

2021年，新加坡政府颁布新修订的《个人数据保护规例》（以下简称《规例》），作为2012年《个人数据保护法》的配套规则，于2021年2月1日正式生效，共分为6个部分，包含20条条文和2个附表。❶

《规例》的第一部分是导言，主要规定了规例的引用和生效日期。第二部分是关于商业联系信息的特别规定。第三部分是关于查阅和更正个人数据请求的具体要求。第四部分是关于个人数据向境外转移的规定。第五部分围绕法案新增的"基于通知的视为同意"和"合法利益"情形作出细化规定。第六部分主要是其他补充性规定，包括对已故个人如何行使权利、委员会标识的使用、原有规则的废止和过渡期安排等。

本次修订的一大亮点是针对商业联系信息作出特别规定。根据《规例》第1A条，如果组织通过会计与企业管理局（ACRA）的网站或组织自身官网，以公开方式提供了指定个人的商业联系信息，即可视为满足了法案关于提供保护数据主体联系方式的要求。这为组织提供了清晰和便利的合规途径。此外，《规例》在个人数据跨境转移方面的规定也引人注目。《规例》明确，转移数据前，组织需采取适当措施，确保接收方受法律强制性义务约束，为数据提供与本法相当的保护。特别地，《规例》指出持有APEC跨境隐私规则体系（CBPR）、APEC处理者隐私认证（PRP）等特定认证的接收方，可视为提供了足够的保护。这有利于新加坡个人信息保护规则与国际接轨。围绕法案新增的"基于通知的视为同意"和"合法利益"情形，《规例》要求组织在收集、使用或披露个人数据前，需事先进行影响评估，并在整个过程中保存评估报告，这有助于平衡组织合规成本和个人权益保护。

---

❶ Singapore Statutes online：PERSONAL DATA PROTECTION REGULATIONS 2021 [EB/OL]. (2021-01-28) [2024-03-20]. https://sso.agc.gov.sg/SL/PDPA2012-S63-2021?DocDate=20210930.

四、新加坡数据要素市场化探索

新加坡作为全球数字经济的引领者,近年来在推进数据要素市场化方面进行了积极探索和创新实践。

首先,新加坡高度重视数据制度和规则创新,不断健全数据流通和交易规则。2021年,新加坡修订了《个人数据保护法》,建立了个人数据保护、公共部门数据管理、私营部门数据创新三位一体的治理框架。为进一步释放数据红利,新加坡通过立法明确个人对其数据的权利,推动形成数据共享新范式。同时,新加坡还积极推动公共数据开放共享,接连推出新加坡开放数据门户网站、智慧国家传感器数据交换APEX等平台,有效促进了政府、企业、社会数据资源的融合应用,带动全社会数字化转型。

其次,新加坡大力发展数字产业,培育数据要素市场主体。通过实施"服务与数字经济蓝图"等一系列战略规划,新加坡重点提升数字服务创新能力。聚焦人工智能、区块链、云计算、网络安全等前沿领域,成立"数字产业发展公司",推广新加坡技术方案和应用场景。针对数字化转型的中小企业,新加坡政府推出了Start Digital项目,提供一站式数字化解决方案。尤其在金融科技领域,新加坡积极颁发数字银行、支付牌照,大力发展区块链、数字货币等创新应用,打造亚洲数字金融中心。一系列举措推动了新加坡数据产业集群发展,涌现出Grab、Lazada等一批独角兽企业。

再次,新加坡持续完善数据治理体系,构建多方共治的数字经济框架。实施"智慧国家2025"战略,升级数据感知、分析、应用等核心能力。建立国家数字身份系统SingPass,实现"一号通行"。推出公共服务chatbot Ask Jamie,优化线上服务体验。在数据安全方面,新加坡设置专门机构进行网络监测,建立国家关键信息基础设施名录,强化数据安全防护。此外,新加坡还积极参与区域和国际数据治理规则制定,推动DEPA、RCEP等数据跨境流动机制,为企业"走出去"提供制度支撑。

值得一提的是,新加坡还积极扩大数字经贸朋友圈,推动区域数字互联互通。作为DEPA发起国之一,新加坡与智利、新西兰达成协议后,又先后与澳大利亚、韩国、英国建立数字伙伴关系，设立灵活务实的数字贸易规则，在跨境数据流动、数字身份互认等方面实现突破。在双边层面，新加坡积极拓展"数字经济伙伴"。例如，与澳大利亚签署数字经济协议，与韩国启动数字伙伴关系协定谈判，与英国开展数字贸易合作，进一步消除数字贸易壁垒，激发数据红利。

此外，新加坡还注重发挥数字资源优势，打造数字经济高地。凭借完善的海底电缆接入和数据中心设施，新加坡吸引了谷歌、阿里巴巴等全球科技巨头投资布局，成为亚太地区数据枢纽。依托产学研用协同创新，新加坡在移动支付、保险科技等细分领域取得先发优势。例如，NETSPay、PayNow等移动支付工具广泛应用，Grab、Razer等本土科技企业快速成长。高素质的数字化人才也为新加坡数字化转型提供了强有力的支撑。

可以看到，新加坡立足本国特色和优势，坚持高位推动数据要素市场化改革和数字经济发展，系统谋划、整体施策，通过先行先试的数字规则创新、注重共建共享的数据开放体系、聚焦前沿技术的数字产业培育、注重数据安全的治理体系构建、积极务实的数字伙伴拓展等一系列探索实践，走出了一条融通创新的数据要素市场化之路，有力推动了经济社会数字化转型，为各国数字经济发展提供了有益借鉴。

第六节　数据跨境国际规则

数据跨境流动国际规则正在加速演进，对全球贸易格局和数字治理体系产生深远影响。各国纷纷开始谋划数字贸易规则，力图在数字经济时代抢占先机。无论是传统贸易大国，还是新兴市场力量，都需要积极参与数字贸易规则的制定，在开放中争取主动，在合作中实现共赢。

一、数据跨境国际条约

（一）《跨太平洋伙伴全面进步协定》（CPTPP）

《跨太平洋伙伴全面进步协定》（Comprehensive and Progressive Agreement

for Trans-Pacific Partnership，CPTPP）是一个高标准的区域贸易协定，在全球经贸体系进行新一轮重构的背景下展现出独特的生命力。作为《跨太平洋伙伴关系协定》（TPP）的延续，CPTPP承袭了TPP绝大部分的核心内容，体现了亚太地区经贸一体化的发展方向。

TPP原本是由奥巴马政府主导与推动的多边贸易协议，旨在主导亚太地区经贸规则制定，并作为制衡中国经贸影响力的战略工具。美国希望通过TPP在亚太地区建立符合其价值观和利益诉求的经贸规则体系，进而巩固其在该地区的政治、经济和安全领域的核心地位。然而，随着特朗普政府上台，美国于2017年宣布退出TPP。日本全力推动其余11个缔约方继续推进这一区域贸易协定，经过各方努力，CPTPP最终达成，并于2018年12月正式生效。尽管CPTPP的体量较TPP有所缩水，但它仍是目前全球自由化程度最高、涵盖面最广的贸易协定之一。

通过主导CPTPP的谈判进程，日本乘机确立了其在亚太地区经贸规则制定中的主导权和话语权，将CPTPP作为重塑区域贸易规则秩序的重要工具。可以预见，随着CPTPP的深入实施，亚太地区经济一体化进程将进一步提速，区域内国家间的经贸联系将更加紧密，地区经济格局也将发生深刻变化。

1. CPTPP发展概述

CPTPP发展的第一阶段是TPSEP阶段。2002年，新西兰、新加坡、智利在APEC峰会上倡议制定一项可扩展的区域贸易协议。2005年，文莱加入，四国签订《跨太平洋战略经济伙伴关系协定》（TPSEP）。该协定涵盖货物贸易、服务贸易、投资等领域，旨在构建亚太自由贸易区。TPSEP由20章及相关文件组成，涉及关税减让、原产地规则、海关程序、贸易救济等诸多方面。其目标是消除贸易壁垒，促进商品服务和投资自由流动，建立公平竞争的市场环境。

CPTPP发展的第二阶段是TPP阶段。美国于2008年宣布加入TPSEP谈判，随后澳大利亚、秘鲁、越南、马来西亚、墨西哥、日本、加拿大相继加入，TPP最终扩充至12国。2016年2月，TPP 12国在奥克兰正式签署协定。TPP被视为奥巴马政府推进"重返亚太"战略、巩固美国在亚太地区主导地位的关键举措。TPP成员国GDP总和占全球40%，是当时自由化水平最高的区域贸易协定，许多内容已超越WTO框架。TPP被称为"面向21世纪"的高标准协定，旨在重塑亚太乃至全球经贸规则。TPP由30章及相关文件组成，涵盖国民待遇、市场准入、原产地规则、纺织品、海关程序、贸易救济、卫生与植物卫生措施、技术性贸易壁垒、服务贸易、金融服务、电信、电子商务、政府采购、竞争政策、国有企业、知识产权、劳工、环境等诸多领域。除传统议题外，协定还纳入了数字贸易、国企、劳工权益等"21世纪议题"。

CPTPP发展的第三阶段是CPTPP阶段。特朗普政府上台后，美国于2017年1月宣布退出TPP，全球经贸格局发生重大变化。美国转而追求"美国优先"的单边主义和保护主义政策，TPP前景面临极大不确定性。为避免TPP夭折，日本等11国继续推进该协定。各方同意暂停TPP中的22项条款，对部分内容进行修改，最终达成CPTPP。2018年12月30日，CPTPP正式生效。虽然体量较TPP有所缩水，但CPTPP仍是目前全球自由化程度最高的区域贸易协定之一。它承袭了TPP绝大部分内容，有望进一步推动亚太地区经贸一体化进程。同时，CPTPP的达成也彰显了日本引领亚太经贸规则制定的决心。对许多国家而言，加入CPTPP是参与区域经贸合作、提升国际话语权的重要机遇。

2. CPTPP主要内容

CPTPP的30个章节可归纳为六大领域：货物贸易、服务贸易、投资、规则、合作与便利化、一般法律条款。在货物贸易、服务贸易和投资领域，CPTPP实现了高水平的贸易自由化和宽领域、深层次的服务和投资市场开放；在规则领域，提出了比WTO以及其他自贸协定更为严格的纪律要求，在一些新的领域和议题上制定了全新规则，包括"电子商务""政府采购""竞争""国有企业""劳工""环境""监管一致性""透明度与反腐败"；在合作与便利化领域，适当照顾发展中成员关于加强能力建设、注重发展问题、加强政府间合作等诉求，包括"合作与能力建设""竞争力和商务便利化""发展""中小企业"等章节；在一般法律条款领域，就协定的相关定义、管理机制、争端解决等问题做出了规定。

第二章　国外数据要素市场化的实践与探索

特别值得关注的是CPTPP中关于电子商务的具体规定。CPTPP完全继承了TPP第14章关于电子商务的规定，确保了全面的保障措施，并促进了跨境信息自由流动。此外，协议明确禁止以建立数据中心为条件限制电子商务企业的市场准入，同时也禁止强制电商企业转让或获取软件源代码。尽管第14章以电子商务为名，实际上，它涵盖数字贸易的核心内容，展示了对现代数字经济领域的全面规范，在此重点介绍非歧视待遇、国内电子交易框架、在线消费者保护和跨境信息传输四个关键方面，这些规定共同促进了一个开放、透明且安全的数字贸易环境。

（1）数字产品和服务的非歧视待遇。CPTPP要求各缔约方对其他缔约方在其领土内创造、生产、出版或首次以商业化方式提供的数字产品给予非歧视待遇。这意味着，一国如果决定对特定的数字产品或服务开放市场，必须同等对待国内外的服务提供者。这一规定不适用于政府对特定数字产品或服务的补贴，也不适用于广播等领域。此外，与知识产权章节的相关权利和义务不一致的情况除外。

（2）国内电子交易框架。CPTPP规定各缔约方必须建立一个与国际标准（如联合国1996年《电子商务示范法》或2005年《电子通信公约》）原则相一致的法律框架来调整电子交易。这确保了各国电子交易法律的现代化和标准化，促进了法律透明度和预测性。这确保国内法律能够适应快速变化的电子商务环境，支持电子方式的合同、签名和其他法律文书的有效性。

（3）在线消费者保护。在线消费者保护措施的实施方面，CPTPP要求各缔约方采取或维持透明和有效的消费者保护法，这些法律必须能够防止和惩处诈骗和商业欺诈行为，保护消费者在进行电子交易时的权益。强调各国在跨境电子商务活动中应加强合作，共同提升消费者福利，包括在消费者保护法执行和在线商业活动监管方面的合作。

（4）跨境信息传输。CPTPP规定各缔约方应允许涵盖的人为了从事经营而跨境传输信息，包括个人信息。这标志着对信息自由流动的支持，是数字经济中极为重要的一环。同时，承认各缔约方为了实现合法的公共政策目标（如隐私保护和数据安全），可能需要对信息的跨境流动进行合理限制。这些措施必须是非歧视性的，不得无理限制贸易或信息流动。

这四个方面的规定共同构成 CPTPP 在电子商务和数字贸易方面的核心内容，体现了对开放市场、保护消费者和促进数据自由流动的共同承诺。

(二)《数字经济伙伴关系协定》(DEPA)

《数字经济伙伴关系协定》(Digital Economy Partnership Agreement, DEPA) 是全球首个针对数字经济而制定的专项协定，超过了一般意义上的"数字贸易"概念。❶ 缔约方认为当前的贸易规则和政策不能完全解决数字化和数字贸易带来的新问题，DEPA 协定是一项全面且具有前瞻性的协定，可以解决数字经济中的关键问题，主要内容涵盖跨境贸易和商业中使用电子文档、个人信息保护、网络安全、在线消费者保护、数字身份、人工智能等。通过 DEPA 协定，缔约方可以利用技术来巩固现有的贸易协议承诺，促进数字时代的企业连接，并就数字领域固有的新问题进行协作。DEPA 协定也将为其他正在进行的相关贸易谈判提供借鉴，并欢迎其他志同道合的合作伙伴参加。DEPA 协定将使缔约方企业和消费者更好地参与数字经济，并利用贸易数字化带来更多的机会。

虽然新加坡、智利、新西兰并非传统的数字经济强国，但在推动 DEPA 的过程中展现了未来世界经济的发展趋势。这些国家通过签署 DEPA，建立了处理数字贸易问题的新策略和合作机制，增强了不同体系间的互操作性，同时解决了数字化进程中出现的新挑战。

1. DEPA 发展概述

2019 年 5 月开始，新加坡、智利和新西兰三国发起了 DEPA 三方会谈，旨在为数字时代的经济和贸易活动制定前瞻性的国际标准。2020 年 1 月，三国强调了数字化如何根本改变贸易的性质，并表达了推进数字时代贸易的共同目标。2020 年 6 月 12 日，DEPA 协议通过虚拟方式签署，并在 2021 年 1 月正式生效。

2021 年 11 月 1 日，中国正式提出申请加入 DEPA，这标志着中国对加强数字经济领域的国际合作的重视。随后，2022 年 8 月 18 日，根据 DEPA

---

❶ 陈喆. DEPA 数据开放共享规则：中国立场与规则对接 [J]. 学术论坛，2023，46 (6)：33-46.

联合委员会的决定，正式成立中国加入DEPA工作组，全面推进中国的加入谈判。这一步骤不仅表明DEPA框架的吸引力和其在全球数字经济中的重要性，也预示着该协议在全球范围内进一步扩展的潜力。

通过这些关键的发展步骤，DEPA协议不断展现其作为促进数字经济合作的框架协议的潜力，为成员国之间提供了一个促进技术交流和商业合作的平台。中国的加入进程特别强调了DEPA在全球数字贸易治理中的作用和影响力，以及其在促进国际贸易和经济合作方面的实际价值。

2. DEPA主要内容

DEPA是迄今为止全球首个聚焦数字经济发展的区域贸易协定，其内容丰富翔实，涵盖数字贸易的方方面面。DEPA由12个模块构成，包括电子商务、数字身份、数字包容、开放政府数据、网络安全、中小企业合作、数字贸易促进、人工智能、创新与数字经济等。DEPA创新点之一在于首次在区域贸易协定中提出"创新与数字经济"模块。"创新与数字经济"模块突出体现了DEPA作为数字经济专项协定的核心，即数字经济以数据为关键生产要素，只有促进数据的开放共享，才能实现数据驱动型创新。[1] DEPA"创新与数字经济"模块以数据的开放共享为核心，旨在促进数字经济的高效、健康、创新发展，反映了新加坡等经济体在数字治理上的开放理念，鼓励成员国之间可信数据的安全流动。[2]

(1) 数据驱动的创新发展理念。

"创新与数字经济"模块以数据开放共享为核心，彰显了DEPA对数据驱动创新发展模式的高度重视。在数字经济时代，数据已成为关键生产要素，对经济增长和科技进步发挥着越来越重要的驱动作用。只有促进数据在各领域的广泛流通和充分利用，才能真正释放数据红利，实现创新驱动发展。正是基于这一认识，DEPA在企业数据共享和政府数据开放两个关键领域提出一系列开放性措施，力图打通数据流通渠道，营造数据共享生态，激活数据要素市场，为数字经济发展持续注入新动能。可以说，这

---

[1] 文洋，王霞. DEPA规则比较及中国加入路径分析 [J]. 国际商务研究，2022，43 (6)：80-93.

[2] 靳思远. 全球数据治理的DEPA路径和中国的选择 [J]. 财经法学，2022 (6)：96-110.

一理念是对数字时代创新发展规律的科学把握和积极回应。

（2）企业数据共享机制建设。

① 数据监管沙盒。DEPA 高度重视企业数据共享对数字经济发展的推动作用，提出应在保护数据安全和个人隐私的前提下，构建可信的企业数据共享机制。为此，DEPA 鼓励成员方建立数据监管沙盒，为企业的数据利用创新提供安全可控的试验空间。在数据监管沙盒内，企业可以在一定条件下对数据的创新应用进行测试，享受适度的监管豁免，并通过与监管机构的良性互动完善数据利用方案。这一容错机制有助于化解企业数据创新面临的合规风险，为数据赋能企业发展扫清障碍。

② 可信数据共享框架。为进一步规范和引导企业间的数据共享活动，DEPA 提出应建立可信数据共享框架。该框架的核心要素包括：第一，第三方认证机制，对企业的数据保护能力进行评估认证；第二，数据共享协议制度，明确数据提供方和使用方的权利义务；第三，数据标准体系，促进数据共享过程中技术和管理标准的统一。其中，新加坡《可信数据共享框架》为各国构建企业数据共享机制提供了有益参考。该框架明确了四项核心原则：一是共享数据应当合法合规；二是适当的数据治理；三是数据保护；四是数据安全。这些原则为企业数据共享划定了基本的行为边界。

③ 数据共享合同制度。DEPA 提出，应制定标准化的数据共享合同，明确企业间数据共享的条款，以确保数据共享行为规范有序。一般而言，数据共享合同应对以下内容作出约定：数据的类型、格式和数量，数据的许可用途，数据安全保护义务，数据质量责任，知识产权归属，违约责任等。建立健全的数据共享合同制度，有利于保障数据提供方和使用方的合法权益，降低数据共享过程中的交易成本和风险。

可以看出，DEPA 通过系列制度创新，包括数据监管沙盒、可信数据共享框架、数据共享合同制度等，着力营造企业数据共享的良好生态，为数据资源在企业间的自由流动提供制度保障，进而充分释放数据要素的潜在价值，加快企业数字化转型步伐。

（3）政府数据开放制度安排。

政府掌握着大量高价值数据资源，推进政府数据开放是挖掘数据红利、赋能经济社会发展的重要举措。DEPA对此给予高度重视,就政府数据开放提出了一系列制度性安排。

① 拓宽数据开放渠道。DEPA要求成员方最大限度地拓宽公众获取和使用政府数据的渠道,以完全开放、有条件开放、定向开放等多种方式,向社会开放政府数据,充分释放数据的社会价值。具体而言,DEPA鼓励成员方建立政府数据开放门户网站,集中发布开放数据目录和数据集;提供应用程序编程接口(API),方便用户获取和使用政府数据;举办创新大赛、应用开发马拉松等,激发社会力量参与政府数据开发利用。通过拓宽政府数据开放渠道,可以有效促进政府数据向社会的充分释放和广泛应用。

② 聚焦高价值数据集。面对浩如烟海的政府数据,DEPA提出应重点开放那些具有显著经济和社会价值的优质数据集,提高政府数据开放的针对性和有效性。为此,DEPA倡导各国建立政府数据开放需求征集机制,广泛听取社会各界对数据开放的意见建议,并结合自身发展战略,集中优势资源用于高价值数据的生产、加工和开放,切实提高数据开放的含金量。当前,不少国家都在积极推动高价值数据集的开放,如新加坡重点开放交通、医疗等领域数据,韩国聚焦公共数据、空间数据等领域,都取得了良好效果。

③ 规范开放许可模式。为规范政府数据的开放使用,DEPA倡导采用标准化的公共许可证形式。一般而言,数据开放许可证应对以下内容进行约定:使用目的限制、再分发条件、署名要求、免责声明等。开放许可模式既能放宽对政府数据二次利用的限制,又能规范使用者的数据利用行为。此外,标准化的许可模式有助于提高不同许可类型下数据的互操作性,为政府数据的跨界流动创造了条件。当前,国际上广泛采用的开放许可证包括知识共享(Creative Commons)许可证、开放数据共享(Open Data Commons)许可证等,为规范政府数据开放许可提供了成熟范式。

④ 统一数据开放格式。开放数据的标准化、格式化是上述开放许可模式有效运行的重要基础。对此,DEPA提出了明确要求,推动政府数据开放格式的统一,以提升数据质量和可用性。根据DEPA规定,成员方应当采用机器可读、开放性的数据格式,并符合通用数据标准。这就要求政府

部门在数据汇聚和发布过程中，严格遵循相关数据标准规范，提供格式统一、定义明确、易于理解和使用的标准化数据，从而最大限度地方便用户加工利用。

⑤数据开放配套制度。为保障政府数据开放工作有序推进，DEPA还提出一系列配套制度安排。一是成立政府数据开放工作协调机构，统筹推进政府数据开放相关工作；二是建立数据开放绩效考核机制，将数据开放情况纳入对政府部门的考核内容；三是加强数据开放能力建设，提升政府人员的数据意识和专业技能；四是开展数据开放质量评估，建立社会反馈机制，持续改进数据开放管理与服务水平。这些制度安排共同构成了一套系统完整的政府数据开放工作体系，有助于破除部门间的数据壁垒，调动各方力量协同推进数据开放，提高政府数据开放的成效。

总的来看，DEPA以企业数据共享和政府数据开放为重点，提出了一系列开创性的制度设计和治理安排，形成了内容丰富、逻辑严密的数据开放共享规则体系。这些规则紧扣数字经济发展规律，回应时代发展需求，为破除数据流通壁垒、激活数据要素潜力提供了重要制度创新。可以预见，随着DEPA生效实施，其所确立的数据开放共享规则必将对全球数字治理进程产生深远影响。

(4) 对跨境数据流动的规范。

除上述侧重国内数据流通的规则外，DEPA还对跨境数据流动作出规范，力图在促进数据跨境自由流动与保障数据安全之间达成平衡。一方面，DEPA要求成员方原则上不得对跨境数据传输设置限制，但对于维护公共政策目标所必需且限制措施不超出必要限度的情形，则不在此列。这就在确立跨境数据自由流动原则的同时，为维护数据主权和安全留出了一定回旋空间。另一方面，DEPA倡导成员方加强跨境数据保护合作，推动数据跨境流动规则协调，包括：推动个人信息跨境传输规则互认，减少个人信息跨境流动的制度性壁垒；建立数据出境安全评估制度，防范数据跨境流动风险；加强数据执法合作，及时制止和惩治危害数据安全的违法行为。可以看出，DEPA力图在鼓励数据跨境流动、维护数据主权和安全之间求得平衡，这无疑是一种睿智而务实的制度选择。

第二章　国外数据要素市场化的实践与探索 ＊

（三）《区域全面经济伙伴关系协定》（RCEP）

《区域全面经济伙伴关系协定》（Regional Comprehensive Economic Partnership，RCEP）是由以中国为主要倡议国、东盟10国为发起方，联合日本、韩国、澳大利亚、新西兰等国共同推进的区域自由贸易协定。RCEP覆盖全球约30%的人口、GDP和贸易总量，其达成标志着全球最大的自由贸易区的诞生，对促进区域经济一体化、提升区域国家经贸合作水平具有重要意义。RCEP的全面生效不仅推动了东盟经济共同体的进一步形成，也成为共建"数字丝绸之路"的重要环节。❶

RCEP在货物贸易、服务贸易、投资、电子商务、知识产权等领域作出了一系列规则安排，形成了一套较为全面和均衡的现代自由贸易规则体系。其中，RCEP在电子商务领域首次以独立章节的形式纳入数字贸易规则，在促进数字贸易发展、规范数字经济治理方面迈出了关键一步。

作为RCEP的主要倡议国之一，中国在推动RCEP谈判进程中发挥了关键作用。RCEP的签署实施不仅为亚太地区乃至全球经济增长注入新动力，也为中国深度参与区域经济合作、推进高水平对外开放提供重要平台。未来，中国将以RCEP为契机，进一步扩大同东盟等伙伴的经贸合作，共同推进区域经济一体化进程。

1. RCEP发展概述

（1）倡议阶段（2011—2012年）。

2011年11月，在第十九次东盟领导人会议上，东盟各国领导人提出建立RCEP倡议，旨在推动东盟与中国、日本、韩国、澳大利亚、新西兰等区域伙伴加强经济合作。2012年8月，在柬埔寨金边举行的第四十四届东盟经济部长会议上，与会各方一致同意成立RCEP工作组，负责研究和探讨RCEP的未来发展方向。2012年11月，在第二十一次东盟领导人会议上，RCEP谈判正式启动。与会各国领导人发表联合声明，确定了RCEP

---

❶ 习近平：携手推进"一带一路"建设——在"一带一路"国际合作高峰论坛开幕式上的演讲［EB/OL］.（2017-05-14）［2024-07-10］. https：//www.gov.cn/xinwen/2017-05/14/content_5193658.htm.

127

谈判的原则和目标，为后续谈判奠定基础。

（2）谈判阶段（2013—2020年）。

RCEP谈判历时8年，其间克服了诸多困难和挑战。谈判涉及货物贸易、服务贸易、投资、知识产权、电子商务等二十多个领域，覆盖广泛、涉及利益复杂。2013年5月，RCEP首轮谈判在文莱斯里巴加湾市举行。此后，RCEP谈判按照每年4~5轮的频率稳步推进。2019年11月，在第三次RCEP领导人会议上，15个成员国宣布结束全部文本谈判和实质上所有市场准入谈判。各方承诺将加快剩余工作，力争在2020年签署协定。2020年11月15日，在第四次RCEP领导人会议上，RCEP 15个成员国正式签署协定。这标志着世界上人口最多、经贸规模最大、最具发展潜力的自由贸易区正式形成。

（3）生效阶段（2021年至今）。

RCEP协定规定，协定将在至少6个东盟成员国和3个非东盟成员国完成国内批准程序后的60天正式生效。2021年3月，中国全国人大表决通过RCEP协定，成为首批完成国内批准的成员国之一。随后，新加坡、日本、泰国、柬埔寨等国也相继批准协定。2022年1月1日，RCEP正式生效，标志着全球最大的自由贸易区正式启航。截至2024年6月，RCEP已有多个成员国完成国内批准程序。未来，RCEP有望吸引更多国家加入，推动区域经济一体化进程不断深化发展。

2. RCEP主要内容

RCEP在电子商务领域首次以独立章节的形式纳入数字贸易规则，共计12条条文，涵盖电子商务便利化、消费者保护、个人信息保护、网络安全、跨境数据流动等诸多方面。这些规则的设立旨在营造安全、可信的数字贸易环境，促进数字经济在区域内的创新发展。RCEP电子商务章节对各成员国国内电子商务立法与数字经济治理具有重要指引作用，是构建区域数字经济规则体系的关键一环。值得注意的是，虽然RCEP的电子商务规则总体上是平衡、包容的，但在某些议题上仍存在分歧，留有一定灵活空间。

（1）电子商务便利化措施。

① 无纸化贸易。RCEP鼓励成员国在管理贸易活动及其相关文件时采

用电子形式，推动无纸化贸易发展。成员国应接受电子形式的贸易管理文件与单证，给予其与纸质文件同等的法律地位，以提高贸易便利化水平。同时，RCEP 也鼓励海关等边境机构使用信息技术，简化通关手续，加快货物清关速度。各成员国应积极参与国际组织制定的无纸化贸易规则、标准和最佳实践，推动区域内无纸化贸易的协调发展。

② 电子认证与电子签名。RCEP 要求各成员国不得否认电子签名的法律效力，应确保电子认证服务机构能够在其司法管辖区内开展业务。同时，鼓励成员国推动本国的电子认证机制与其他成员国实现互认，为跨境电子交易提供便利。RCEP 还提出，成员国在制定电子认证规则时，应考虑国际标准，采用基于风险的方法，避免对电子认证服务设置不必要的壁垒。各成员国可以通过签署双边或多边互认协议，进一步深化电子认证领域合作。

（2）数字产品与数字贸易规则。

① 数字产品非歧视待遇。RCEP 规定，各成员国应给予其他成员国的数字产品以非歧视待遇，不得因数字产品的来源地、创作者或拥有者的国籍等因素而采取歧视性措施。这有助于营造开放包容的数字贸易环境，促进数字产品在区域内自由流动。需要指出的是，RCEP 在数字产品定义上采取了较为宽泛的表述，涵盖计算机程序、文本、视频、图像、录音等多种形态，体现了数字经济发展的新趋势。同时，RCEP 也确认了成员国对数字产品征收关税的权利，为各国税收政策留出空间。

② 跨境数据流动。RCEP 承诺允许信息跨境传输，包括个人信息在内的业务信息，以开展商业活动。但同时，RCEP 也确认成员国为实现合法公共政策目标而对数据跨境流动施加限制的权利，只要这些限制措施符合一定条件，如具有正当性、必要性和比例性等。这反映出 RCEP 在推动数据自由流动与维护数据安全、隐私之间寻求平衡。RCEP 还鼓励成员国在数据跨境流动领域加强信息共享，探讨制定区域性规则。

（3）消费者保护与个人信息保护。

① 在线消费者权益保护。RCEP 要求各成员国采取适当、有效的措施保护在线消费者的权益，如制定相关法律法规，打击欺诈和误导性商业行为等。鼓励成员国开展合作，分享在线消费者保护方面的信息与经验。

RCEP还提出，成员国应为消费者提供明确、及时的信息，包括交易各方身份、商品或服务信息、价格与费用、支付方式、交货安排、退换货及纠纷解决等。同时，应为消费者提供公平、及时、透明的争议解决机制。这些规定有助于增强消费者信心，促进电子商务健康发展。

② 个人信息保护。RCEP规定各成员国应建立健全个人信息保护制度，采取适当措施保护电子商务活动中所收集、使用的个人信息。但个人信息保护措施不应对商业活动构成不必要的限制或歧视性贸易壁垒。RCEP鼓励成员国借鉴国际规则与标准，制定个人信息跨境传输的规则，协调不同国家间的个人信息保护制度。RCEP还提出，成员国应加强个人信息保护的执法合作，及时通报侵犯个人信息事件，共同打击不正当使用个人信息的行为。

（4）网络安全与数字基础设施。

① 网络安全合作。RCEP鼓励各成员国加强网络安全领域的对话与合作，提升网络安全事件应对能力。成员国应及时分享网络安全相关信息，开展能力建设与技术援助，共同营造安全可信的网络空间。RCEP还提出，各成员国应鼓励企业采取适当措施，加强关键基础设施和信息系统的安全防护。同时，各国应重视网络安全人才培养，鼓励企业、科研机构和高校开展网络安全研究与教育。

② 数字基础设施准入。RCEP要求各成员国给予其他成员国的服务提供者合理、非歧视的计算设施准入。计算设施包括计算机服务器和存储设备、数据库等。这有利于促进数字服务在区域内的自由流动与部署。同时，RCEP也鼓励成员国在数字基础设施领域开展合作，包括5G通信、物联网、工业互联网等前沿技术研发和示范应用。各成员国应为数字基础设施互联互通创造有利条件，消除不合理限制。

（5）创新合作与发展援助。

① 电子商务创新合作。RCEP鼓励成员国开展电子商务创新领域的合作，包括新兴技术应用、商业模式创新、中小企业数字化转型等。成员国应搭建电子商务创新交流平台，定期举办论坛、研讨会等活动，分享最佳实践和成功经验。同时，RCEP也鼓励成员国加强电子商务创新政策的协调，营造有利于创新创业的制度环境。各成员国应重视电子商务领域知识

产权保护，完善相关法律法规，打击网络盗版、假冒等侵权行为，维护创新者的合法权益。

② 能力建设与技术援助。RCEP 支持发达成员国向发展中成员国提供电子商务能力建设援助，帮助发展中成员国提升数字贸易参与度。援助形式包括技术援助、经验分享、专家培训等。RCEP 鼓励成员国开展电子商务人才交流与培养，支持高校和职业院校设立相关专业和课程，培养更多电子商务专业人才。同时，RCEP 也呼吁加大对中小微企业、妇女、青年等群体的电子商务培训力度，帮助他们更好地参与数字经济发展。

③ 数字包容与弥合数字鸿沟。RCEP 认识到，弥合数字鸿沟对于实现包容性增长至关重要。鼓励成员国采取措施，促进偏远地区和欠发达地区的数字基础设施建设，提高当地居民使用电子商务的可及性。成员国应重视农村电子商务发展，鼓励农产品上行和工业品下乡，带动农民增收致富。同时，RCEP 也呼吁成员国加强数字扶贫合作，利用电子商务帮助贫困地区销售特色产品，实现精准脱贫。

总的来看，RCEP 电子商务章节在推动贸易便利化、创造有利营商环境、制定数字经济规则、弥合数字鸿沟等方面作出了积极探索，为区域数字经济合作指明了方向。这些规则的实施将极大促进电子商务在亚太地区的蓬勃发展，为区域经济增长提供新动能。同时，RCEP 电子商务规则的形成也为其他区域和多边贸易协定提供了有益借鉴，在全球电子商务规则体系构建中具有重要参考价值。未来，RCEP 各成员国应抓住协定生效的契机，以开放包容的心态深化电子商务领域交流合作，共同推动亚太数字经济繁荣发展。

二、数据跨境国际规则比较分析

综合比较 CPTPP、DEPA 和 RCEP 在数字贸易领域的关键条款可以发现，尽管三者在推动数字贸易发展方面有相似之处，如都设立了允许数字产品跨境流动、不得对数字产品征税等条款，但在具体规则设计上仍存在明显差异。总体而言，CPTPP 和 DEPA 在数据跨境流动、数字服务贸易、数字贸易便利化等方面的规定更加严格和具体。例如，在数据跨境流动和存储方面，CPTPP 和 DEPA 强制要求允许数据跨境传输，并禁止将计算设施本地化作为开展业务的前提条件，而 RCEP 虽鼓励数据跨境流动，但规定较为宽松。在跨境服务贸易方面，CPTPP 和 DEPA 不仅要求给予数字产品非歧视待遇，还进一步明确应实行国民待遇，且采用负面清单管理模式，而 RCEP 则规定相对原则。可以预见，未来全球数字贸易规则将更趋严格化、具体化，并向数字身份、人工智能、金融科技等更广泛的数字经济领域拓展，DEPA 对这些前沿议题的纳入就是明证。

对正在崛起的数字经济大国——中国而言，积极参与并引领全球数字贸易规则制定已成为大势所趋，但同时也面临诸多挑战。一方面，受制于核心技术短板，中国数字经济和数字贸易虽然规模庞大，但缺乏高质量发展的内生动力，呈现"大而不强""快而不优"的特点。中国在数字贸易领域优势主要集中在跨境电商等传统业态，对数据跨境流动、数字服务贸易等前沿议题参与规则制定的基础较为薄弱，接受 CPTPP 和 DEPA 的高标准规则存在一定难度。另一方面，目前中国的数字治理法规和标准体系与国际高标准还有一定差距，数字经济相关政策法规与全球规则的衔接有待加强，参与国际规则制定时话语权不足。

面对机遇和挑战并存的复杂局面，中国应当未雨绸缪，采取积极应对之策。首先，要加快自身数字贸易领域的制度和能力建设。要善用 CPTPP、DEPA 这样的"外压"，以高水平开放倒逼国内改革，在监管与开放中把握平衡，加快国内数字经济相关法规与国际高标准的接轨，以开放促改革、促发展。其次，要充分发挥自贸试验区的"试验田"作用，鼓励其率先对接高标准数字贸易规则，对 CPTPP、DEPA 等协定的高标准条款进行压力测试，并将成功经验向全国复制推广。此外，还要积极利用中国作为全球第二大数字经济体和数字贸易大国的规模优势，主动参与全球数字贸易规则的制定。在跨境电商、移动支付等优势领域，中国更应该发出自己的声音，引领相关国际规则的制定，为推动构建开放、包容、普惠、共享的全球数字贸易治理体系贡献"中国智慧"和"中国方案"。唯有如此，中国方能在未来全球数字经济版图中占据先机、赢得主动。

三、小　结

纵观全球数据要素市场化的发展脉络，虽然各国的具体路径不尽相同，但都在朝着规范化、制度化的方向迈进。作为数据立法先行者，欧盟形成了全面系统的法律规范体系，重点强调数据主权，力图通过高标准保护规则和开放流通政策，在维护数据安全的同时促进数据价值释放，并借此塑造全球数字规则秩序，彰显制度话语权。美国虽然缺乏统一的数据立法，但凭借发达的数字经济生态，在数据交易模式创新方面走在前列。日、韩等国则分别从公共数据开放、个人数据权益保障等角度入手，激活数据这一新型生产要素。

值得关注的是，随着数字贸易的崛起，以DEPA、CPTPP、RCEP为代表的区域贸易协定，为数据跨境流动确立了重要规则。这些协定不仅为数据资产的识别、定价、交易提供了基本框架，也为国际社会就数据资产达成共识奠定了基础。其中，DEPA作为全球首个聚焦数字经济的协定，开创性地将数据视为数字贸易的核心，规定了数据跨境传输、个人信息保护、算法透明等一系列规范，对全球数字规则体系产生了深远影响。而CPTPP和RCEP这两大亚太区域自贸协定，也纷纷设置了电子商务专章，就数据国境内存储、跨境传输、隐私保护等方面作出规定。这些贸易规则的创新表明，国际社会正在形成对数据资产的基本共识，为中国输出数据资产入表经验创造了条件。

对标国际经验，中国数据资产入表虽然起步较晚，但发展势头强劲。一方面，中国拥有超大规模的数据资源，随着数字产业的崛起，数据价值有望充分释放；另一方面，中国高度重视顶层设计和法治建设，出台了《网络安全法》《数据安全法》《个人信息保护法》等法律，为数据资产入表奠定了坚实的制度基础。未来，中国应进一步加强数字立法，完善数据全生命周期的治理规则，明晰权责边界，优化风险防控，为数据资产入表营造良好的法治环境。同时，还应借鉴欧盟共同数据空间的做法，加快公共数据、工业数据的开放共享，打破数据"孤岛"，推动数据在不同区域、行业、主体间高效流通，构建数据驱动的创新生态。

此外，作为世界第二大经济体和数字大国，中国有责任也有能力塑造全球数字贸易规则。一方面，中国应积极参与 DEPA、CPTPP 等高标准协定谈判，争取将符合自身利益的数字规则纳入协定文本；另一方面，中国还应充分利用 RCEP、"一带一路"等机制平台，分享数据资产入表的成功实践，为各国政府、企业、社会组织搭建深度交流的平台，推动构建更加均衡普惠的全球数字治理体系。

总的来看，中国在数据资产入表领域已经积累了宝贵的实践经验，走出了一条具有中国特色的发展道路。展望未来，随着数字中国建设的纵深推进，中国有望在全球数据要素市场化的浪潮中占据引领地位，为世界贡献中国智慧和中国方案。同时，面对日益激烈的国际竞争，中国仍需保持战略定力，在坚持数据主权、维护国家安全的前提下，以更加开放自信的姿态参与全球数字治理，携手各国共建网络空间命运共同体，推动数字经济实现包容、普惠、可持续发展。

第三章　数据资产入表背景

本章从时代背景和发展历程出发，深入解析我国数据要素市场化改革的进程，我国数据要素市场化改革总体可分为三个阶段：2015年以前的数据价值初探阶段、2016—2021年确立数据生产要素地位的阶段以及2022年以来数据要素市场发展进入新征程阶段。近年来，我国对数据资产入表的法规与政策进行了积极的探索与实践。在数据权益保护方面，面对法律层面上数据确权的困境，行业和市场正努力探索有效的确权途径，旨在明确数据资产的权属关系，保障数据主体的合法权益。行政手段在数据确权进程中发挥了关键作用，通过《数据二十条》等政策性文件，对数据权利进行分类，为数据资产化提供了明确的指引。数据资产入表作为实现数据资产化和资本化的关键环节，不仅有助于数据资产的确权，提高企业利润率，还能显著提升企业价值，推动数据资产的资本化运作。

第一节　数据要素市场化改革进程

如今，数据已成为推动经济社会发展的关键要素。数据要素的崛起得益于其可重复使用、可无限复制的特性，以及对传统生产要素的替代效应，使数据在生产经营和社会管理中的重要性日益凸显。为应对这一变革，我国政府近年来高度重视数据要素市场化配置改革，通过一系列政策文件明确了数据要素市场的总体方向、实施路径及目标任务。随着政策的密集出台和实施，数据要素市场的发展已按下"加速键"，预示着该市场将朝着更加深入和广泛的方向不断开拓。在这一进程中，企业和社会各界

* 数据资产入表与资本化

需紧密合作，共同推动数据要素市场的健康发展和规范化、标准化进程，为数字经济的繁荣贡献力量。

一、时代背景

数据要素被称为数字时代的"石油"，区别于传统生产要素，数据要素具有可重复使用、可无限复制的特性，[1]对社会生产经营活动和社会管理方式产生巨大的影响。在如今数字经济蓬勃发展的背景下，崭新的数字经济时代已然到来，数字化浪潮已势不可挡。数字时代带来了生产方式的深刻变革，数字化、信息化正快速推广普及，全面推动着市场向更灵活高效的方向发展。数据在经济活动中的地位日益凸显，其作为数字经济的核心创新引擎，已成为国家基础性的战略资源及核心生产要素。全球各国均对数据要素的市场化应用给予极大关注，数据正在逐步成为企业决策的新引擎、社会治理的新工具以及国际竞争的新资源。个人、法人和非法人组织在不断地生成数据的同时，也在积极地利用数据。数据已经渗透人们的生产和生活，成为不可或缺的重要元素。

数据生产力的崛起，主要得益于生产效率的提升、资源配置的优化以及对传统要素的替代。当前，企业资源优化配置的科学性、可行性和实效性，都离不开精准的数据支撑和对其作为生产要素的有效把控。只有将这些数据以恰当的方式传递给人和机器，才能实现其最大的价值。在智能化应用日益普遍的今天，数据在洞察商机、降低成本、提高效率、管理风险以及辅助决策等方面，为企业数字化转型提供了坚实的保障。因此，越来越多的企业正积极把握数字经济发展的先机，以期在未来的竞争中占据主动地位。随着经济社会数字化转型的加速，数据资产已成为推动数字中国建设和数字经济发展的关键资源，我们已然踏入了数字社会的新纪元。高速前进的数字社会，核心在于对生产生活所生成和累积的海量大数据进行智能识别、整合、筛选与有序存储，以便将这些数据资源再次应用于生产生活的各个环节，实现资源优化配置。这一过程不仅催生了一系列新兴业

---

[1] 黄阳华. 基于多场景的数字经济微观理论及其应用 [J]. 中国社会科学, 2023 (2): 4 - 24, 204.

态和模式，而且推动了产业的迭代升级，引领社会不断前行。

当前，我国数字经济展现出前所未有的发展态势，其体量正持续攀升至新的高度。数据显示，2022 年我国数字经济规模已从 2017 年的 27.2 万亿元增长到 50.2 万亿元，总量稳居世界第二，占 GDP 的比重也提升至 41.5%。数字经济已然成为稳定经济增长、推动转型升级的重要引擎。❶ 数据资产所驱动的数字经济正逐渐成为新的主要经济增长动力，数据要素在激活和放大其他要素资源价值方面的作用日益凸显。值得注意的是，国际上多数国家的数字经济增速已明显超过其本国 GDP 增速，且数字经济在 GDP 中的占比及贡献也在逐年提升。我国正处于释放大规模数字经济红利的关键阶段，各地在进一步加速数据要素市场化配置的改革实践，数字经济在宏观经济中的"稳定器"和"加速器"作用愈发显著。展望未来，数字经济将持续引领社会进步，为我国乃至全球的经济发展注入新的强大动力。

二、发展历程

近年来，党中央和国务院对数据要素及其市场化配置改革给予了高度重视，陆续推出了一系列政策，旨在关注数据要素。这些政策从战略层面出发，强调了"加速培育和发展数据要素市场"的重要性，并为数据要素市场化改革的总体方向、实施步骤和目标任务提供了明确的指导。习近平总书记指出，发展数字经济意义重大，是把握新一轮科技革命和产业变革新机遇的战略选择。❷ 数据作为新型生产要素，对传统生产方式变革具有显著影响，已经成为新时代发展的"新资产"、"新能源"、"新血脉"与"新事物"。

我国数据要素市场化改革总体可分为三个阶段，即 2015 年以前的数据价值初探阶段、2016—2021 年确立数据生产要素地位的阶段以及 2022 年

---

❶ 新领域催生新业态 数字平台经济开辟就业新赛道 [EB/OL]．(2023 – 07 – 07) [2024 – 03 – 20]．http://www.news.cn/tech/20230707/09645afdb47847779c7644825c8cf8da/c.html.

❷ 光明日报：着力推动数字经济持续健康发展道 [EB/OL]．(2022 – 06 – 17) [2024 – 07 – 10]．http://theory.people.com.cn/n1/2022/0617/c40531 – 32448952.html.

以来数据要素市场发展进入新征程阶段。

2015年8月，国务院颁布《促进大数据发展行动纲要》，明确指出数据是构成国家战略性基础资源的要素，并强调了全面推动我国大数据的发展与应用，为传统经济注入新动能的重要性。这一举措标志着数据的价值首次在国家层面获得认可。随后，在2015年10月26—29日举行的党的十八届五中全会上，大数据被进一步定位为国家战略，标志着我国正式全面启动大数据发展国家战略。

2016年起，我国提出建设数字中国和数字经济的国家战略，数据的生产要素地位逐渐在我国得到确认。2016年12月，国家工信部印发《大数据产业发展规划（2016—2020年）》，重申了数据作为国家战略性基础资源的重要性，并将其誉为21世纪的"钻石矿"。2017年10月，习近平总书记在党的十九大报告中提出"推动互联网、大数据、人工智能和实体经济融合"的战略方针，强调数据与实体经济融合对培育新增长点、形成新动能的重要意义。同年12月，习近平总书记主持中共中央政治局第二次集体学习，并在讲话中指出"要构建以数据为关键要素的数字经济"。2019年10月，党的十九届四中全会首次将数据确立为生产要素，按贡献参与分配，明确了数据要素的市场地位。将数据存储、处理和分析的能力转化为现实生产力，不仅能够促进经济转型升级、提高社会治理水平，还有助于发挥市场配置资源的作用，激发市场活力与创造力。十九届五中全会则提出推进数据要素市场化改革，力求通过数据要素的市场化流通应用，产生常规条件下难以获得的新知识、新思想，激发产业创新活力，并通过此举克服市场资源配置中的信息壁垒，帮助市场主体有效对接市场需求，促进国内市场和国际市场更好联通，用好国际国内两个市场、两种资源，发挥数据要素对于社会主义市场经济体制改革的重要意义。2020年4月，《中共中央 国务院关于构建更加完善的要素市场化配置体制机制的意见》将数据作为一种新型生产要素写入文件，提出要"加快培育数据要素市场"。2020年5月，《中共中央 国务院关于新时代加快完善社会主义市场经济体制的意见》强调了建立数据资源清单管理机制的重要性，并提出完善数据权属界定、开放共享、交易流通等标准和措施，旨在发挥社会数据资源价值。

第三章 数据资产入表背景

2022年起，党中央对数据要素市场和数字经济给予了进一步的高度重视，围绕数据、数据资源、数据资产等出台了一系列重要文件。这些文件不仅体现了政策的连贯和深化，也为企业提供了明确的指导和风向标。2022年6月，习近平总书记主持中央全面深化改革委员会第二十六次会议，审议通过《关于构建数据基础制度更好发挥数据要素作用的意见》，为数据基础制度体系化建设奠定了坚实基础。2022年10月，习近平总书记在党的二十大报告强调要"加快发展数字经济，促进数字经济和实体经济深度融合，打造具有国际竞争力的数字产业集群"。2022年12月发布的《数据二十条》，系统布局了数据要素基础制度体系的"四梁八柱"，绘制了数据要素发展和赋能经济发展的长远蓝图。❶ 为加快构建数据基础制度体系、培育数据要素市场、充分释放数据要素价值，提出了明确的发展方向和实施路径。2023年3月，《党和国家机构改革方案》提出了一项重大举措——组建国家数据局。同年10月25日，国家数据局正式揭牌成立，这一机构的诞生，为数据要素市场化发展提供了坚实的组织架构，也预示着数据管理将更为集中和专业。2023年8月，财政部印发的《暂行规定》以专门规定规范企业数据资源相关会计处理，为市场主体提供了有效的规则指引，引导企业对数据资源进行更有效的治理与管理。2023年9月，中国资产评估协会印发《评估指导意见》，明确提出三种评估基本方法，解决了数据价值表征如何在估值模型中体现等实际问题。2023年12月，财政部再次印发《关于加强数据资产管理的指导意见》（以下简称《管理指导意见》），从保障发展与安全相结合的角度，明确提出数据资产管理的总体要求和十二项重点任务，涵盖合规管理、明确权责、标准建设、使用监管、开发利用、价值评估、收益分配、信息披露等多个维度。这一年，数据要素相关政策的密集出台，为数据要素市场的发展按下了"加速键"。这一系列政策的实施，不仅标志着全国层面的数据要素市场设计已初步成型，还预示着该市场将朝着更加深入和广泛的方向不断开拓。2024年4

---

❶ 国家发展改革委：以数字技术与实体经济深入融合为主线 做强做优做大数字经济［EB/OL］.（2022-01-16）［2024-03-20］. https：//www.ndrc.gov.cn/fzggw/wld/sw/lddt/202201/t20220116_1312085_ext.html.

月，全国数据工作会议召开。这次会议提出深入贯彻习近平新时代中国特色社会主义思想，特别是习近平经济思想和关于数据发展与安全的重要论述。会议强调，要健全数据基础制度，提升数据资源开发利用水平，以数字化赋能高质量发展，促进数据科技创新发展，优化数据基础设施布局，强化数据安全保障能力，提升数据领域国际合作水平，并发挥试点试验的引领作用。

总之，数据要素市场化改革及数据资产入表是数字经济时代发展的必然要求。企业应当紧密关注政策动向，深入理解数据、数据资源、数据资产的区别与联系，积极响应政策号召，将数据资产纳入财务管理和战略规划的核心范畴，以更好地适应数字经济时代的发展要求。同时，政府和社会各界也应共同努力，推动数据要素市场的健康发展和数据资产入表的规范化、标准化，为数字经济的繁荣和发展贡献力量。

第二节　数据资产入表的法规与政策探索

在数据要素市场化改革进程加快的背景下，数据资产的有效管理和保护显得尤为重要。数据资产入表作为数据要素市场化的关键一环，不仅是实现数据资产化和资本化的重要途径，而且是保障数据权益、推动数据市场健康发展的核心举措。

近年来，我国对数据资产入表的法规与政策进行了积极的探索与实践。在数据权益保护方面，面对法律层面上数据确权的困境，行业和市场正努力探索有效的确权途径，旨在明确数据资产的权属关系，保障数据主体的合法权益。行政手段在数据确权进程中发挥了关键作用，通过《数据二十条》等政策性文件，对数据权利进行分类，为数据资产化提供了明确的指引。

在数据资产入表的政策性探索方面，我国各地纷纷开展数据知识产权登记和数据产权登记的尝试，这些尝试虽然仍处于起步阶段，但为数据资产确权提供了宝贵的实践经验。同时，国家层面也在不断完善数据资产入表的相关法规和政策，推动数据资产管理的规范化、标准化。

第三章 数据资产入表背景 *

数据资产管理的政策性指导对于提升数据资产的质量和价值至关重要。当前，我国正在加强数据治理体系和数据安全保护体系的建设，推动数据资产的合规、高效流通使用。这些政策性指导不仅有助于企业优化数据资源配置，提升数据资产的透明度和可靠性，还能促进数据市场的公平竞争和健康发展。

一、数据权益保护的实践与探索

在数字化时代，数据已经成为一种重要的资源，其在经济、社会和个人层面都具有不可忽视的价值。然而，面对数字化浪潮，传统法律体系在数据和网络虚拟财产保护方面存在明显的滞后和不足。一方面，数据的收集、使用、处理等方面的法律规范尚不完善，导致个人隐私泄露、滥用等问题频发；另一方面，网络虚拟财产的法律属性、权属关系、保护方式等方面缺乏明确的法律规定，给相关纠纷的解决带来了很大困难。目前，数据的法律属性在学术界和实践中仍存在广泛的争议。王利明教授认为数据权益本身就是一种民事权益类型，应作为民事权益体系的重要组成部分受到《民法典》的保护。❶ 冯晓青教授则提出数据的信息特征表明其在财产意义上属于无形财产范畴，认为明确承认数据的财产属性、赋予数据财产化权益保护，是建立数据法律制度的基础。他还认为，现行知识产权法对于数据保护存在相应的适用范围，并不能解决全部数据的保护问题。❷

因此，尽管现有的法律对数据提供了一定的保护，但数据的具体权利性质和范围仍然模糊不清。这种法律上的不确定性给数据的收集、使用和交易带来了诸多挑战。因此，探讨数据的法律属性，明确数据的权利边界，对于促进数据的合法使用和保护，以及推动数字经济的发展具有重要意义。本书将从《民法典》和《反不正当竞争法》等法律条款出发，深入分析数据的法律属性，明确数据资产的法律地位，以更有利于深刻了解数据资产入表背景。

---

❶ 王利明. 数据的民法保护[J]. 数字法治，2023（1）：43-56.
❷ 冯晓青. 数字时代的知识产权法[J]. 数字法治，2023（3）：25-45.

1. 数据权益保护的法律渊源

为了适应数字时代的需求，保障公民的合法权益，促进数字经济的发展，《民法典》编纂过程中，将数据和网络虚拟财产的保护纳入其中，并在第127条进行了明确规定，即"法律对数据、网络虚拟财产的保护有规定的，依照其规定"，承认了数据的民事权益地位。这意味着，数据和网络虚拟财产不再是法律上的"真空地带"，暗示了数据在一定程度上具有财产属性，数据控制者对其享有的合法权益应受到法律的保护。此外，《民法典》第126条规定："民事主体享有法律规定的其他民事权利和利益。"该条款在界定民事权益的范围时采用了开放性的表述，因此也可以涵盖对数据的保护。❶

虽然《民法典》涉及要对数据进行保护，但并未对数据权利的具体性质和范围进行明确界定，细节不明导致权属存在争议，且《民法典》是以"权益"方式，而不是以"权利"的方式来保护数据。我国现行法律体系中，没有法律规定与数据相关的权利概念。因此，在法律层面上，如何对数据确权保护，成为业内的难题。有的学者认为从数据权利化困境出发，数据没有特定性、独立性和独立经济价值，因而不宜将其独立视作财产。有的学者则认为，界定数据产权有其必要性，数据资产确权是数据交易的前提，当数据资源化后，其理应形成产权，受到同其他财产相同的保护。当数据成为主要的社会基础资源时，有必要构建数据财产制度，赋予数据财产权以保护数据财产。笔者认同后者观点，在数据要素市场化的大背景下，设立专门的数据产权制度势在必行。由于数据具有可复制性、非竞争性、非排他性、非耗竭性，使得对于数据的取得和利用难以通过物理方式加以阻隔，❷ 与传统的物权有较大差别，需要在数据利用的巨大潜力与数据保护的必要性之间寻求平衡。

2. 数据权益保护司法实践

由于目前我国对于数据产品的侵权保护尚未有统一认识，实践中主要

---

❶ 王利明，丁晓东. 数字时代民法的发展与完善[J]. 华东政法大学学报，2023，26（2）：6–21.

❷ 王利明. 数据何以确权[J]. 法学研究，2023，45（4）：56–73.

依靠的是《反不正当竞争法》来提供必要的法律保护。在《反不正当竞争法》的视角下，数据作为商业竞争中的重要元素，其获取和使用必须遵循诚实信用和商业道德的原则。为维护市场公平竞争秩序，经营者不得通过不正当手段获取或使用其他经营者的商业数据。这进一步体现了数据在法律上的重要性和受到的保护。

在2017年《反不正当竞争法》修改前后，法院对于涉数据不正当竞争行为的规制方式有所不同。修订前，该法并未直接对数据的法律属性进行明文界定，在处理涉及网络不正当竞争案件时，法院常援引该法中的原则性条款（如第2条），对数据相关行为进行法律审视。例如"微博诉脉脉案"❶中，法院就用《反不正当竞争法》第2条认定涉案行为构成不正当竞争。在修改后，对于数据不正当竞争行为实践中存在不同做法加以规制，可以选择适用新增的第12条中第2款第4项"其他妨碍、破坏其他经营者合法提供的网络产品或者服务正常运行的行为"或继续适用第2条。在"微博诉超级星饭团案"❷中，法院指出被告的数据抓取行为违反了《反不正当竞争法》第12条第2款第4项，构成不正当竞争；而在"抖音诉刷宝案"❸中，法院则不仅适用《反不正当竞争法》第12条，同时也适用了该法第2条的一般条款。

值得注意的是，国家市场监督管理总局在2022年11月公布了《反不正当竞争法（修订草案征求意见稿）》，开启了《反不正当竞争法》的第三次修订工作。本次修订中特别增加了适应数字时代的法治要素，以健全和完善数字经济时代的公平竞争规则。考虑到数据在推动经济发展中的重要作用，维护以数据为对象和表征的公平市场秩序，构建数据竞争规则至关重要。❹

此外，在数据的使用、处理和转让过程中，除考虑《民法典》与《反不正当竞争法》，还必须遵守《知识产权法》以及《个人信息保护法》等

---

❶ （2015）海民（知）初字第12602号民事判决书，（2016）京73民终588号民事判决书。
❷ （2017）京0108民初24512号民事判决书。
❸ （2019）京0108民初35902号民事判决书。
❹ 姚佳. 数据的竞争规则构建——以《反不正当竞争法》修订为视角[J]. 数字法治，2024（2）：31-44.

相关法律法规的规定。数据的产权属于数据拥有者，他们享有对数据的使用、处理和转让的相应权利。同时，在数据的收集过程中，必须尊重和保护数据主体的个人隐私权；在数据的处理过程中，应注意数据的安全性和保密性，防止数据泄露和滥用。

综上所述，数据的法律属性在我国法律体系中是复杂而多维的。它既是一种具有经济价值的财产，又是在商业竞争中需要受到保护的重要资源。

二、数据行政确权探索

1. 将数据纳入生产要素范围

2020年4月，中共中央、国务院发布《关于构建更加完善的要素市场化配置体制机制的意见》（以下简称《意见》），首次将数据纳入生产要素的范围。这是在习近平新时代中国特色社会主义思想的指导下，以供给侧结构性改革为主线，坚持新发展理念，发展新质生产力，深化市场化改革的必然要求。随着信息技术的飞速发展，数据已成为数字经济时代的关键生产资料，对提升生产效率、催生新产业形态、促进经济转型升级具有不可估量的价值。《意见》从多个维度宏观阐述了如何构建数据要素市场，以促进数据资源的有效配置，推动数据的开放共享、价值挖掘和安全保护，释放数据驱动的经济增长潜力，为社会主义现代化建设提供强大动力。

首先，政府数据的开放共享被视为构建数据要素市场的基石。《意见》要求优化经济治理基础数据库，加快推动跨地区、跨部门的数据共享交换，制定数据共享责任清单。这意味着，政府将扮演先行者角色，通过开放如企业登记、交通运输、气象等领域的公共数据，为社会创造更多的数据应用场景，促进数据资源的有效流动。这不仅能够提升政府服务效能，还能激发市场活力，为社会各界利用数据进行创新创造条件。

其次，为了充分挖掘数据的潜在价值，《意见》强调要培育数字经济的新业态、新模式，鼓励在农业、工业、交通、教育、公共安全等诸多关键领域内，创新并优化数据的应用场景，以此充分激活数据的使用价值。

数据采集是有效利用数据的前提，为此，行业协会和商会应积极发挥作用，推动在人工智能、物联网等行业领域内确立数据收集的标准规范，旨在通过标准化流程强化数据采集的规范性、高效性和合法性，帮助形成健康、有序的社会数据市场，推动数据资源向高价值的商品和服务转化。

再次，在数据要素市场快速发展的背景下，数据的安全与隐私保护显得尤为重要。《意见》着眼长远，倡议构建一套统一且标准化的数据管理体系，通过覆盖数据从采集、存储、分析直至销毁的全生命周期管理体系，提升数据质量，同时也促进了数据产品向更广泛、更深层次的多样性发展。鉴于数据作为新兴生产要素的特殊性，《意见》强调深化对数据特性的研究，为数据的合理利用和严格保护构建坚实的理论框架，并在此基础上，明确界定数据的产权归属，为数据的开放流通与市场化交易设置清晰的法律边界。同时，为应对数据安全与隐私保护的迫切需求，《意见》着重指出建立数据隐私保护和安全审查机制的至关重要性。考虑到数据可能包含个人隐私、企业商业机密乃至国家敏感信息，实行分层次的数据安全保护制度显得尤为关键，即依据数据的敏感程度和重要性，采取差异化的保护措施。这一策略旨在实现多方面的平衡：既要保障数据作为核心资源在市场中的自由流动和高效利用，又要坚守个人隐私权益和国家安全的底线，确保数据要素市场在安全、合规的基石下稳健前行。

最后，为了确保数据要素市场的高效运行，《意见》还强调了交易平台的建设和交易机制的完善。一个健全且高效的数据交易平台将成为数据流通与交易的中枢神经，因此，积极鼓励并引导各种所有制企业共同投身于平台建设之中，不仅要求规范交易平台的运营管理，还须建立健全透明的信息披露制度，为大数据交易市场的健康成长提供温床，积极促进合规、安全的数据交易活动。在此基础上，《意见》进一步强调建立健全数据产权交易规则和行业自律机制，为数据资产的确权、交易和保护构建坚实的制度框架。通过推广全流程电子化交易，不仅简化交易流程，显著提升交易效率，还极大地增强了数据交易的流动性，为数据资源的高效配置创造了有利条件。此外，为充分挖掘数据要素的深层价值，《意见》还鼓励数据交易平台与金融界、中介机构深度合作，共同构建一个综合性的服务体系。这一体系应覆盖产权界定、价格评估、流转交易、担保、保险等各个环节，为数据资产的价值发现与转化提供全方位支持，推动数据要素市场迈向更高层次的成熟与繁荣。

将数据正式纳入生产要素，体现了国家对数字经济时代特征的深刻洞察与积极应对。这一政策创新不仅意味着数据作为一种新型生产资料，其价值被国家层面正式认可，更为重要的是，它为数据要素市场的发育提供了制度框架和政策指引，为激发数据要素潜能、推动经济高质量发展铺平了道路。通过政府数据开放、社会数据价值提升、数据安全保护以及市场运行机制的完善，我国正逐步构建起一个开放、活跃、安全、高效的数据要素市场体系，为社会主义现代化建设助力。

2. 数据产权制度革新

为加强数据要素市场建设，更好地发挥数据要素的作用，中共中央、国务院于2022年12月发布《数据二十条》，提出要深入参与国际高标准数字规则制定，构建适应数据特征、符合数字经济发展规律、保障国家数据安全、彰显创新引领的数据基础制度，从而为数据要素的高效运用奠定坚实基础。

《数据二十条》提出以下四项构建数据基础制度的基本原则，包括遵循发展规律，创新制度安排；坚持共享共用，释放价值红利；强化优质供给，促进合规流通；完善治理体系，保障安全发展。这些原则既体现了对数据要素特性的深刻认识，也反映了我国对数据治理的基本思路和方向。除基本原则之外，《数据二十条》还详细阐述了构建数据产权制度、流通和交易制度、收益分配制度以及安全治理制度的重要性及其措施。

在数据产权制度方面，将数据定位为新型生产要素，这在全球范围内尚属首次，传统的权利制度框架在面对这种数据产权的复杂性问题时，显得捉襟见肘。在数据的生成、流通及应用等各个环节，涉及的个人、企业、社会及国家等多个相关主体对数据产生了各异的利益需求和期望。这些利益诉求呈现出一种错综复杂、相互依赖且不断演变的特性。面对法律层面的数据确权困境，《数据二十条》避开数据所有权问题，通过行政手段对数据权利进行分类，将其划分为数据资源持有权、数据加工使用权和数据产品经营权，构建中国特色数据产权制度体系，为数据资产化提供了明确指引。这一分类方式避开了法律层面的数据确权困境，为数据要素的流通和交易制度探索了新的路径，这也是《数据二十条》的核心所在。这一设计旨在满足数据要素流通使用需求，保护相关主体的权益。2023年6月，深圳发布《深圳市数据产权登记管理暂行办法》，研究完善数据产权登记新方式，落地了《数据二十条》所述的"数据资源持有权""数据加工使用权""数据产品经营权"等相关权利。2022年，国家知识产权局确定北京市、上海市、江苏省、浙江省、福建省、山东省、广东省、深圳市，作为数据知识产权工作的试点地方，以数据知识产权的方式来保护数据，推动制度构建、开展登记实践等相关工作。目前，8地均通过2023年数据知识产权地方试点总结验收。2023年年底，国家知识产权局新增天津市、河北省、山西省、安徽省、河南省、湖北省、湖南省、贵州省、陕西省等9个地方共同作为2024年数据知识产权试点地方。这些政策性文件，对数据资产登记作出了实务指引。但这些尝试仍处于发展阶段，法律和实践层面仍存在不明确性。

在流通和交易制度方面，鉴于数据的复杂性，数据交易面临确权、定价、互信及监管等多重挑战，《数据二十条》提出了一系列加强数据流通交易顶层设计的措施。包括建立数据流通准入的标准规则，并探索实施数据质量标准化体系建设，以提升数据交易的规范性和效率。同时，该政策还着眼于全国数据交易场所的整体布局优化，通过出台数据交易场所管理办法，旨在构建多层次的市场交易体系。此外，《数据二十条》还强调了培育数据商和第三方专业服务机构这两类主体的重要性，以进一步促进数据流通交易的健康发展。

在收益分配制度方面，《数据二十条》体现了按劳分配和按要素分配相结合的多种分配方式并存的客观规律。提出健全数据要素由市场评价贡献、按贡献决定报酬的机制，并强调政府在数据要素收益分配中的引导调节作用，以保障公平和公共利益。

在安全治理制度方面，《数据二十条》注重建立安全可控、弹性包容的数据要素治理体系。提出创新政府数据治理机制、压实企业的数据治理责任以及充分发挥社会力量多方参与的协同治理作用等要求。同时，强调加强数据安全保护工作和建立数据要素市场信用体系的重要性。为保障这四项数据基础制度的实施，还提出相应的保障措施，鼓励在实践中先行先试，不断总结经验，完善数据基础制度。

此外，为了进一步推动数据基础制度的构建和实施，《数据二十条》还提出一系列保障措施。其中，明确提出研究数据产权登记新方式的要求。从实务经验来看，数据产权的确认主要有三种方式：数据资产登记、数据知识产权登记和数据产品登记。其中，数据资产登记以北京为例，已建立全国首个数据资产登记中心，并开始发放《数据资产登记凭证》；数据知识产权登记在各地试点工作中取得了一定成果，已颁发超过2000份数据知识产权登记证书；数据产品登记则在各地数据交易所的推动下得到广泛推广。在《数据二十条》的鼓励下，多地纷纷设立数据交易所，作为数据产品挂牌交易的平台。例如，上海数据交易所在《上海市数据条例》等法律和政策文件的支持下应运而生，已发展成为国家级数据交易中心，提供数据集、数据服务、数据应用等多样化的数据产品交易服务。同时，数据产品挂牌流程也得到了规范化，包括用户注册、实名认证、产品登记、产品挂牌等环节，并通过发放"数据产品登记证书"对数据产品的权利进行公示。

《数据二十条》是一份具有前瞻性和指导性的政策文件，它为推动我国数字经济的高质量发展提供有力的支持和保障。在未来的发展中，还需要不断完善和创新相关政策措施和实践经验，以更好地发挥数据要素的作用和价值。《数据二十条》的发布具有以下三大意义。第一，引领数据要素流通交易和使用的方向。《数据二十条》不仅深刻认识到数据要素在流通交易和使用中的巨大价值和战略地位，更为其明确了前行的方向。针对数据产权、流通、交易、使用、分配、治理及安全等核心领域，它提出切实可行的探索和实践路径，为相关实践者、研究者及政策制定者提供坚实支撑，进一步坚定他们的信心，消除前进中的疑虑。第二，确立数据要素产权制度和市场体系的法律基础与探索方向。《数据二十条》强调，构建数据要素产权制度和市场体系必须依法依规进行。它以《民法典》《数据安全法》等法律法规为依据，为数据要素市场的健康发展奠定了坚实的法律基础。同时，《数据二十条》也富有前瞻性地构建了数据产权结构性分置制度，虽然仍有诸多问题尚待细化，但我国数据要素的流通制度已初步形成。这一制度的建立将为数据资源的开发利用和数据要素市场的健康发展提供有力保障。第三，明确各类市场参与者的角色与责任。针对数据要素流通与交易市场的多元参与者，如国家级数据交易所、区域性交易场所、行业性数据交易平台以及各类数商等，《数据二十条》为它们一一明确了在市场中的功能定位。这样的定位不仅有助于各类参与者更好地认识和理解自己在市场中的角色和责任，也为市场的规范化、有序化发展提供了有力的保障。同时，《数据二十条》还着重强调了企业在数据治理和合规使用方面的责任，进一步确保了数据的安全与合法使用。

三、数据资产入表的政策性探索

1. 企业数据资源会计处理的指引

2023年8月1日，财政部发布《暂行规定》，自2024年1月1日施行，这一规定是我国首次将数据资源纳入会计核算范畴，对规范企业数据资源相关会计处理和加强相关会计信息披露具有重大意义。它明确了适用范围、会计处理标准以及披露要求等内容，涵盖无形资产、存货以及尚未满足资产确认条件而未确认为资产的数据资源的各种会计处理情况，遵循了合法性、实用性、指导性和创新性的原则。这也意味着企业数据资产入表的工作已经正式启动。数据作为数字经济时代的重要生产要素，在满足一定条件时，可以被确认为企业财务报表中的"资产"项在财务报表中显现。

《暂行规定》规定企业数据资源相关会计处理，强化相关会计信息披露，为数据资产入表提供了依据，以数据资产入表的方式进行实质上的数据资产确权。数据资产入表是指将符合资产化条件的数据资源计入资产负债表中，使数据资源成为企业的资产。现阶段主要通过数据资产入表的方式来实现数据资产化。《暂行规定》从会计准则层面明确了数据资源作为企业资产进行确认和计量的相关规范和信息披露要求，指明了"数据资源化"到"数据资产化"的进阶路径。《暂行规定》提出"推动将满足资产确认条件的数据资源，计入资产负债表无形资产或存货，推动数据资产化"。即将符合资产化条件的数据资源，以无形资产或存货计入资产负债表，进行数据资产确权，从而推动数据资产化。

在实务操作中，企业需要关注以下几个要点：首先，要确保数据资源的合法性和合规性，遵守相关法律法规的规定；其次，要建立健全数据资源的成本核算制度，合理确定数据资源的成本；再次，要明确数据资源的权属问题，确保企业对数据资源拥有或控制；最后，要合理确定数据资源的运营模式，选择适当的资产类别进行确认和计量。针对以上实务要点，本书提出以下对策建议：一是提高数据治理能力，确保数据资源的合法合规；二是建立健全数据资源成本核算制度，准确计量数据资源的成本；三是明确数据资源权属，为数据资源确认为资产提供法律依据；四是合理确定数据资源运营模式，选择适当的资产类别进行会计处理；五是依法合规完成信息披露，增强企业数据资源的透明度和可比性。

2. 数据资产评估指导意见的提出

在财政部的指导下，中国资产评估协会于2023年9月8日发布《评估指导意见》，自2023年10月1日起施行。这是继2023年8月1日财政部发布《暂行规定》之后，建立数据要素定价机制的重要文件。需要明确的是，《评估指导意见》和《暂行规定》均未改变现行会计准则规定，也没有提供增量会计规则，只是对现行准则的重申和针对性的细化。该《评估指导意见》明确了数据资产价值的评估方法，为数据资产评估指明了方向，并鼓励市场主体积极参与数据资产入表的探索。

虽然《评估指导意见》在《暂行规定》之后发布，但《评估指导意见》和《暂行规定》事实上是数据资产化过程中逻辑上的递进关系。《评估指导意见》回答了数据资产如何定价的问题，《暂行规定》回答了数据资产入表的问题。两者之间逻辑上的关系是：先对数据资产定价，才能可靠地计量数据资产、满足资产确认条件，数据资产入表方可展开。可见，数据资产定价是数据资产入表的前提，而定价不仅是"会计"问题，而且涉及"法律问题"。

《评估指导意见》对数据资产进行了明确定义，即"特定主体合法拥有或控制的，能进行货币计量的，且能带来直接或间接经济利益的数据资源"。该定义涵盖了数据资产的三大属性：信息属性、法律属性和价值属性。信息属性主要包括数据名称、数据结构、数据规模等，是对数据资产最基础的刻画，为后续会计分析和价值评估提供基础；法律属性关注授权主体信息、产权持有人信息，以及权利路径、权利类型、权利范围、权利期限、权利限制等权利信息，是确保数据资产合法使用和进行价值评估的前提；价值属性则涉及数据资产的应用场景、质量、稀缺性等，是影响数据资产价值的关键因素。

《评估指导意见》第19条对数据资产价值评估提供了明确的指引，其中涵盖了在传统资产评估领域广泛采用的收益法、成本法和市场法三种基本评估方法及其衍生方法。这些方法在数据资产评估的新领域既有继承，也有创新。这正是《评估指导意见》所强调的技术核心，为数据资产评估提供了科学、合理的指导框架。

四、数据资产管理的政策性指导

1. 数据资产化与数据资产管理的提出

2023年12月31日，财政部印发《管理指导意见》，明确要以促进全体人民共享数字经济红利、充分释放数据资产价值为目标，以推动数据资产合规高效流通使用为主线，有序推进数据资产化，加强数据资产全过程管理，更好发挥数据资产价值。《管理指导意见》要求需遵循财务会计管理、资产评估管理等共性要求，对其持有的数据资产进行规范管理。《管理指导意见》承接了《数据二十条》中的国家数据基础制度，明确了数据的资产属性，是对数据资产作为经济社会数字化转型中新兴资产类型的充分认可。

《管理指导意见》明确了数据资产管理的总体要求、主要任务和实施保障等三方面十八条内容。其中，主要任务包括依法合规管理数据资产、明晰数据资产权责关系、完善数据资产相关标准、加强数据资产使用管理、稳妥推动数据资产开发利用、健全数据资产价值评估体系、畅通数据资产收益分配机制、规范数据资产销毁处置、强化数据资产过程监测、加强数据资产应急管理、完善数据资产信息披露和报告以及严防数据资产价值应用风险等十二个方面。

在推进数据资产化的过程中，《管理指导意见》遵循了确保安全与合规利用、权利分置与赋能增值、分类分级与平等保护、有效市场与有为政府、创新方式与试点先行等原则。这些原则的确立，不仅有助于保护各类主体的合法权益，也有助于推动数据资产的有序流动和高效利用。

在公共数据资产开发利用方面，《管理指导意见》支持公共管理和服务机构强化公共数据资产授权运营和使用管理。通过授权运营主体对公共数据资产进行运营，可以推动公共数据资产的开发利用，提升各行业各领域运用公共数据推动经济社会发展的能力。《管理指导意见》要求相关主体在管好用好公共数据资产的同时，要遵循《数据安全法》和《个人信息保护法》等法律法规的要求，确保公共数据资产的安全和合规利用。这一规定不仅有助于保护公共数据资产的安全和完整性，也有助于推动公共数据资产的共享和开放利用，进一步提升公共服务水平和效率。

然而，在推动数据资产管理的同时，也必须注重数据安全和隐私保护。《管理指导意见》将安全贯穿数据资产管理全过程，要求遵循《数据安全法》《个人信息保护法》等法律法规，严格按照"原始数据不出域、数据可用不可见"的要求和资产管理制度规定，稳妥推进数据资产化以及公共数据资产开发利用。此外，《管理指导意见》还提出了健全数据资产价值评估体系的要求。通过推进数据资产评估标准和制度建设，规范数据资产价值评估行为，培养跨专业、跨领域的数据资产评估人才，以全面识别数据资产价值影响因素，提高数据资产评估的准确性和可靠性。

《管理指导意见》的发布，不仅是对当前数字经济发展态势的积极响应，更是对完善数据资产管理制度体系的迫切需求的回应。数据资产作为新兴资产类型，在经济社会数字化转型进程中发挥着日益重要的作用。这份文件的出台是对《数据二十条》的进一步落实，标志着我国数据要素资产化迈出了实质性的一步，将加速数据资产化进程，为数据要素市场的发展按下"加速键"，并为数据资产成为可持续的经济增长点提供了强大的动力。

2. 企业资产评估管理的优化

为推动中央企业布局优化和结构调整，更好适应国企改革发展新形势，2024年1月30日，国务院国资委印发《关于优化中央企业资产评估管理有关事项的通知》（以下简称《通知》），在现行制度的原则和框架下，集中解决了一批中央企业资产评估管理工作面临的实际问题。《通知》也适用于境外中央企业及其子企业，自印发之日起施行。

《通知》进一步明确科技成果、知识产权、数据资产流转时，应首选资产评估或估值的方式对资产价值进行评定估算；评估或估值确有难度的，可以通过挂牌交易、拍卖、询价、协议等方式确定交易价格。许可使用知识产权、科技成果、数据资产，可以采用销售额或利润提成、许可入门费加销售额或利润提成等方式确定许可费用。许可入门费和提成率可参照《国家知识产权局办公室关于印发〈专利开放许可使用费估算指引（试行）〉的通知》（国知办发运字〔2022〕56号），结合所在行业的平均净资产收益率、营业收入利润率等水平、许可使用对象的数量、许可费用的支付方式等因素合理确定。针对企业进一步提高相关制度的针对性和可操作性的诉求，《通知》对询价、协议等各种定价方式的原则、路径等予以明确，有助于企业推动相关资产规范有序流转，提高科技成果转化效率，助力数据资产加快商业化应用。可见，《通知》针对中央企业及其子企业在数据资产转让和作价出资中的定价流程提出明确规定。强调以评估或估值结果作为主要定价依据，同时在难以评估的情况下，允许通过挂牌、拍卖、询价或协议方式确定价格，确保交易的公正性和合规性。此举旨在提升数据资产交易的透明度和效率，符合相关法律和企业章程要求。

3. 行政事业单位数据资产管理的加强

2024年2月，财政部发布《关于加强行政事业单位数据资产管理的通知》。该文件旨在加强行政事业单位对数据资产的管理，明晰管理责任、健全管理制度，规范管理行为，探索数据资产管理模式，以释放数据资产价值，推动数字经济的高质量发展，并强调严格防控风险，确保数据安全；将有助于充分实现数据要素价值，更好地发挥数据资产对推动数字经济发展的支撑作用。

《关于加强行政事业单位数据资产管理的通知》的实施将引发一场广

泛而深刻的数据资产管理革命。在此之前，有关部门及事业单位在数据资产管理方面可能缺乏系统性和规范性，导致数据资产的利用效率低下，甚至存在安全风险。该文件的出台，明确要求这些单位进行数据资产的管理、治理和盘点，这无疑将促使它们重新审视并加强数据资产的管理。各级政府部门和事业单位将需要投入更多的人力、物力和财力，建立健全的数据资产管理体系，从源头上确保数据资产的安全性和有效利用。在数字经济时代，数据资产已经成为重要的生产要素和战略资源，如何更好地开发、利用和创新数据资产，提高其使用价值和经济效益，已成为摆在有关部门和事业单位面前的重要课题。该文件的实施将对有关部门和事业单位的组织结构、管理模式和工作机制产生深远影响。它不仅将推动数据资产管理工作取得进一步成效，提升数据资产的安全性和利用效率，还将促进有关部门和事业单位更好地适应数字经济时代的发展需求，为推动数字经济的高质量发展提供有力支持。

第三节　数据资产入表的意义

随着数字经济的蓬勃发展，数据已成为企业重要的战略资源。数据资产入表作为实现数据资产化和资本化的关键环节，不仅有助于数据资产的确权，提高企业利润率，还能显著提升企业价值，推动数据资产的资本化运作。

一、有利于数据资产确权

数据要素市场化是一个包含数据资源化、数据资产化和数据资本化三个阶段的复杂过程。当前，我们正处于这个进程中的关键节点——数据资产化。在这一阶段，数据资产入表成为实现数据资产化的主要手段。然而，由于我国法律体系中尚未明确数据的法律属性，数据资产确权成为业内的核心难题。

数据资产化作为数据要素市场化的关键一环，其重要性不言而喻。然

第三章　数据资产入表背景

而在确权路径上，我们仍面临着诸多挑战。首先，现有的法律框架并未为数据资产确权提供足够的支持，确权路径的不明确性构成了一个主要挑战。目前，对于如何对数据资产进行确权，现有法律并没有提供清晰的规定。我国现行法律体系中没有明文规定"数据权"的权利类型概念，有些观点主张以财产权的方式保护数据，但数据通常包括一些个人信息，如将包含个人信息的数据划归为某主体的财产权，必将损害个人信息主体的人格权；有些观点主张以人格权的方式保护数据，但数据具有财产属性，如将数据划归为人格权，将会限制数据的应用和交易；有些观点主张以侵权法的方式保护数据，但在该主张下，只有当数据权益受到损害时，数据权益人才能进行维权，这不利于数据在商业活动中的流通；有些观点主张以不正当竞争的方式保护数据，但在该主张下，保护的是市场公平竞争的秩序，该种权益无法在现有交易平台中进行交易。正是因为数据没有明确的权利边界，人们难以制定统一的交易规则来规范数据交易，所以目前我国虽然出现不少数据交易场所，但数据交易量不大，尚未达到预期目的。[1]《民法典》虽然提到了数据权益，但并未对数据权利的具体性质和范围进行明确界定。这在法律层面上导致了一定程度的模糊性和不确定性。

《数据二十条》试图通过行政手段对数据权利进行分类，将其划分为数据资源持有权、数据加工使用权和数据产品经营权。这为数据资产化提供了一定的指引，但仍需要进一步的法律支持和明确性。在实践中，各地数据知识产权登记和数据产权登记的尝试表明，行业和市场正在探索有效的确权途径，但这些尝试仍处于发展阶段。这种法律和实践层面的不明确性，对数据资产入表构成挑战，同时也为相关领域的发展提供了探索和改进的空间。在这一过程中，理解和适应这些法律和市场的变化将是实现数据资产化的关键。各地在数据知识产权登记和数据产权登记方面的尝试虽然为数据资产确权提供了一定的实践经验，但这些尝试仍处于起步阶段，尚未形成统一的标准和规范。正是因为这些法律层面的模糊性和不确定性，我国的数据交易市场虽然呈现一定的活跃度，但数据交易量并未达到预期水平。人们难以制定统一的交易规则来规范数据交易，这在一定程度

---

[1] 陈福. 数据四重性及其合规系统 [M]. 北京：知识产权出版社，2022.

上制约了数据要素市场的健康发展。

在这一背景下，数据资产入表显得尤为重要。登记作为形式上的确权，为数据资产提供了明确的身份标识。登记作为数据资产入表的首要环节，为数据资产提供了形式上的确权。在登记过程中，数据资产的基本信息、来源、使用权限等被详细记录，形成数据资产的初始档案。这一环节的重要性在于，它为数据资产提供了一个明确的身份标识，使数据资产在形式上获得了法律上的认可和保护。登记的过程往往由专业的数据管理机构或第三方服务机构负责，确保数据的准确性和完整性。这些机构对数据资产进行严格的审核和确认，确保其符合登记的要求和标准。通过登记，数据资产得到了形式上的确权，为后续的数据资产管理和使用提供法律依据。

入表的过程则是实质上的确权，它确保了数据资产的权属关系得到实质性的确认。尽管登记为数据资产提供了形式上的确权，但真正的权属关系确认还需要通过入表的过程来实现。入表是将数据资产纳入财务报表的过程，它实质性地确认了数据资产的权属关系。在入表过程中，数据资产被详细分类、评估和计量，形成完整的数据资产清单。这一清单不仅反映了数据资产的实际情况，还明确了各利益相关方在数据资产中的权益关系。通过入表，数据资产的权属关系得到实质性的确认，为后续的数据资产交易、流通和使用提供了坚实的法律基础。值得一提的是，入表过程涉及多个机构的参与，包括数据管理机构、财务部门、审计机构等。这些机构共同对数据资产进行审查、评估和确认，确保入表的准确性和合规性。这种多方参与的模式使得合规审查的事项更为完善，进一步提升了数据资产确权的严谨性和有效性。

此外，合规审查是数据资产入表过程中的重要环节，它确保数据资产确权的合规性和有效性。在多个机构参与的情况下，合规审查的事项会更加完善。各机构会从不同的角度对数据资产进行审查，包括数据的来源、使用权限、隐私保护等方面。这种全面的审查能够确保数据资产确权的准确性和可靠性，避免出现权属纠纷和法律风险。合规审查的完善还能够推动相关法律法规和政策的完善。在审查过程中，各机构会发现存在的问题和不足，提出改进意见和建议。这些意见和建议将为相关法律法规和政策的制定提供重要参考，推动数据资产确权工作的进一步规范化和标准化。

综上所述，数据资产入表对数据资产确权具有重要意义。登记作为形式上的确权为数据资产提供了明确的身份标识；入表作为实质上的确权明确了数据资产的权属关系；而多方参与和合规审查的完善则保障了确权的有效性和合规性。随着数字化时代的深入发展，数据资产确权工作将变得更加重要和复杂。我们需要不断完善数据资产入表的流程和规范，提升确权的准确性和效率，为数据资产的交易、流通和使用提供坚实的法律保障。

二、有利于提高企业利润率

企业利润率是衡量企业经营效率的重要指标，它反映了企业在一定时期内所获得的净利润与相应的成本或收入之间的比例关系。其计算公式为：企业利润率=（收入－成本）÷收入×100%。

在当前的商业环境中，提高企业利润率是一个复杂且有挑战性的任务，特别是在增加收入变得越发困难的情况下。正如企业利润率的计算方式所揭示的，企业利润率是收入成本之差与收入比例的反映，这意味着除增加收入外，有效降低成本是提升利润率的另一有效途径。如何通过合法合规的方式降低成本是当前企业提高利润率的一大重点问题，数据资产入表为其提供了一个可行的路径。

虽然数据管理和入表过程带来了额外的成本，但这些成本实际上是在为企业未来的增长和可持续发展打下基础。通过建立和优化数据管理体系，企业不仅能够满足当前的法规要求，更能在长期中利用这些数据资产创造出新的商业价值和竞争优势。因此，企业在进行数据资产入表时的投入，不应仅仅被视为成本，而应被视为一项投资，这项投资旨在通过合法合规的数据管理，为企业打造一个健康、可持续发展的数字化生态系统。面对监管趋势的加强，企业在进行数据资产入表的过程中，必须应对与数据相关的监管要求，这包括但不限于《网络安全法》、《数据安全法》和《个人信息保护法》等。这部分监管合规成本成为企业必须承担的一部分，同时，企业也需要寻找方法尽可能地降低这些成本，而不是简单地接受它们作为不可避免的负担。这就要求企业在数据资产入表的过程中完善数据入表流程，实现数据资产的合规高效流通使用，既满足监管要求，又不过分增加企业负担。

通过数据资产合规入表的方式，企业能够有效降低成本，同时确保符合法律和政策的相关规定。这种做法不仅优化了企业的资产结构，提升了资产的透明度和可靠性，还通过减少潜在的合规风险和提高数据管理效率，直接降低了企业运营的成本。在数据时代，这成为企业提高利润率的关键策略。

三、有利于提升企业价值

数据资产入表工作能够有效提高企业价值，不仅有助于改善企业的资产负债结构，还能提升企业的整体估值，为企业带来长远的发展利益。其在企业侧的经济效益主要体现为：

（1）改善企业资产负债结构及整体估值，数据资产入表工作将会提升企业会计信息质量和真实性，同时倒逼企业更好地优化数据治理，推动数字化转型，将企业数据的价值科学、量化地在财务报告中进行反映。这有助于外界更全面地了解企业的财务状况和真实价值，从而提升企业的信誉度和市场竞争力。系统性量化数据资源为企业带来的收益和未来预期收益，长期来看，可有效提高企业的韧性及整体估值。

（2）提升企业数据全链条管理能力，促进企业数字化新业务拓展。数据资产入表的过程，可帮助企业摸清数据家底，以数据资产入表要求为抓手，科学、持续、系统性管理企业数据，有助于形成以数据要素为核心的企业经营决策方式，进一步推动企业数字化转型。同时，将促进企业围绕数据设计相关业务和商业模式，归集数据要素领域投入产出，拓展数字化相关新业务。对于最终形成的数据产品，可进入数据交易市场，将数据作为商品进行定价、流通和买卖，获得收益。据相关机构统计，2021年中国数据交易市场规模可达463亿元；短期预测将达到5000亿~1万亿；中长

期中国数据资产及衍生市场的总规模将超过30万亿。❶

（3）在法律允许的范围内，以数据资产为新设企业出资，数据资产评估的结果为参考作价入股。对用于出资的非货币财产进行评估作价，数据资产可替代货币作为新设立企业的出资，且数据资产符合相关法律规定入股标准。《北京市数字经济促进条例》明确提出，支持开展数据入股；2023年8月30日，青岛三家公司进行全国首例数据资产作价入股签约。❷

（4）利用数据资产开展相关金融服务。对数据资产进行评估后，可开展股权债权融资、数据信托、质押融资、数据资产保险、数据资产担保、数据资产证券化等活动。这将为企业提供更广阔的融资渠道和更低的融资成本，有助于企业实现快速发展和壮大。《北京市数字经济促进条例》明确提出，支持开展数据信贷、数据信托和数据资产证券化等。2022年10月，北京银行成功落地首笔1000万元数据资产质押融资贷款。❸

（5）从社会效益的角度来看，推动数据资产入表和数据资产评估工作可以有效提升数据资产市场的运作效率及公允性。通过鉴证性财务报告对企业的资产和业务价值进行背书，可以缓解信息不对称问题，消除资本对于企业核心竞争力的理解焦虑，从而提升市场估值效率。这将有助于建立一个更加公平、透明和高效的数据资产市场，为整个社会的数字经济发展提供有力支持。

综上所述，数据资产入表工作对企业具有显著的经济效益和社会效益。它不仅能够改善企业的资产负债结构和整体估值，还能提升企业数据全链条管理能力、促进数字化新业务拓展以及开展相关金融服务。同时，它还有助于提升数据资产市场的运作效率和公允性，为社会数字经济发展注入新的活力。

---

❶ 浙江大数据交易中心.《数据产品交易标准化白皮书》正式发布［EB/OL］.（2022-11-12）［2024-07-10］. https：//mp.weixin.qq.com/s/0Ax1CFsmvN8DHgfz-T8fGA.

❷ 青岛市大数据发展管理局. 推动数据资产化 释放数据新价值 青岛率先开展"数据资产作价入股签约"［EB/OL］.（2022-11-12）［2024-07-10］. https：//mp.weixin.qq.com/s/a6M0qe-WvlKTx27Hd3m99Q.

❸ 北京经信局. 北京银行落地全国首笔数据资产质押融资贷款，助力全球数字经济标杆城市建设［EB/OL］.（2022-10-15）［2024-07-19］. https：//mp.weixin.qq.com/s/pmCywdOGf1czT6LP1GFx3A.

四、有利于数据资产的资本化运作

数据资产入表是企业实现数据价值显化的重要手段，标志着企业开始正式将数据资源视为具有商业价值的资本。通过将数据资产纳入企业的资产负债表，公司能够直接展示数据资产的价值，这不仅提升了企业资产的透明度和可见性，更为企业后续的资本化运作铺平了道路。

数据资本化是指将数据资源转化为具有商业价值的资本，进而实现数据的增值和变现的过程。公司可通过数据资产入表使数据资产价值直接可见，有助于企业后续开展投资融资、产权交易以及数据资本化运作等业务操作。在此基础上，企业可以积极探索和创新数据应用模式，将数据资源转化为具有市场竞争力的产品和服务，进而实现数据价值的最大化。

在投资融资方面，数据资产入表增强了企业的吸引力。投资者和金融机构在评估企业时，会重点关注其资产状况和盈利能力。数据资产作为一种新型资产，在资产负债表中的明确体现，无疑提升了企业的整体价值，从而有助于企业成功吸引外部资金。

在产权交易方面，数据资产入表为企业提供了清晰的产权界定和价值评估。随着数字经济的不断发展，数据产权交易逐渐成为市场的新焦点。通过将数据资产纳入资产负债表，企业能够更准确地界定数据产权的归属和价值，为后续的产权交易奠定坚实基础。这将有助于降低交易风险，提高交易效率，推动数据市场的健康发展。

此外，数据资产入表还推动了企业数据管理体系的完善和数据资源配置的优化。为了实现数据资产入表，企业需要建立包括数据采集、存储、处理、分析和应用等环节在内的完整数据管理体系。这将有助于提升数据质量，确保数据的准确性、完整性和安全性。同时，数据资产入表也促使企业更加合理地配置数据资源，根据业务需求和市场趋势调整数据战略，以实现数据资源的高效利用和降低运营成本。

值得注意的是，2023 年修订的《公司法》第 48 条为出资方式提供了新的视角。根据该条款，股东不仅可以用货币出资，还可以用实物、知识产权、土地使用权等可以货币估价且可依法转让的非货币财产作为出资。

这为出资形式开辟了广阔"可依法转让"和"无法律、行政法规禁止性规定"这两个条件，经数据资产入表确认为无形资产或存货的数据资产就有可能成为非货币财产出资的合法形式。在此基础上，笔者认为，经数据资产入表确认为无形资产或存货的数据资产有可能成为非货币财产出资的合法形式，作为一种创新且有效的途径，成为企业提供出资的全新选择。

当前，众多行业已经深入探索了数据资源化的途径，并成功挖掘出数据的深厚价值。在金融行业，数据被广泛用于风险管理与评估、提供定制化服务、进行市场分析及预测等关键业务，国家数据局会同中央网信办、中国人民银行、金融监管总局等有关部门发布的《"数据要素×"三年行动计划（2024—2026年）》（以下简称《行动计划》）中，"数据要素×金融服务"要求金融机构利用数据资源提升重点领域金融服务水平，提高金融抗风险能力。以银行业为例，在其信息化和数字化的演进过程中，银行通过日常业务活动积累了大量数据。随着数字化转型的深入，银行业的数据收集和应用能力得到了显著增强，使其成为数据要素市场的积极参与者。如今，银行业不仅已经累积了庞大的数据资源，而且还发展了高效的数据处理和分析技术，数据资源化进程取得显著成效。

在发挥数据资源价值的同时，要逐步开启数据资产化。《行动计划》强调，推动将满足资产确认条件的数据资源，计入资产负债表无形资产或存货，推动数据资产化。可见，现阶段，一方面我们在广泛地发挥数据资源价值，另一方面我们正步入数据资产化的实践与探索期。此阶段的核心任务是将数据资源转变为可以量化的资产，并纳入企业的资产负债表中。这一转变不仅将加强企业在市场上的竞争力和创新能力，也预示着整个行业对数据价值认识和利用的深化。

通过数据资产化和数据资本化，企业可以更有效地利用其数据资源，实现数据的商业价值化。数据资产不仅在财务报表上体现其价值，还能通过作价出资等形式参与企业的资本运作，从而为企业带来新的增长机遇。这一过程不仅促进了数据资源的商业应用，也为企业开创了数据驱动的新商业模式和创新发展的新篇章。

第四章　数据资产入表面临的挑战

在数据资产入表过程中，数据资产确权和数据合规是我们面临的两大挑战。在数据资产确权方面，本章将概述数据资产确权的概念及其内涵，讨论数据资产确权理论现状和法律现状，并指出数据资产确权的现实意义，借由著作权登记与数据资产登记的异同探讨数据资产的初步确权和实质意义上的确权。在数据合规方面，本章将概述数据合规的定义和内涵，分析数据不合规可能导致的行政处罚风险、民事纠纷风险和刑事犯罪风险，并通过案例分析的方式展示这些风险的具体表现和法律后果。

第一节　数据资产确权挑战

一、数据资产确权概述

（一）数据资产确权的定义与内涵

在本书语境下，数据资产确权概念可以拆分为数据资产和确权两个语素，根据本书第一章第一节数据要素相关概念部分，数据资产是指特定主体合法拥有或者控制的，能进行货币计量的，且能带来直接或者间接经济利益的数据资源。[1]确权从字面含义解读即是对权利或权益进行确认的过

---

[1] 中国资产评估协会：数据资产评估指导意见［EB/OL］．（2023－09－08）［2024－03－20］．http：//www.cas.org.cn/ggl/427dfd5fec684686bc25f9802f0e7188.htm．

程，在不同的权利领域，确权的含义可能略有不同。以物权和知识产权为例，在物权领域，确权通常指的是依法确认某项动产或不动产的所有权的过程，以确保该动产或不动产的权属清晰没有争议；在知识产权领域，确权通常涉及智力劳动者就其智力创造性劳动取得的成果依法向行政机关申请取得专有权或者依法就某项专有权的权利归属进行确认的过程。虽然确权的含义在不同的权利领域略有不同，但其核心思想是一致的，即通过法定程序确认某项权利的合法性和权利归属的过程。基于对数据资产、确权两个因素的分析，可以初步得出数据资产确权的基本定义：对特定主体合法拥有或控制的，能进行货币计量的，且能带来直接或间接经济利益的数据资源的相关权利（权益）进行确认的过程。

数据资产确权的内涵可以包括对数据资产相关权利（权益）合法性的确认、对数据资产相关权利类型的确认、对数据资产相关权利内容的确认和对权利主体的确认。其中，对数据资产相关权利合法性的确认是指依据当前成文法体系中的分类确认数据资产相关权利的法律依据的过程，此过程更多的是从法理学的角度，在成文法框架之内，对数据资产相关权利给予肯定之确认，以确认应将其纳入的法律规制范围并给予相应保护的过程。对数据资产相关权利类型的确认是指将数据资产的相关权利确认为现有权利或是另行设立的"数据资产权"的过程，此过程是依据数据资产相关权利的法律特征，确认可将其视为以数据资产作为保护客体的某种既有财产权中的新成员，抑或在既有财产权利以外开辟专属于数据资产这一客体类别的"数据资产权"。对数据资产相关权利内容的确认是指对数据资产相关权利中各项权能的确认过程，具体可以指对数据资产的产生、运营、流转过程中对应权利人基于数据资产相关权利所享有的不同权能的确认过程。例如，数据资产相关权利的权利人对数据资产的控制权能、对数据资产本身的使用权能、基于对数据资产的合法经营而获利的权能等，对数据资产相关权利中各项权能的厘清将有助于在数据资产确权中对个人、企业、公共利益、国家安全多方利益的综合考量。对权利主体的确认是指对数据资产相关权利归属的确认过程，从当下政策引领来看，此确认过程与既有的财产权存在较大差别之处在于，权利主体的身份可能随数据资产的不同阶段的变化而转变，例如，可能依据数据资源的持有者、数据的加工使用者、数据产品的运营者的身份的不同，分别确认不同的数据资产相关权利的主体身份。笔者认为，对数据资产相关权利内容、权利主体的确认应以对数据资产相关权利合法性和数据资产相关权利类型的确认为前提，而对数据资产相关权利合法性和权利类型的确认则受数据资产确权相关理论现状和法律现状的影响。

(二) 数据资产确权的现状

1. 数据资产确权的理论现状

我们讨论数据资产确权时，不可避免地将面对两个层次的问题。第一层次的问题是，是否应当进行数据确权，即是否需要通过厘清数据资产的权利边界和权能，给予权利主体可为或不为的自由。

在持否定论的观点中，一类观点基于技术的进步可能带来社会形式的改变，从而使得以私权利的方式来规制数据不再适宜，认为大数据技术下的社会可能超越私权利社会而形成合作共享的有机社会形式，这种社会形式比私权利社会更加具有效率更有竞争力，继续以私权利观念和制度来规范对个人数据信息的使用会遇到根本上的难题，应将个人数据信息作为公共物品，由政府进行管理与授权。❶ 笔者认为，首先，从法理学角度来看，将数据作为公共物品，由政府进行管理与授权是否意味着将对数据的管理与授权职能以行政权力的方式赋予政府？而行政法领域是以法无授权即禁止作为一项基本原则的，这表明公权力具有向私权利领域蔓延侵蚀之倾向，需要将其放入行政法的笼子加以规制，在数据领域，存在大量个人信息、企业数据与公共数据交叉的情形，如由政府对数据进行管理与授权，是否会导致政府的行政权能对私权利领域的过度干预有待斟酌；其次，从经济学的角度来看，即便通过立法对行政权的有效规制，使得将数据作为公共物品由政府进行管理与授权的方式得以施行，也需考虑无论政府是以纯公共物品还是准公共物品的形式提供数据服务，对作为公共物品的数据及提供数据服务的维护和支持都需要大量成本，这无疑会加重政府的负

---

❶ 吴伟光. 大数据技术下个人数据信息私权保护论批判 [J]. 政治与法律，2016 (7)：116 – 132.

第四章　数据资产入表面临的挑战 *

担；再次，将数据作为公共物品进行管理与授权必然会从一定程度上影响社会主体对数据资源的利用效率，进而不可避免地导致对数据要素经济潜能释放的不利影响；最后，这种观点的主要依据是大数据等相关技术的发展会以新的社会形式代替以私权利为主的社会形式，但技术的发展需要时间，而随着技术的发展，是否对数据进行确权的问题也越来越亟待给出答案，在技术发展达到能够将数据视为公共物品的程度之前，仍存在一段较长的空白期。此过程中如不对数据进行确权，将导致数据相关的权利长期处于不确定的状态，进而限制数据相关产业的发展。因此，在此阶段需对数据确权进行积极探索。

另一类持否定论的观点则是从数据权利化困境出发，论证数据没有特定性、独立性和独立经济价值而不宜将其独立视作财产，数据的非客体性和主体不确定、外部性问题和垄断性的缺乏导致了数据权利化困境。[1] 这类观点并非对数据确权进行全面否定，而是基于当前语境指出数据的客体性、数据在民法环境下的财产地位存在的问题，并以这些问题为据提出数据权利化困境的观点。笔者认为，数据的加密和独特编码方式使得数据得以为民事主体所独占和控制，由此数据天然具有的流通和分享特性并不会必然导致数据客体特定性的构成不能；对于独立性缺失问题，需要说明的是数据本身并非媒介工具，数据的存在也依赖数据载体的承载，对此可参照知识产权客体与载体之间的关系，对数据载体的控制能够带来对数据的实际控制并能划分与他人的利益范围；在技术的加持下信息已经可以发挥出巨大的经济价值，数据作为信息的记录，其独立的经济价值正是体现在所记录的信息之上，数据的独立经济价值已经日渐凸显；数据的非客体性并非受数据自然属性影响所致，而是在理论证成尚不成熟的情况下，民法环境下对数据客体立法的滞后所致，数据的非客体性并非无法克服之根本性问题；随着《数据二十条》中"三权分置"的提出，数据的主体不确定性已经开始动摇，数据量的增大所带来的数据解读和利用方面难度的增加也使得垄断性的缺乏变得不攻自破。基于以上回应，此类观点的理论构成

---

[1] 梅夏英. 数据的法律属性及其民法定位 [J]. 中国社会科学, 2016 (9)：164-183, 209.

* 数据资产入表与资本化

似乎也开始动摇。

对于是否应当进行数据确权持肯定论的观点如下：一类观点从平衡数据开发者、原始数据拥有者、社会公众等各方利益的实践角度出发，认为设立相关的数据权能保护制度具有实践意义。❶ 另一类观点认为界定数据产权具有其必要性，数据资产确权是数据交易的前提，同时，将数据资源化后，其理应形成产权而受到同其他财产相同的保护。当数据成为主要的社会基础资源，有必要构建数据财产制度，赋予数据财产权，保护数据财产。❷ 笔者认为，在数据要素市场化的大背景下，持肯定说的观点已然占据主流，当前设立专门的数据相关权利制度势在必行。

数据资产确权的第二层次问题是，采用什么样的方式对数据进行确权。数据由于其特性，与传统的物有较大差别。有学者指出，传统大陆法国家民法的财产法中物债二分、物必有体、物权排他的特点在面对数据时显然会陷入解释不能的困境，由此可以尝试利用基于"权利束"理论的"数据权利束"来对数据进行确权，在"数据权利束"的证成中，"权利束"理论为我们观察数据现象提供了全新的视角，依据这一视角观察，数据之上可能存在网状的权益结构，在确认数据权益时，应当强调对个人信息的保护，并注重个人信息保护与数据利用之间的有效平衡。❸ 还有学者提出，可以通过对数据持有的探索，确定以什么样的形式对数据进行分享和保护，数据持有（权）是一个近乎事实的描述，它以单个主体控制或"占有"数据的事实作为基础对象，力图赋予这种基础事实一定的法律意义，并在此基础上探索数据如何被分享和保护。❹ 这些观点反映出人们正努力在数据利用的广阔潜力与数据保护的必要性之间寻求平衡，并努力在所寻求的平衡状态下明晰数据资产确权的实践方式。

---

❶ 黄立芳. 大数据时代呼唤数据产权［J］. 法制博览（中旬刊），2014（12）：50-51.

❷ 齐爱民，盘佳. 数据权、数据主权的确立与大数据保护的基本原则［J］. 苏州大学学报（哲学社会科学版），2015，36（1）：64-70，191.

❸ 王利明. 论数据权益：以"权利束"为视角［J］. 政治与法律，2022（7）：99-113.

❹ 梅夏英. 数据持有在法律上意味着什么？——一个基于信息流动元规则的分析［J］. 比较法研究，2023（6）：1-15.

2. 数据资产确权的法律现状

事实上,在百花齐放的理论界普遍已达成的共识是,基于数据的可复制性、非竞争性、非排他性、非耗竭性❶等特性,数据应受到特别保护。但考虑到不宜过早以立法的方式对相关领域实践探索加以限制,目前我国正在以政策文件的方式积极探索对数据权益的特殊保护,以适应数据资产这一新兴而复杂的领域。从数据作为信息的记录来看,数据似乎已满足客体的无形性这一知识产权类权利的共同法律特征,因此,在确定采用什么样的方式对数据进行确权的过程中,出现以数据知识产权的方式对数据进行确权的探索。2022年,国家知识产权局确定8个地方作为数据知识产权工作的试点地方,分别是北京市、上海市、江苏省、浙江省、福建省、山东省、广东省、深圳市。这8个地方将从推动制度构建、开展登记实践等方面开展数据知识产权地方试点工作,目前,8地均已通过2023年数据知识产权地方试点总结验收。❷ 2023年底,国家知识产权局新增天津市、河北省、山西省、安徽省、河南省、湖北省、湖南省、贵州省、陕西省等9个地方共同作为2024年数据知识产权试点地方。❸

在采用数据知识产权的方式对数据确权进行探索的同时,也出现以数据权利的"三权分置"、数据产权等方式对数据进行确权的积极尝试,《数据二十条》试图通过行政手段对数据权利进行分类,将其划分为数据资源持有权、数据加工使用权和数据产品经营权。这为数据资产化提供了一定的指引。2023年6月,深圳制定并印发《深圳市数据产权登记管理暂行办法》,研究完善数据产权登记新方式,落地了《数据二十条》所述的"数据资源持有权""数据加工使用权""数据产品经营权"等相关权。但这些尝试仍处于发展阶段,法律和实践层面仍存在不明确性,对于数据资产确权构成挑战,因此,如何理解和适应这些法律和市场的变化将是实现数

---

❶ 张平文,邱泽奇. 数据要素五论:信息、权属、价值、安全、交易 [M]. 北京:北京大学出版社,2022:77.

❷ 国家知识产权局办公室关于确定2023年数据知识产权地方试点总结验收结果的通知 [EB/OL]. (2024-03-29). https://www.cnipa.gov.cn/art/2023/12/29/art_75_189408.html.

❸ 国家知识产权局办公室关于确定2024年数据知识产权试点地方的通知 [EB/OL]. (2024-03-29). https://www.cnipa.gov.cn/art/2023/12/29/art_543_189393.html.

据资产确权的关键。

在当前法律体系下,虽然我国在《民法典》中涉及了要对数据进行保护❶,但从该条文来看,《民法典》对数据的保护显得过于原则从而导致对数据相关权利的确认变得模糊不清。首先,从篇章体例上,该条文虽然被包括在《民法典》"第一编 总则 第五章 民事权利"部分,但位于第126条"民事主体享有法律规定的其他民事权利和利益"的兜底性条款之后,这表明立法者在立法时既希望以《民法典》作为"社会生活的百科全书"之地位对数据的保护给予确认,又无法坚定地以数据权的形式给予其立法上的界定;其次,从确定程度上,该条文是以引致条款的形式规定了对数据保护的准用性规则,即确立了对数据的保护,但没有就数据保护的具体方式、数据保护的内容、所规制主体的行为模式作出具体规定,而是将对数据保护的具体要求转引至《数据安全法》《网络安全法》《个人信息保护法》等与数据保护相关的法律法规中去,对这些法规的具体探讨,将在后文详细展开;最后,从条文的内容上不同于物权、债权、知识产权等明文确立的权利上,《民法典》中是以"权益"的方式来保护数据,而不是以"权利"的方式来保护数据,这种折中的立法模式受限于《民法典》成文前后数据作为一种财产性客体已经崭露头角,但对于数据权利的理论证成环境与实践探索尚未成熟,故立法者采用了如此原则性的表达。但这种立法上的模糊处理为数据资产确权带来了绕不开的合法性风险问题。

《数据安全法》作为我国在数据安全领域立法的重要里程碑,旨在加强数据安全管理,提升数据安全保护水平,同时推动数字经济的健康发展,通过在其中确立数据分类分级管理,数据安全风险评估、监测预警、应急处置等基本制度,该法律为数据安全提供了全面的法律保障框架。但纵观整部《数据安全法》,在面对数据相关权利确认的问题时,《数据安全法》显然采用了与《民法典》相同的立法模式,即在其诸多条款❷中以"权益"而非"权利"的形式表明对相关主体的保护。且受限于当时的立

---

❶ 《中华人民共和国民法典》第127条:"法律对数据、网络虚拟财产的保护有规定的,依照其规定。"

❷ 《中华人民共和国数据安全法》第1条、第2条、第7条、第8条、第12条、第21条和第51条。

法环境,《数据安全法》并未涉及与数据资产相关规则的确立。

《网络安全法》旨在"保障网络安全,维护网络空间主权和国家安全、社会公共利益,保护公民、法人和其他组织的合法权益,促进经济社会信息化健康发展"[1],该法律对网络运营者、网络数据以及个人信息等方面提出了一系列要求和规定,但主要是从网络安全和数据保护的角度进行规范,并集中于网络数据安全的保护、个人信息保护、数据泄露的告知与报告义务、数据的境内存储要求以及网络安全等级保护制度等方面,而非直接涉及数据相关权利的具体规则。

《个人信息保护法》是一部专门针对个人信息保护的法律,其核心目的是保护个人信息权益,规范个人信息处理活动,并促进个人信息的合理利用。该法律对个人信息的处理进行了全面的规定,包括个人信息的收集、存储、使用、加工、传输、提供、公开和删除等环节,其中确立了个人信息处理的基本原则包括合法、正当、必要和诚信原则,规定了个人在个人信息处理活动中的权利,如知情权、决定权、查阅权、复制权、更正权和删除权等。尽管《个人信息保护法》为个人信息的处理提供了详细的规定和保护措施,但它主要关注的是个人信息的保护和合理利用,更多地从个体出发对个人信息相关数据的保护进行规定,而非"数据权"的成文规则。

由于民法体系下尚无"数据权"的规定,所以实践中数据权益人在自己的数据权益受到侵害时,往往以《反不正当竞争法》来限制他人对自己采集、加工后的数据的不当使用。笔者在实践中曾成功代理过将数据作为商业秘密并利用《反不正当竞争法》中关于商业秘密的相关条款来维护当事人合法权益的案件。但这种维权路径与通过"数据权"的方式进行保护相比存在一定的局限性,首先,《反不正当竞争法》的立法目的在于"促进社会主义市场经济健康发展,鼓励和保护公平竞争,制止不正当竞争行为,保护经营者和消费者的合法权益"[2],其是以调整和维护市场主体在社会主义市场环境下的公平竞争为主的,换句话说,其立法目的并不是为保

---

[1] 《中华人民共和国网络安全法》第 1 条。
[2] 《中华人民共和国反不正当竞争法》第 1 条。

护权利主体的数据相关权利，所以在援引时需要举证证明侵权方实施了不正当竞争的行为，对于一些数据场景存在较高的举证难度。其次，将数据以商业秘密的形式进行保护需要数据符合商业秘密的三个特性，即需要被要求保护的数据同时具备秘密性、商业价值性以及保密性时才会被认定为《反不正当竞争法》所保护的商业秘密，在实践中，并不是所有的数据资产均能够同时具备商业秘密的三个特性，因此，这也增加了数据权益人维护自身合法权益的难度。最后，以《反不正当竞争法》的方式对数据进行保护并不能明确划分权利主体的权利范围，换言之，由于"数据权"的立法空白，造成了数据权益人无法向物权、知识产权的权利人那样清晰地划分自己的权利范围，使涉及数据资产的定分止争存在较大的难度。

综上所述，由于在我国目前在民法的财产法法律体系下，尚无对"数据权利"的成文法规定，而是以"数据权益"的方式给予原则性的保护，法律层面的立法空白使数据确权陷入困境，面对法律层面上的数据确权困境，《数据二十条》避开数据所有权问题，通过行政手段对数据权利进行分类，将其划分为数据资源持有权、数据加工使用权和数据产品经营权，为数据资产的管理和利用提供了宏观的政策指导，也为相关企业和机构提供了明确的操作方向。财政部发布的《暂行规定》为企业在财务报表中如何处理和披露数据资源提供了具体的规范。这标志着数据资产在财务领域得到正式的认可，这一规定的出台，为企业合理评估和管理数据资产提供了依据，有助于提高企业对数据资产的重视程度和管理水平。此外，为了规范数据资产评估行为，中国资产评估协会制定了《评估指导意见》，为数据资产评估提供了专业的标准和指导。北京市也出台了北京"数据二十条"和《北京市数据知识产权登记管理办法（试行）》，进一步细化了数据资产的管理和登记要求。

(三) 数据资产确权的现实意义

随着数字经济的蓬勃发展，数据的价值日益凸显，数据不仅成为企业决策的重要依据，也逐步成为科技创新、社会服务和国家治理的关键资源，随着数据持有者数据资源的积累，数据资源已成为企业乃至国家竞争力的重要体现。作为数字经济时代的重要资源，数据资源的资产化已成为必然趋势，然而，从数据资产确权的现状来看，数据资产相关权利所处于的不确定状态已成为数据资产流通利用、数字经济发展的瓶颈。数据资产确权，即对数据资产的产权进行明晰，对于促进数据流通、保障数据安全、激励市场主体创新和推动经济发展具有重大的现实意义。

（1）实现定分止争。受数据资产确权的法律现状所限，数据资产的合法所有者在其数据相关权益受到侵害时，无法获得较为完备的法律保护。通过数据资产确权厘清数据资产的各项相关权利，确定各项权利的权利归属。通过对数据资产相关权利的确定，能够为数据资产的合法所有者对数据资产的利用提供更完备的法律保护，在其数据资产相关权利受到侵害时指明维权路径。确权后的数据资产，其各项相关权利的权属变得明晰，能够获得法律的认可和保护，进而避免未来第三方对权利归属质疑或实施侵害行为，降低数据资产所有者的法律风险。

（2）促进数据流通与交易。数据资产确权能够明晰数据资产的相关权利，明确划分数据资源持有权、数据加工使用权、数据产品经营权等数据资产相关权利的归属，使得权属处于不确定状态的各项权利变得确定，可以明确交易双方的权利和义务，减少因权属不明确而产生的法律纠纷，促进市场主体在数据的流通与交易过程中形成稳定的市场预期和可信赖利益，进而降低数据流通过程中由不确定性所带来的交易成本，促进数据的流通与交易。

（3）保障数据安全。通过数据资产确权，可以明确各项相关权利对应阶段的数据安全责任主体，在数据资源的持有、数据的加工使用、数据产品的经营流通等各环节落实数据安全责任，实现数据资产的全流程安全保障，加强数据的保护和管理。确权使得数据资产的相关权利得到明确，为监管机构提供清晰的监管对象和监管依据，有助于构建起一个权责分明的监管体系，避免监管中的推诿和空白。确权使得数据资产的交易和流通更加透明，监管机构可以更容易地追踪数据的流向，及时发现和处理违规行为，提高了数据监管的效率。在数据资产确权的过程中同样涉及数据的分类分级管理、数据筛选和合规审查，分类分级管理有助于识别和区分不同级别的数据，从而采取相应的安全措施，确保敏感数据得到更严格的保护；筛选过程确保只有合规的数据可以进入流通和交易环节，避免不合规数据所带来的法律风险。合规性审查则可以确保数据的处理和使用遵循相关的法律法规和标准，防止因不合规导致的数据滥用和泄露风险。

（4）有效激励创新。由于相对确定的权属关系为市场主体提供了通过数据资产获得经济利益的可能性，数据资产确权促使市场主体形成稳定的市场预期和可信赖利益的同时，能够通过市场机制的调节有效激励市场主体投入更多的资源在数据和数据产品的创新研发。提高市场主体在数据的收集、使用、存储、加工、传输、提供、公开等各环节的技术改进动力，加快市场主体对创新型数据产品的研发效率，激发市场主体的创新活力。

（5）推动经济发展。首先，数据资产确权使得企业能够更有效地利用其数据资产，确权后的数据资产可以作为企业的合法财产，企业可以自由地对其进行交易、转让或许可使用，从而实现数据资产的经济价值。这种利用不仅限于直接的销售或交换，还包括通过数据资产进行市场预测、产品开发及客户服务改进等为企业赋能的间接利用。其次，数据资产确权是数字经济时代优化资源配置的关键一步，确权为数据资产提供了清晰的权利界定，这是市场机制有效运作的前提，在确权的基础上，市场可以通过供需关系来发现数据的真实价值，使得数据资产的价格更加反映其内在价值和市场需求，这有助于避免资源的浪费和低效配置，确保数据资源能够流向最能有效利用它们的企业和个人，从而实现对市场资源配置的优化。最后，数据资产确权还可以为企业提供新的融资方式，在确权的基础上，数据资产可以作为抵押或质押物，可以用于出资，帮助企业获得银行贷款或其他形式的融资，这对缓解中小企业融资难、融资贵的问题具有重要意义，同时也为金融机构提供了新的贷款评估和风险控制工具。总的来说，数据资产的确权和流通有助于推动数字经济的发展，通过数据资产确权，可以有效挖掘数据资源中的潜在经济价值，对经济增长具有显著的推动作用。

（6）有助于建立公平的市场环境。数据资产确权还有助于建立公平的市场环境，在数据资产确权的基础上，可以形成一套标准化、规范化的数据资产（或数据产品）交易规则，为数据资产市场的健康发展提供制度保障。这不仅能够促进数据的合理定价和流通，还能够防止数据垄断，保护消费者利益。

第四章　数据资产入表面临的挑战 ＊

数据资产确权在数字经济的发展中扮演着至关重要的角色，它不仅可以实现数据资产相关权利的定分止争，通过明确数据资产的权利归属促进数据的流通与交易，强化数据安全监管，而且确权机制的建立，将有效激发整个市场的创新活力，在推动经济发展的同时，还有助于建立公平的市场环境，释放数据要素的新价值，为经济社会发展注入新动力。总之，数据资产确权是释放数据价值、推动数字经济高质量发展的关键，它对于促进数据流通、保障数据安全、激励市场主体创新和推动经济发展具有深远的现实意义。

二、数据资产初步确权

由数据资产确权的现状可知，当下的法律体系并未创设"数据权"，即数据资产相关权利尚未在实体法律中得到明确界定和规范，与民法领域传统的不动产登记和知识产权登记不同的是，目前的数据资产登记制度是在实体法尚未创设"数据权"的情况下设立的，采用的是一种先资产登记后确定赋予相关权利的探索模式。数据资产登记是指依托密码学等相关技术，为所登记的数据资产生成唯一数字签名，以簿记方式确认数据资产相关权属的过程。数据资产登记包括初始登记、变更登记和退出登记（包括登记注销和撤销）。❶ 当前数据资产登记制度发展的主要方向主要有二：一为专门创设独立的数据产权（数据财产权）登记，二为数据知识产权登记。

（一）数据资产登记的现状

1. 数据产权登记

数据产权登记制度是我国在数字经济背景下，为解决数据资源价值日益凸显而实体法律尚未明确创设"数据权"的挑战所采取的创新型财产权登记制度，该制度是采用财产权的方式对数据相关权益进行登记，该制度

---

❶ 北京国际大数据交易所. 数据资产登记指引（试行）[EB/OL]. [2024-03-23]. https://www.bjidex.com/infoDetail/HYjmhq_QX.

的核心在于界定数据权属，平衡数据的利用与保护，促进数据要素的合法、合理利用和数字经济的发展。数据产权登记的提出，旨在通过法律框架明确数据资源持有权、数据加工使用权和数据产品经营权，这三种权利分别对应数据的生产、加工和交易环节，为数据流通和价值创造提供法律保障。

该方式的代表地区为深圳市，深圳市作为数据产权登记制度的先行者，通过《深圳经济特区数据条例》和《深圳市数据产权登记管理暂行办法》等地方性法规，为数据产权登记提供了实践基础。《深圳市数据产权登记管理暂行办法》明确了数据资源和数据产品的定义，区分了原始数据集合与经过加工的数据产品，确立了数据产权的登记类型体系，包括首次登记、许可登记、转移登记、变更登记、注销登记和异议登记，覆盖数据产权的全生命周期。此外，登记成果可应用于交易融资等领域，为数据资产化提供了操作路径，有助于数据资源持有方和加工使用方通过抵押、入表、交易等方式盘活数据资产，拓宽融资渠道。

2. 数据知识产权登记

数据知识产权登记制度是我国在"数据权"保护领域的又一重要探索，旨在通过知识产权的形式确认数据财产权益的归属，而非授予或设立全新类型的权利。该制度在现有知识产权法律框架下，通过设立数据知识产权登记制度，以数据知识产权的方式为数据权益提供保护。与传统知识产权相比，数据知识产权登记更侧重数据的合理使用规制和保护，而非创设新型知识产权。

数据知识产权登记的功能定位在确认数据权属的基础上，衍生出证明、信息管理和公示等功能。这些功能有助于数据权属的外显、管理与交易，降低交易风险，优化数据资源配置。数据知识产权登记制度有助于明确数据权属，促进数据要素的流通和利用，同时为数据资产评估、监管和纠纷处理提供了信息基础。通过登记，可以掌握数据财产的权利人信息、创制时间、权能内容等，为数据资产化和数字经济的发展提供支撑。

在数据知识产权登记的实践中，北京市的做法具有代表性。北京市知识产权保护中心依据《北京市数据知识产权登记管理办法（试行）》，为具有商业价值和智力成果属性的数据集合提供登记服务。北京市知识产权保护中心开展的数据知识产权登记工作，为未公开状态的数据集合提供登记服务，通过网上办理流程，包括注册认证、信息登记、信息审核、信息公示、异议处理和发放证书等环节，确保了登记的便捷性和透明度。

（二）著作权登记与数据资产登记

数据资产登记制度与著作权登记制度具有一些相似之处，接下来将通过对著作权登记的介绍和数据资产登记与著作权登记的比较展开说明。

1. 著作权登记简介

我国的著作权登记制度是一套旨在保护文学、艺术和科学作品作者的著作权以及与著作权有关的权益的法律制度。《著作权法》规定的可申请登记作品包括文字作品、口述作品、音乐、戏剧、曲艺、舞蹈、杂技艺术作品、美术、建筑作品、摄影作品、视听作品等。关于著作权登记制度，首先，我国实行的是著作权自动产生制度与著作权自愿登记制度并行的制度，著作权自动产生制度即著作权自作品创作完成之日起自动产生，不论作品是否发表。同时，根据著作权自愿登记制度，著作权的权利人也可以自愿选择向著作权登记机关进行著作权登记，著作权登记机关为国家版权局及各省、自治区、直辖市的版权局，登记不是著作权产生的法定条件，但可以作为权利的初步证明。进行著作权登记后，著作权人会取得著作权登记证书，著作权登记证书可以作为著作权权属的初步证明，在著作权转让、许可活动中可以作为著作权人的权利证明，并在面对著作权侵权的维权中发挥重要的作用。但应当注意的是，著作权登记机关对作品的审查仅限于形式审查，而不做实质性审查。因此，著作权登记证书仅能起到公示和初步证据的作用。此外，在著作权登记制度下，著作权中的财产权可以出质，出质人和质权人应订立书面质权合同，并共同向登记机关申请办理著作权质权合同登记。著作权质权的设立、变更、转让和消灭，自记载于《著作权质权登记簿》时发生效力。

2. 著作权登记的形式确权特点

著作权登记证书在著作权归属纠纷和侵权纠纷中可以作为权利的初步

证明，在没有相反证据的情况下，著作权登记证书可以作为权利人最简单有效的身份证明。但由于著作权登记机关对作品的审查仅限于形式审查，不进行实质性审查，这意味着著作权登记机关主要核查提交的材料是否齐全、是否符合法定形式，而不对作品的独创性、创作完成日期等进行实质判断。虽然著作权登记证书具有一定的法律效力，但它不是享有著作权的法定依据，在著作权权属纠纷或侵权纠纷中，法院或相关机构会综合考虑所有证据来判断著作权人的权利归属或权利基础，当相反证据足以证明著作权登记证书所记载的权利主体错误时，著作权人就将面临丧失著作权的不利局面。此外，著作权登记不评估作品的原创性，即使是抄袭或侵权作品，只要符合形式要求，也可能完成登记。这可能导致一些不合法的作品获得登记证书，增加了权利纠纷的复杂性。由于登记过程依赖于申请人提供的信息，如果申请人提供的信息不准确或不完整，也将影响登记证书的效力。我们应避免陷入认为著作权登记证书是拥有著作权的唯一或决定性证据的错误认知，而忽视其他可能证明著作权的证据，在某些情况下，例如在作品的著作权已经转让或授权善意第三人使用的情况下，著作权登记证书可能不足以对抗善意第三人。

3. 数据资产登记与著作权登记的异同

数据财产权登记制度、数据知识产权登记制度与著作权登记制度在制度的设立目的和权利内容方面存在一定的差异。在制度的设立目的方面，三者的不同之处在于，著作权登记旨在确认作品的著作权归属，保护创作者的合法权益；数据财产权登记是为了明确数据资源和数据产品的权属，促进数据的合法利用和流通；数据知识产权登记则着重于确认数据财产权益的归属，在实践中更强调数据的合理使用规制。在权利内容上三者的不同之处在于，著作权登记主要针对文学、艺术和科学作品的原创性表达，保护的是作品的复制权、发行权、改编权等；数据财产权登记则涉及数据资源和数据产品的定义、权属以及相关的权利和义务，更侧重数据的商业价值和交易流通；数据知识产权登记则包含对数据集合的商业价值、智力成果属性的确认，以及对数据加工、处理行为的法律认可。

在法律效力方面，数据财产权登记制度、数据知识产权登记制度与著作权登记制度的相同之处在于，著作权登记在很多法域内具有推定效力，即除非有相反证据，登记的著作权信息被推定为真实有效。类似地，数据财产权登记和数据知识产权登记也具有类似的推定效力，它们为数据权利的确认提供了初步的法律推定。但需要注意的是，这三种登记制度在依据登记的内容进行权属确定时存在相反证据的例外，即都需要在实际的法律争议中通过进一步的证据来确立权利的最终归属。

4. 著作权登记对数据资产登记的借鉴意义

在探讨著作权登记对数据资产登记的借鉴意义时，首先需要理解著作权登记的核心价值和目的，著作权登记作为一种知识产权保护机制，旨在确认作品的原创性和作者的权益，为作品提供法律保护，确保作者的经济利益和精神权利得到尊重。这一机制为数据资产登记提供了重要的参考框架，尤其是在确认数据相关权益的归属方面。著作权登记通过明确的程序确认作品的创作者和权利的归属，数据资产登记同样需要确立一套标准化的确权流程，以确保数据的相关权益和权属得到确认；著作权保护有明确的期限，通常为作者终生及其死后一定年限，数据资产登记可以参考这一模式，根据数据的特性和使用场景，设定合理的保护期限，既激励数据权益人对数据资源的充分利用，又保障数据的自由流通。著作权登记要求提供作品的详细信息，包括名称、作者、创作时间等；数据资产登记也需要明确数据的来源、处理过程、应用场景等，以便于管理和保护。著作权登记后，相关信息会进行公示，以增加透明度和公信力；数据资产登记同样可以通过公示提高登记的权威性和可信度。著作权登记制度中包含异议和撤销程序，以纠正可能的错误；数据资产登记也可以设立类似的机制，以保证登记的准确性和公正性。

著作权登记在确权机制、保护期限、登记内容、公示与公告、异议与撤销程序等方面为数据资产登记提供了宝贵的经验和启示。通过借鉴这些经验，可以更有效地推动数据资产登记制度的建立和完善，从而促进数据经济的健康发展。

(三) 数据资产登记的法律效力与局限性

1. 数据资产登记确权的不确定性

根据对著作权登记与数据财产权登记、数据知识产权登记的异同分析，可以发现，在法律效力方面，数据财产权登记制度、数据知识产权登记制度与著作权登记制度具有相同的推定效力，即除非有相反证据，登记的数据财产、数据知识产权信息被推定为真实有效，但是在发生权属纠纷、侵权纠纷时，如果存在相反证据足以证明相应权利的登记存在错误，那么由这种登记所确定的权利的归属将变得不确定。下面通过一个著作权登记被法院撤销的案例来类比说明仅通过数据资产登记对数据资产进行确权可能导致的确权存在不确定性。

在（2021）鄂01知民初11317号作品著作权权属、侵权纠纷案中，案涉剧本杀作品《窃听》由谢某安、王某成等四人于2021年上半年共同创作完成，其中谢某安发挥主创作用。王某成与谢某安于同年6月10日签订《剧本版权转让合同》，约定自合同签订之日起将《窃听》作品除人身权以外的所有权利转让给王某成。2021年6月12日，谢某安经向江苏省版权局申请版权登记取得《作品登记证书》，该证书中载明的《窃听》作品作者、著作权人均为谢某安一人。王某成、赵某钧等共同经营的剧本杀制作公司于2021年9月6日通过某平台宣传并销售《窃听》剧本24套，每套作品售价2388元。为此，谢某安起诉请求判令王某成及王某成经营的桌游吧停止侵权、登报道歉、赔偿损失；王某成则反诉请求判令谢某安停止侵权、赔偿经济与精神损失并公开道歉。

法院认为，作品著作权不因登记取得，作品登记证书只是表明作品权属的初步证据。尽管《作品登记证书》载明谢某安系涉案剧本杀作品《窃听》的著作权人，但涉案证据可证明涉案作品由谢某安、王某成等四人共同创作完成，法院据此确认上述四人系涉案作品的合作作者及著作权人。涉案作品系合作作品，谢某安仅为合作作者之一，在其已转让著作财产权份额的情形下，谢某安仍将自己登记为涉案作品的唯一作者与著作权人，明显与事实不符，违反诚实信用原则。由于作品登记具有公示效应，谢某安未将其他合作作者登记为作者，割裂了其他合作作者与涉案作品间的紧密联系，侵害了包括反诉原告王某成在内的其他合作作者的署名权。故判令反诉被告谢某安向江苏省版权局申请撤销《作品登记证书》。

由以上案例可知，尽管著作权登记证书在法律上具有初步证据的效力，但它并不等同于著作权的自动赋予，也不能单独决定著作权的归属，在实际的权属纠纷中，法院将依据全面的证据链进行判断，包括创作合同、创作参与度、合作事实等，该案例展示了著作权登记可能存在的局限性和不确定性，著作权登记信息的不完整或错误可能会导致权属认定的争议。类比到数据资产登记，可以得出相似的结论：数据资产登记虽然为数据资产的权属提供了一种法律上的初步证明，但它并不能作为确定数据资产最终归属的唯一依据。在数据资产的产生、使用或转让过程中，如果登记信息未能全面反映所有权利相关方，那么登记所确定的权属同样可能面临挑战。因此，数据资产登记在数据资产确权中存在不确定性，在陷入纠纷时还需要结合实际情况和相关证据进行全面考量，仅通过数据资产登记对数据资产进行确权的方式使得数据资产确权变得不那么稳定。

2. 数据资产确权不稳定对数据资产所有人的影响

数据资产确权的不稳定性对数据资产所有者产生的影响深远，尤其在数据产品的经营和数据资产的交易两个关键领域。在数据产品的运营方面，不稳定的确权使得数据产品的经营者难以全面掌控数据产品经营的同时，还会严重阻碍数据产品的流通，这不仅削弱了经营者对数据产品的控制力度，还直接导致数据产品需求方对数据产品提供者信任成本的增高，在数据产品需求方消除这种"信任危机"的过程中，必然带来交易成本的提高以及交易效率的下降。另外，由于缺乏明确的权属界定，数据资源的持有者、数据的加工处理者、数据产品的经营者可能在数据资产的商业化过程中遭遇额外的法律和监管障碍，这些障碍可能涉及数据的采集、处理、应用和跨境传输等各个环节。此外，不明确的确权还可能引发数据安全上的混乱，比如在数据的维护、更新和安全保障方面的责任划分不清晰，从而增加数据产品经营过程中的法律风险。

在数据资产的交易和融资领域，确权的不稳定性更是加大了交易的不确定性和风险，数据资产的价值在于其可交换性和可流通性，但这一切都建立在权属清晰的基础上，如果确权不稳定，潜在的交易对象、投资者可能会因为担心潜在的法律风险和权属争议而退缩，这将直接影响数据资产的交易和金融价值。长期而言，确权问题还可能阻碍数据资产市场的成熟和数据资本化发展，限制数据作为新型生产要素在更广泛领域的应用和价值实现。确权的不稳定性也将对数据资产的价值评价和质量评估造成挑战，因为缺乏一个稳定的权利归属，在对数据资产进行价值评估和质量评估时采用的模型、标准也变得不确定，使得数据资产的价值评估和质量评估也充满不确定性，这对于数据资产的金融化和证券化尤为不利。因此，为了促进数据资产的有效流通和充分利用，确保数据资产确权的稳定性显得尤为重要。

三、数据资产实质意义上的确权

数据资产入表，即将数据资产纳入企业的财务报表，是企业对数据资产进行管理和确权的进阶方式，由于此方式相较于仅通过数据资产登记进行确权的方式，能够有效提高数据资产确权的稳定性，所以在笔者看来，合规基础上的数据资产入表可视为数据资产实质意义上的确权。笔者将深入探讨数据资产入表的流程、合规性以及多方协同在其中的作用，以期为读者在理解数据资产入表为什么被称为数据资产实质意义上的确权问题时提供一个全面而连贯的视角。

（一）数据资产入表是对数据资产权属的夯实

数据资产入表是确保数据资产得到合理评估和合规确权的关键过程，这一过程包括数据资产的确认、数据资产登记、数据资产的价值评估与质量评估，以及数据资产合规入表等多个环节。数据资产确认是数据资产入表过程的起点，企业必须明确界定哪些数据可以被作为数据资产，通常涉及数据的来源、数据的内容、是否合法持有或控制等。在确认过程中，企业需按照相关法律法规和标准的要求，对待入表的数据资产进行严格的区分、识别与认定，避免违反《个人信息保护法》等数据相关法律法规的规

第四章 数据资产入表面临的挑战 ∗

定，降低因将属于其他主体的数据资源作为企业自身数据资产入表的情况发生。确认后的数据资产即可进行数据资产登记，数据资产登记环节要求企业详细登记数据资产的来源、类型、用途等信息，数据资产登记过程要求数据资产登记人提供登记主体的基本情况、数据资源情况、数据来源情况、数据安全情况等方面的信息，并要求登记主体对登记信息的真实性进行承诺。数据资产登记机构将会对以上信息进行形式上的审查。数据资产经登记后，数据资产登记机构将会向数据资产的权利人发放数据资产登记证书，数据资产登记证书在法律上具有初步证据的效力，在没有相反证据的情况下，数据资产登记证书上载明的权利人将被认定为数据资产相关权益的权利人。数据资产的价值评估和质量评估既可以在数据资产登记前完成，也可以在数据资产登记后再进行，价值评估和质量评估是数据资产入表的核心环节，企业需聘请专业的评估机构，运用市场法、成本法或收益法等评估方法，对数据资产的市场价值和使用价值进行客观评估，这一环节的结果将直接影响数据资产在财务报表中的体现。数据资产合规入表是夯实数据资产权利归属的重要步骤，涉及数据来源合规审查、数据内容合规审查、数据处理合规审查、数据管理合规审查和数据经营合规审查。数据来源合规审查是为了确保数据来源的合法性，避免待入表的数据资产中存在非法获取或未经授权的数据，这要求企业待入表的数据资产在数据收集和获取过程中严格遵守相关法律法规。数据内容合规审查关注数据资产的数据内容是否符合法律法规的要求，特别是避免包含敏感或非法信息，保障数据内容的合法合规。数据处理合规审查评估数据在存储、传输和使用等过程中的合规性，确保数据处理活动遵循数据保护和个人信息保护相关法律法规的要求。数据管理合规审查则着眼于数据的安全性和完整性，确保数据管理过程遵循相关标准和规范，防止发生数据泄露或被滥用的风险。数据经营合规审查则着眼于企业从事数据服务、数据产品的提供、数据资产的交易、共享和许可等经营活动是否合法，并具有相应的经营资质，保障数据资产的商业运用在市场规则和法律框架内合规运营。

经过以上说明，不难发现，当按照以上各流程来进行数据资产入表时，合规将贯穿数据资产入表的整个过程，由于法律上尚未创设"数据权"，关于数据资产还没有定性，所以当下进行数据资产入表时，合规已然成为降低数据资产入表法律风险的第一要务,经过全流程严格的合规审查之后,数据资产将依据会计准则被确认为无形资产或存货,入表可以将企业所拥有或控制的,并能为企业带来收益的数据资源确认为企业的数据资产,经过全流程的严格合规审查,不仅为企业的数据资产管理提供了透明度和规范性,而且为企业的数据资产交易、共享和许可等商业活动提供了相较于数据资产登记更稳定的权属,增强了企业在数据经济活动中的竞争力。数据资产入表的过程,是企业对数据资产权属进行确定和夯实的重要路径,通过合规性审查的全面贯彻,企业能够确保数据资产的权属合法、清晰,在当下法律法规体系下最大限度地实现法律风险预防,从而化解法律风险在数据经济活动中对企业发展的阻碍,提升企业核心竞争力,在数字经济时代新质生产力的运用中占据有利地位。

(二) 多方协同,增加数据资产确权的合规性

数据资产入表不仅涉及企业内部,还需要企业与外部机构如数据资产登记机构、评估机构、合规审查机构以及入表执行机构等多方协同,在此多方协同过程中,增加数据资产确权的合规性。企业在数据资产入表过程中扮演着核心角色。其不仅需要确保数据资产的合法获取和使用,还要与各协同方保持沟通,确保整个流程的顺利进行。数据资产登记机构负责数据资产的登记工作,确保数据资产的详细信息得到准确记录,为数据资产的初步确权提供基础。质量评估机构和价值评估机构运用专业知识和技术,对数据资产进行评估,为数据资产的会计处理和财务报告提供依据。审查机构,尤其是律所,负责对数据资产入表的合规性进行审查,确保待入表数据资产和数据资产入表过程的合规性,降低企业数据资产入表的法律风险。入表执行机构,无论是企业内部的财务部门还是外部的会计机构,都负责数据资产入表的具体操作,确保数据资产按照会计准则和法律的要求准确入表。

数据资产入表是企业适应数字化时代,提升数据资产管理水平的重要策略,通过明确数据资产入表的流程、确保合规性以及数据资产入表过程中的多方协同,企业可以更准确地评估和管理其数据资产,提升市场竞争力和投资者信心。在面对数据资产确权挑战的法律现状下,这不仅有助于

企业内部的决策和管理，也有助于提升整个行业的数据资产管理水平，推动数字经济的健康发展，企业必须认识到数据资产合规入表的价值，采取积极措施，通过合规的流程和多方的合作，确保数据资产能够得到稳定确权和有效利用，从而不影响企业利用其拥有的数据资产进行经营活动及数据资产的资本化运作。

第二节　数据合规挑战

一、数据合规概述

（一）数据合规挑战概述

数据合规要求企业在数据的收集、存储、使用、处理、共享、转让、跨境或非跨境传输、流动、保护等过程中需符合国际条约、国内法律法规、其他规范性文件等规则的要求。[1] 在数字化时代，数据合规不仅是法律遵循的问题，更是企业社会责任和商业道德的体现，数据合规的内涵广泛，其核心在于保护个人基本权利，尤其是个人信息的保护。随着《个人信息保护法》和《数据安全法》的相继出台，企业在处理个人信息时必须遵循合法、正当、必要的原则，建立健全个人信息保护合规制度体系。此外，数据合规还涉及数据安全，要求企业采取有效措施防止数据泄露、毁损或丢失，其实践意义在于，它不仅有助于维护和保障个人数据安全，保护人格尊严，还能降低企业的运营管理风险，提高运营管理效率，增加企业效益与利润。良好的数据合规体系可以在面临行政处罚或刑事指控时，成为减轻或免除处罚的合理理由。

在数据资产入表的过程中，数据合规的挑战主要来自以下几个方面：

---

[1] 颜新华. 网络安全视阈下的数据合规：基本理论、问题审视与中国方案［C］//《上海法学研究》集刊（2021年第1卷 总第49卷）：上海市法学会国家安全法治研究小组文集，2021：8.

数据来源的合规性，即企业必须确保数据来源的合法性，避免使用非法获取的数据；数据内容的合规性，即数据内容是否涉及敏感信息，是否涉及违法信息等合规情况；数据处理的合规性，即数据处理过程中应采取适当的技术和管理措施，保护数据不被非法访问或泄露；数据管理的合规性，即建立和维护一套有效的数据管理体系，确保数据加工处理、使用的合规；数据经营的合规性，即在数据的商业化过程中，应遵守市场规则和法律法规，防止不正当竞争。

数据资产入表过程中的数据合规挑战还在于其复杂性，企业在数据资产入表的过程中，需要在保证数据资产的价值、权属得到充分确认的同时，处理好个人隐私保护、数据安全和合规风险管理之间的关系。此外，随着数据资源持有量的激增和数据资产市场化流通的发展，企业在数据合规管理上的难度也将不断增加。数据合规不仅关乎企业内部管理，还涉及与外部环境的互动，包括遵守国家法律法规、行业标准和国际条约等；企业在全球化背景下，还需关注跨境数据传输的合规问题，如欧盟的《通用数据保护条例》（GDPR）等。总之，数据合规是企业数据资产管理的重要组成部分，对企业的生存和发展具有深远影响。企业在数据资产入表的过程中必须高度重视数据合规问题，采取有效措施，建立健全常态化的数据合规管理体系，在合规的前提下盘活企业的数据资产。

（二）数据合规法律风险分析

数据资产入表是企业数字化转型的关键步骤，但这一过程充满了复杂的数据合规挑战。数据资产的合规性涉及多个层面，包括数据来源、数据内容、数据处理、数据管理以及数据经营的合规挑战，每一环节的疏漏都可能导致严重的法律后果。数据不合规可能引发的法律风险包括行政处罚、民事侵权和刑事犯罪。行政处罚可能导致企业遭受罚款、业务限制等后果；民事侵权可能导致企业面临赔偿责任；刑事犯罪则可能导致企业及相关责任人承担刑事责任。数据资产入表是一项系统性工程，涉及多个合规环节，企业必须高度重视数据合规问题。通过建立健全的数据合规管理体系，企业可以有效应对数据合规挑战，降低法律风险，实现数据资产的合法、合规利用。同时，企业还应加强与监管机构的沟通和协调，及时了解和遵守最新的法律法规、行业标准及其他规范性文件的要求，确保数据资产入表工作的顺利进行。

二、数据不合规的行政处罚风险

数据不合规可能导致企业面临严重的行政处罚风险。近年来，随着数据保护法规的不断完善和监管力度的加大，企业因数据合规问题遭受的行政处罚案例屡见不鲜。其中，滴滴和知网的案例尤其引人关注。

滴滴作为中国最大的网约车平台，因数据不合规的问题被处以高达80.26亿元的罚款，滴滴全球股份有限公司董事长兼CEO、总裁也分别被处以100万元罚款。[1] 对滴滴公司的处罚金额之大，在全球范围内都极为罕见，反映出监管机构对于数据合规问题的严肃态度。根据国家互联网信息办公室有关负责人就对滴滴全球股份有限公司依法作出网络安全审查相关行政处罚的决定答记者问的相关新闻报道，监管机构最终确定滴滴的违法行为包括违法收集用户手机相册中的截图信息、过度收集用户剪切板信息、应用列表信息、乘客人脸识别信息、精准位置信息等，这些行为违反了《网络安全法》《数据安全法》《个人信息保护法》等多项法律法规，严重侵犯了用户的个人信息权益。[2]

知网作为中国最大的学术资源平台，因违法处理个人信息行为被处以5000万元的罚款。知网运营的14款App被监管机构认定为存在违反必要原则收集个人信息、未经同意收集个人信息、未公开或未明示收集使用规则、未提供账号注销功能、在用户注销账号后未及时删除用户个人信息等违法行为。这些行为同样违反了《网络安全法》《个人信息保护法》等法

---

[1] 中华人民共和国国家互联网信息办公室：国家互联网信息办公室对滴滴全球股份有限公司依法作出网络安全审查相关行政处罚的决定 [EB/OL]. [2024-03-21]. https://www.cac.gov.cn/2022-07/21/c_1660021534306352.htm?eqid=d84919b8000146cf00000000464 2fd24b.

· [2] 中华人民共和国国家互联网信息办公室：国家互联网信息办公室有关负责人就对滴滴全球股份有限公司依法作出网络安全审查相关行政处罚的决定答记者问 [EB/OL]. [2024-03-21]. https://www.cac.gov.cn/2022-07/21/c_1660021534364976.htm?eqid=c0e21070000003d8000000056479a517.

律法规，损害了用户的个人信息权益。❶

从滴滴和知网的案例可以看出，数据不合规给企业带来的行政处罚风险主要包括以下几个方面：（1）巨额罚款，企业可能面临高额的罚款，这不仅会给企业带来巨大的经济压力，还可能影响企业的市场信誉和股价表现；（2）业务受限，企业可能被责令停止违法行为，这可能涉及企业的核心业务，对企业的经营造成严重影响；（3）负责人追责，企业的负责人也可能面临个人处罚，包括罚款甚至刑事责任，这会对负责人的个人声誉造成严重损害；（4）持续监管，企业在遭受处罚后，可能会受到监管机构的持续关注和监管，这会增加企业的合规成本和运营压力；（5）诉讼风险，企业还可能面临用户的集体诉讼，这会导致额外的经济损失和法律风险。

数据不合规将会给企业带来巨大的行政处罚风险，数据合规问题关系企业的生死存亡，在数据资产入表过程中，企业必须高度重视数据合规问题，建立健全的数据合规管理体系，确保数据的合法、合规使用，企业还需加强对相关法律法规、行业标准等规定的学习，提高数据合规意识，加强内部培训和教育，完善数据管理制度，加强数据安全技术防护，建立数据合规审计机制，及时识别和处置数据合规风险。同时，企业还应加强与监管机构的沟通，主动报告数据合规情况，争取监管机构的理解和支持，只有这样，企业才能在数字化时代先发制人，充分激发数据要素的经济价值，稳定实现数据资源的资产化乃至数据资本化。

三、数据不合规的民事纠纷风险

在数据资产入表的过程中，数据不合规除了会导致企业面临行政处罚的风险，企业还可能遭遇被诉民事侵权、不正当竞争等民事纠纷的风险。此类民事纠纷通常涉及对个人或企业数据权利的侵犯，可能导致企业的赔偿责任、商誉损失甚至市场地位的下降。下面将通过几个典型的民事纠纷案例，深入了解数据资产入表的数据合规挑战中的民事纠纷风险。

---

❶ 中华人民共和国国家互联网信息办公室：国家互联网信息办公室对知网（CNKI）依法作出网络安全审查相关行政处罚［EB/OL］.［2024－03－06］. https：//www.cac.gov.cn/2023－09/06/c_1695654024248502.htm.

第四章　数据资产入表面临的挑战 ✱

以笔者曾代理的一件石油数据保护案件为例，涉案的美国石油数据公司主营业务为收集全球各地的油田数据，进而形成数据产品，供石油开采企业用作决策参考。一名中国员工在离职时，带走了其在业务过程中接触到的相关数据，并在国内制作了一个基本相同的数据产品，交由一家中国公司运营。该美国公司发现后，委托笔者代理进行维权诉讼。经过深入研究，笔者团队发现该美国公司的石油数据符合商业秘密的三大核心要素：秘密性、保密性和商业价值性。因此，主张以商业秘密的方式保护这些数据。一审、二审法院均支持了这一观点，并认定这名中国员工及这家中国公司构成侵犯商业秘密，需承担赔偿责任。2023年12月，二审法院作出终审判决，该判决也被选为最高人民法院知识产权法庭成立五周年的100件经典案例之一。

在淘宝公司诉美景公司不正当竞争纠纷案中，淘宝公司认为美景公司通过其运营的"咕咕互助平台"和"咕咕生意参谋众筹"网站，非法获取并销售淘宝的"生意参谋"零售电商数据平台的数据，构成不正当竞争。杭州互联网法院支持了淘宝的主张，认为淘宝对"生意参谋"数据产品享有竞争性财产权益。法院指出，淘宝公司通过长期经营积累形成的"生意参谋"数据产品，为淘宝带来了商业利益和市场竞争优势。而美景公司未经授权，直接利用这些数据产品获取商业利益，属于不劳而获的"搭便车"行为，违反了公认的商业道德。❶ 该案是首例涉及大数据产品权益保护的新类型不正当竞争案件，具有重要的典型意义。企业可以将其开发的大数据产品视为具有财产价值的资产，进行入表处理，企业应当重视数据资产的合法权益，确保数据收集和处理的合规性，建立和维护公平竞争的市场环境，同时采取有效措施预防和管理潜在的法律风险。

在大众点评诉百度数据信息不正当竞争纠纷案中，法院认为原被告之间存在竞争关系，百度地图通过技术手段抓取并使用大众点评的数据，虽未违反robots协议，但这并不意味着百度公司可以任意使用这些信息，百度公司未经许可大量完整使用点评信息达到实质替代程度的行为不仅侵犯

---

❶ 淘宝（中国）软件有限公司诉安徽美景信息科技有限公司不正当竞争纠纷案［EB/OL］.［2024-03-26］. https：//www.chinacourt.org/article/detail/2019/10/id/4591196.shtml.

* 数据资产入表与资本化

了大众点评的合法权益，也违反了诚实信用原则和互联网行业公认的商业道德，构成不正当竞争。法院最终判决百度公司停止不正当竞争行为，赔偿大众点评的经营者汉涛公司经济损失300万元及为制止不正当竞争行为所支付的合理费用23万元。❶ 该案说明具有商业价值的数据，如用户点评信息、用户倾向性分析等数据，是数据要素型企业的核心竞争资源，即使在不违反 robots 协议的情况下，使用搜索引擎抓取并大量完整使用这类信息达到实质替代程度的行为，明显造成对同业竞争者的损害，构成不正当竞争，因此在对此类数据资产进行数据合规时还应注意企业在抓取和使用这些信息时是否遵守诚实信用的原则和公认的商业道德，合理控制信息的使用范围和方式。

在天猫诉绍兴衡某科技有限公司、上海鲸某网络科技有限公司以及胡某不正当竞争纠纷案［（2023）浙民终1126号民事判决书］中，法院认为天猫对涉案商品数据享有合法权益，绍兴衡某科技有限公司、上海鲸某网络科技有限公司以及胡某通过提供涉案"上货专家"和"搬家大师"两款软件服务，未经授权擅自获取、使用天猫平台的商品数据，构成不正当竞争，故判决三被告立即停止侵权，并赔偿天猫经济损失200万元及合理维权费用5万元。电商平台通过合法授权的方式收集、存储的规模化商品数据不仅是电商平台的重要基础资源，也是其核心竞争要素，可以构成其合法的财产权益。数据资产入表需要评估这些数据资产的商业价值，并在财务报表中予以体现，通过技术手段绕开数据保护措施，获取并使用他人数据的行为，可能被认定为不正当竞争，进而影响数据资产入表。数据资产入表过程中，企业必须通过数据合规确保其数据收集和使用行为不构成对其他竞争者的不正当竞争。

除了企业间的民事纠纷，检察机关在办理涉网络的侵犯公民个人信息刑事案件时，对侵害众多个人信息权益的，也可依法提起刑事附带民事公

---

❶ 上海市高级人民法院：大众点评诉百度数据信息不正当竞争纠纷案——上海浦东法院数字经济知识产权司法保护典型案例（2017—2022）之五［EB/OL］.［2024-04-20］. https://mp.weixin.qq.com/s?__biz=MzAwNzM5NTU3NQ==&mid=2650200624&idx=3&sn=6c43c5d2862ab41c5e1f1ef1f29183cc&chksm=837cbba8b40b32bec0a727055e0260e5d3628c8cd1cb72d4d3a49f18f2f6b006fae36ac2717e&scene=27.

益诉讼,诉请被告承担停止侵害、消除危险、赔偿损失等民事责任。例如,在上海市浦东新区人民检察院诉张某侵犯公民个人信息刑事附带民事公益诉讼案中,张某通过技术手段非法侵入某软件公司计算机信息系统,获取系统内的客户订单信息6万余条并出售获利,这些信息中包含客户的姓名、手机、交易记录等数据。因客户交易信息泄露,某软件公司被第三方交易平台索赔,部分客户接到诈骗电话,众多消费者面临诈骗风险,公共利益处于持续受损状态。上海市浦东新区人民检察院以张某犯侵犯公民个人信息罪向浦东新区人民法院提起刑事附带民事公益诉讼,在浦东新区人民法院主持下,张某认可检察机关附带民事公益诉讼提出的诉讼请求,双方达成调解。❶

从上述案例中可以看出,数据合规挑战中的民事风险主要表现在以下几个方面:未经授权使用数据,未经数据所有者许可,擅自使用其数据,可能构成侵权行为,导致赔偿责任。数据的商业化使用,将用户数据用于商业目的,尤其是在未经用户明确同意的情况下,可能侵犯用户的合法权益。竞争关系中的不正当竞争,在存在竞争关系的企业之间,非法获取或使用对方数据,可能构成不正当竞争,损害对方商业利益。公益诉讼,非法使用个人数据,侵犯隐私权,可能引起检察院的注意,导致公益诉讼。数据合规不仅关乎法律遵循,更关系企业的长远发展和社会信誉,企业在数据资产入表过程中,必须高度重视数据合规问题,建立健全的数据合规管理体系,尊重并保护个人和企业的合法权益。同时,企业应加强与监管机构的沟通,及时了解和遵守最新的法律法规要求,以降低可能构成不正当竞争、民事侵权的风险,保障企业的合法权益。通过这些措施,企业可以在数字化时代中稳健前行,实现可持续发展。

四、数据不合规的刑事犯罪风险

随着数字化转型的加速,个人信息的商业价值日益凸显,随着《个人

---

❶ 最高人民检察院:上海市浦东新区人民检察院诉张某侵犯公民个人信息刑事附带民事公益诉讼案——最高检发布个人信息保护检察公益诉讼典型案例之六 [EB/OL]. [2024-03-30]. https://www.spp.gov.cn/spp/xwfbh/wsfbt/202303/t20230330_609756.shtml#2.

信息保护法》的实施，给企业获取、使用个人信息划定了法律的界限，非法获取、出售或提供个人信息的行为不仅侵犯公民的隐私权和个人信息权益，更可能触犯刑法，导致刑事责任。数据资产入表过程中，对于包含较多个人信息的数据资产的所有者来说，数据不合规可能导致构成侵犯公民个人信息罪的刑事法律风险。通过分析公安部公布的打击侵犯公民个人信息犯罪的典型案例，我们可以更深入地了解数据合规挑战中的刑事犯罪风险。

在广东佛山某汽车服务有限公司侵犯公民个人信息案中，一家汽车服务公司非法获取交通事故车主信息，并通过通讯群组非法出售这些信息。该公司与保险公司、拖车公司以及路政部门工作人员勾结，利用这些信息进行商业推广，诱导事故车主前往指定地点维修，从而赚取信息"中介"费用。这种行为不仅侵犯车主的个人信息权益，还构成刑事犯罪，最终导致47名犯罪嫌疑人被捕，涉案金额高达300余万元。❶

在安徽宣城"1·10"侵犯公民个人信息案中，揭示了一个"居间助贷"的中介公司非法获取公民个人信息的行为。该公司伪装成正规借贷公司，吸引有贷款需求的人员填写个人信息，然后在未经授权的情况下，将这些信息出售给贷款公司牟利。这种行为严重侵犯公民的个人信息权益，并构成刑事犯罪，最终导致39名犯罪嫌疑人被捕，涉案金额达1600余万元。❷

在福建龙岩某公司侵犯公民个人信息案中，一家房地产公司的员工非法获取并向他人出售业主信息，这些信息随后被转卖至建材家居、装修设计等公司，用于拨打骚扰电话进行精准营销。这种行为同样构成刑事犯罪，导致14名犯罪嫌疑人被捕，涉案金额30余万元。❸

从以上案例中，可以看到数据合规挑战中，由数据不合规所引发的刑

---

❶ 央广网：公安部发布打击侵犯公民个人信息犯罪十大典型案例［EB/OL］．［2024 – 03 – 10］．https：//baijiahao.baidu.com/s? id = 17738154248837162 52&wfr = spider&for = pc.

❷ 央广网：公安部发布打击侵犯公民个人信息犯罪十大典型案例［EB/OL］．［2024 – 03 – 10］．https：//baijiahao.baidu.com/s? id = 17738154248837162 52&wfr = spider&for = pc.

❸ 央广网：公安部发布打击侵犯公民个人信息犯罪十大典型案例［EB/OL］．［2024 – 03 – 10］．https：//baijiahao.baidu.com/s? id = 17738154248837162 52&wfr = spider&for = pc.

事犯罪风险主要体现在非法获取、出售、提供公民个人信息，且构成该罪名的犯罪主体可以是单位，单位犯罪时会对单位判处罚金，并对其直接负责的主管人员和其他直接责任人员判处相应的刑事责任。企业在数据资产入表过程中，必须高度重视数据合规问题，以避免刑事犯罪风险。企业需要建立严格的数据管理制度，确保所有个人信息的获取、使用和分享都符合法律法规的要求，此外，企业还应加强对员工的法律教育和培训，提高他们对个人信息保护的意识。只有这样，企业才能在数字化时代中稳健前行，避免因数据不合规问题而导致企业及直接负责的主管人员和其他直接责任人员面临刑事处罚的风险。

　　通过本章的分析可以看到，数据资产入表是企业数字化转型中的一项重要工作，它不仅涉及数据资产的确权，还涉及数据的合规性问题。数据资产确权是确认数据资产权属、激发数据要素经济潜能的关键步骤，而数据合规则是保障企业合法运营、维护市场秩序、保护个人隐私的基础。企业必须在数据资产入表过程中，高度重视数据合规问题，建立健全的数据合规管理体系，确保数据的合法、合规使用。同时，企业需要认识到数据资产确权的复杂性和不确定性，通过多方协同合作，以数据资产入表的方式提高数据资产确权的稳定性和合规性。

第五章　我国数据资产合规入表路径

在当前数字化浪潮席卷全球的背景下，数据资产已成为企业乃至国家竞争力的核心要素。推动数据资产入表有助于发挥数据要素的标准化属性，通过数据互联互通助推全国统一大市场建设，提高市场运行效率，以数据要素赋能劳动力、资本、信息等其他要素；同时，推动数据资产入表也有助于推动企业数字化转型，有效激活数据要素市场供需两端主体的积极性，推进数据要素的市场化配置。更重要的是，伴随着人工智能等技术的快速发展，产业迭代日新月异，全球经济结构和创新版图正在快速变化。我国作为坐拥海量数据资源、丰富数据应用场景的国家，率先确认数据作为生产要素地位，有助于走在国际数据资产相关标准制定进程的前列、把握未来数字经济发展的话语权。

然而，我国数据资产入表的状态呈现出一定程度的混乱，缺乏统一的标准和流程，这不仅影响数据资产的有效利用，更在一定程度上制约着数据经济的健康发展。尽管《暂行规定》明确数据资源在符合一定条件的情况下可以被认定为"资产"计入资产负债表，但是该文件仅能规范财务会计行为，无法提供全方位的数据资产入表指引，我国目前的法律法规或其他政策性文件亦暂未有效衔接、构建完整的数据资产入表流程。

在此背景下，我国数据资产入表合规路径的构建显得尤为重要。这不仅需要政府、企业、法律机构等多方共同参与，更需要我们深入研究数据资产的特性，结合我国实际情况，制定出一套既符合国际标准又具有中国特色的数据资产合规标准。而由专业律师事务所出具的DAC法律意见书，可以作为数据资产化和数据资本化过程中不可或缺的法律保障，确保数据资产在入表前满足所有相关法律法规的要求，防止国有资产流失，保障数据资产的安全性和合规性，在数据资产入表过程中发挥着举足轻重的作用。同时，我们还需要加强数据资产入表流程的管理和监督，确保每一个环节都符合合规要求，为数据资产的有效利用和数据经济的健康发展提供坚实的保障。

第一节　标准化流程引领数据资产入表

鉴于当前数据资产入表领域尚未形成明确的统一标准，合规性作为整个流程的基石显得尤为关键，其不仅是数据资产入表不可或缺的前提条件，更是保障数据资产安全、精准计量的核心要素。每个环节因其特性而承载着各异的合规要求，因此，制定一套统一且专业的标准来规范整个入表流程势在必行。在此过程中，DAC 法律意见书发挥着举足轻重的作用，确保入表流程都严格遵循法律法规和政策导向，从而为数据资产的合规入表及后续确权交易奠定坚实基础。

一、制定资产合规入表标准

（一）数据资产入表的混乱现状

近年来，随着大数据和人工智能技术的迅猛发展，数据资产在企业运营和决策中的作用日益凸显。数据资产入表作为将企业的数据资源纳入财务报表进行会计处理和披露的重要过程，对于反映企业真实价值、提高市场透明度具有重要意义。然而，目前我国数据资产入表合规的混乱现状不容忽视，相关报道中存在的错误认识亟待纠正。

1. 将登记误解为入表终点

有些企业错误地将数据资产的登记视为入表流程的终结，误以为一旦登记完成，数据资产即自动纳入财务报表。实际上，数据资产的登记仅仅是入表过程中的一个初步环节，用于记录数据的存在和基本信息。真正的入表过程需要经过严格的识别、评估、计量和披露等会计程序，确保数据资产在财务报表中的准确反映。

2. 混淆数据产品交易与入表

某些企业或个人错误地将数据产品的交易过程等同于数据资产的入表，认为交易即意味着入表。但是，数据产品交易是数据在市场中的经济交换，关注的是数据的交易价格和交易条件。数据资产入表则是将数据作为企业资产在财务报表中进行会计确认和计量的过程，关注的是数据资产的价值和对企业财务状况的影响。两者在性质、目的和会计处理上存在显著差异。

3. 简化入表流程以降低成本

为追求效率与成本效益，一些企业试图简化数据资产入表的流程，减少必要的步骤和环节。然而，数据资产入表是一个涉及多个关键步骤和复杂判断的过程，每一步都需要遵循会计准则和法规要求。简化流程可能导致数据资产价值评估不准确、信息披露不完整，进而影响财务报表的质量和企业的市场形象。因此，企业应确保入表流程的完整性和合规性，避免简化流程带来的风险。

4. 期望一次性完成入表

某些企业期望通过一次性操作或步骤，就能完成数据资产的入表工作。数据资产入表是一个逐步推进、循环往复的过程，涉及数据的收集、整理、评估、确认、计量和披露等多个环节。这些环节需要逐步进行，并根据实际情况进行迭代和优化。一次性完成入表不仅不切实际，还可能导致数据资产价值评估不准确、信息披露不充分等问题。因此，企业应按照规定的流程和步骤逐步推进数据资产入表工作。

5. 忽视数据质量的重要性

在数据资产入表过程中，一些企业忽视了对数据质量的评估和控制，认为只要数据数量足够即可。数据质量是数据资产价值的核心要素之一，直接影响数据资产在财务报表中的准确性和可靠性。低质量的数据可能包含错误、重复或无效的信息，这些信息如果被纳入财务报表中，可能导致决策失误和财务风险。因此，在数据资产入表过程中，企业必须加强对数据质量的评估和控制,确保数据的准确性和可靠性。

虽然目前尚未出台关于数据资产入表的法律流程,但合规性始终是数据资产入表的前提条件。合规性不仅涉及企业的财务报表质量和市场形象,还涉及企业的法律责任和声誉风险。在整个入表过程中,企业应遵循相关法律法规和会计准则的要求,确保流程的合规性和准确性。为了规范企业的数据资产入表行为,提高数据资产的质量和价值,促进数字经济的健康发展,必须制定数据资产入表的相关标准。这些标准应涵盖数据资产的识别、评估、确认、计量、披露等各个环节,并明确各个环节的具体要求和操作规范。同时,标准还应考虑不同行业、不同企业的特点和需求,确保标准的适用性和可操作性。

(二)制定原则与目标

在制定数据资产合规入表标准时,应遵循以下原则以确保指南的科学性、规范性和实用性:(1)合法合规原则,严格遵守国家法律法规、企业会计准则及数据保护的相关规定,确保数据资产入表过程的合法性;(2)准确性原则,确保数据资产入表的内容真实、准确,反映企业数据资产的真实状况和价值;(3)可操作性原则,制定易于理解和操作的规范,便于企业实施和操作;(4)前瞻性原则,考虑到技术和市场的快速变化,制定具有一定前瞻性的标准,以适应未来数据资产入表的新需求。

制定"数据资产合规入表"标准的目标在于为企业提供一个明确、统一的指导框架,以规范数据资产入表的过程,确保数据资产能够准确、合规地纳入企业的财务报表。具体目标包括:(1)规范数据资产入表流程:明确数据资产入表的各个环节和步骤,确保流程的规范性和一致性;(2)明确数据资产评估与计量标准:建立数据资产评估和计量的统一标准,使数据资产的价值能够得到客观、准确的反映;(3)强化数据资产管理与保护:提升企业对数据资产的管理和保护意识,确保数据资产的安全和完整性;(4)推动数据资产价值实现:通过规范的数据资产入表,促进数据资产的流通和交易,实现数据资产的价值最大化。

通过实现上述目标,我们期望"数据资产入表合规指南"能够成为企业数据资产管理的重要参考工具,推动数据资产管理的规范化、标准化和

※ 数据资产入表与资本化

高效化,为企业的可持续发展和数字化转型提供有力支撑。

(三) 制定意义

当前,我国正处于数字经济快速发展的关键时期,数据资产的管理和利用已成为推动数字经济发展的重要力量。然而,由于数据资产的特殊性和复杂性,数据资产入表工作在实践中面临诸多挑战和问题。一方面,数据资产的识别和分类标准不统一,导致数据资产的价值难以准确评估;另一方面,数据资产的计量和报告规范不明确,使得数据资产入表工作缺乏明确的操作指引。

为了解决上述问题,推动数据资产入表工作的规范化和标准化,我们倡议制定"数据资产合规入表"标准。数据资产合规入表标准的制定旨在为企业提供一套完整、系统的数据资产入表操作路径,明确数据资产的识别、分类、计量、报告等环节的要求和标准,规范数据资产入表工作的操作流程和操作方法。

数据资产合规入表标准的制定具有重要的现实意义和深远影响。首先,它有助于填补数据资产入表领域的空白,为市场主体提供明确的操作指引,促进数据资产入表工作的规范化和标准化。其次,它有助于推动数据资产管理和利用水平的提升,提升企业数据治理的规范性和透明度,增强企业的竞争力和创新力。最后,它有助于推动数据要素市场的健康发展,促进数据的流通和交易,推动数字经济的高质量发展。

综上所述,"数据资产合规入表"标准的制定是一项必要而紧迫的任务,它将为企业合规、有效地管理和利用数据资产提供有力的指导和支持,为数字经济的持续健康发展注入新的动力。

二、数据资产合规入表实践路径

(一) 数据资产识别与分类

在数据资产入表的过程中,首要任务是识别并分类数据资产。识别数据资产意味着要明确哪些数据资源具有经济价值,并能为企业带来未来经济利益。分类则是对识别出的数据资产按照其性质、来源、用途等特征进行归类，以便于后续的评估、计量和入表操作。

分类过程中，需要考虑数据的类型（如结构化数据、非结构化数据）、数据的来源（如内部生成、外部购买）、数据的敏感性（如个人身份信息、商业机密等）以及数据的生命周期等因素。通过明确的分类标准，可以确保数据资产得到合理的划分，为后续工作奠定基础。

（二）数据资产登记

登记是为了某种目的、根据某种法律依据，将某些特定的对象记录在某种载体上的行为和过程，分为声明类登记和权属类登记。数据资产登记的主要目的在于确保数据资产的管理、利用和保护更加有序和高效。

对于声明类的登记，在数据权属转移时往往被人怀疑，因为数据资产一大问题在于其易于被复制，因而容易存在虚假交易，所以需要进一步实质性的审核。此外，还需要地方和行业的立法者参与出台数据登记条例，从法律层面保证数据权属的归属。

（三）数据资产评估

数据资产评估是对数据资产的质量和价值进行客观、公正地评定。评价过程中，需要综合考虑数据资产的成本、收益、风险等因素，采用适当的评价方法（如成本法、收益法、市场法等）进行数据资产评价，其涵盖质量评价和价值评价两个关键方面。

质量评价聚焦于数据资产的本质属性，包括对数据来源可靠性的评估、数据处理流程的准确性验证以及数据结构的合理性审查。通过专业的数据清洗、验证和标准化技术，保证数据在入表前达到高质量标准，避免误导性信息的存在。价值评价则深入挖掘和评估数据资产的潜在价值，综合考虑数据的直接价值和间接价值，如市场价值、利润贡献、决策支持、客户关系维护等。采用先进的评估模型和方法，通过定量和定性分析，全面衡量数据资产对企业的重要性和价值，为数据资产的合理定价和有效应用提供决策依据。

通过质量评价和价值评价的有机结合，评价结果能够真实反映数据资产的价值，为数据资产入表提供准确的依据，为企业带来更大的经济效益和市场竞争力。

（四）数据资产合规入表

数据资产合规入表是确保企业数据资源在财务报表中得到准确、透明且合规反映的关键步骤。在产权证书、数据范围和数据内容等各个方面，都需要满足严格的合规要求。

数据资产合规入表要求企业确保数据来源的合法性和合规性，并通过适当的法律手段明确数据产权，如签订数据使用协议、获得数据授权等。在确定数据范围时，企业需要遵循相关法律法规和会计准则的要求，确保所选择的数据具有代表性、可计量性和可比较性，同时要避免将涉及个人隐私、商业秘密等敏感信息纳入数据范围。在数据处理和报告过程中，企业需要遵循严格的内部控制制度和审计程序，确保数据的准确性和可靠性并关注数据的时效性和可解释性，确保数据能够真实反映企业的经营状况和财务状况。

在数据资产入表过程中，需要遵循一系列规范，包括确保数据资产来源的合法性和合规性、确保数据资产评估和计量的准确性和客观性、确保数据资产入表过程的透明度和可追溯性等。

（五）入表会计处理

为确保数据资产入表会计处理的准确性和透明度，以支持财务报表的可靠披露，财政部等相关部门制定了《暂行规定》，对数据资源的会计处理及披露要求进行了全面规范。这些规定要求企业在财务报表中详细披露数据资源的来源、性质、用途、价值评估方法、使用寿命以及相关的会计处理信息，包括但不限于获取成本、折旧或摊销方法、减值测试等。

《暂行规定》强调，披露应清晰、明确地反映数据资源的会计处理情况，避免使用过于复杂或模糊的表述，以便于投资者和其他利益相关者理解。此外，企业还需在财务报表附注中提供必要的数据和解释，以支持披露信息的准确性和完整性。对于披露的时间要求，企业需按照规定的时间节点进行数据资源的会计处理披露，包括年度报告、中期报告等定期报告，以及重大交易或事项发生时的临时报告。这些规定旨在确保数据入表会计处理的合规性和及时性，以支持财务报表的可靠编制和披露。

《暂行规定》的披露要求旨在提高财务报表的透明度和准确性，保护投资者和其他利益相关者的合法权益。企业需要严格遵守这些规定，确保数据资源的会计处理符合会计准则和法律法规的要求。

（六）数据资产管理与保护

数据资产管理与保护是确保数据资产安全、合规利用的关键环节。在管理方面，企业需要建立完善的数据资产管理制度，明确数据资产的管理责任、权限和流程。同时，还需要加强数据资产的日常管理和监控，确保数据资产的安全性和完整性。

在保护方面，企业需要采取一系列措施来保护数据资产的安全和隐私。这包括加强数据访问控制和权限管理、采用数据加密和脱敏技术、建立数据备份和恢复机制等。此外，企业还需要加强员工的数据安全意识培训，提高员工对数据安全和隐私保护的重视程度。

总之，制定"数据资产入表合规指南"标准需要综合考虑数据资产的识别与分类、评估与计量、入表流程与规范以及管理与保护等方面。通过明确这些内容和要求，可以为企业合规、有效地管理和利用数据资产提供有力的指导和支持。

三、数据资产入表的实施与监督

（一）实施步骤与策略

实施"数据资产入表合规指南"是一个系统性、逐步推进的过程，需要确保每一步都严谨、有效。以下是实施的主要步骤与策略：

（1）培训与宣传。首先，组织相关的培训会议，邀请专家对数据资产入表合规的要求和流程进行详细解读，确保相关人员能够准确理解并掌握指南的要求。同时，通过宣传材料、网络平台等多种渠道，广泛宣传数据资产入表合规的重要性和意义，提高市场主体的认知度和参与度。

(2) 试点与推广。选择一批具有代表性的企业作为试点单位，先行先试，探索数据资产入表合规的具体操作方法和经验。在试点过程中，及时总结经验教训，完善指南的相关内容。待试点成功后，逐步扩大实施范围，推动数据资产入表合规工作的全面展开。

(3) 制度建设与完善。结合实施过程中的实际情况，不断完善数据资产入表合规的相关制度，包括数据资产管理、数据交易、数据安全等方面的制度，为数据资产入表合规提供有力的制度保障。

(二) 监督与评估机制

为确保数据资产入表合规工作的有效推进，需要建立健全的监督与评估机制。

(1) 监督检查：定期对实施"数据资产入表合规指南"的企业进行监督检查，检查其是否按照指南的要求进行数据资产的识别、分类、计量和报告等工作。对于发现的问题，及时提出整改意见，并督促企业限期整改。

(2) 效果评估：定期对数据资产入表合规工作的实施效果进行评估，包括评估企业的数据资产管理水平是否提升、数据资产的价值是否得到充分体现等。通过评估结果，可以了解指南的实施效果，为后续的完善和优化提供依据。

(3) 信息反馈与调整：建立信息反馈机制，鼓励企业、专家和社会公众对指南的实施情况提出意见和建议。根据反馈的信息，及时调整和完善指南的相关内容，确保指南的适用性和有效性。

通过实施步骤与策略的制定以及监督与评估机制的建立，可以确保"数据资产入表合规指南"得到有效实施，推动数据资产入表工作的规范化、标准化进程，为企业合规、有效地管理和利用数据资产提供有力的指导和支持。

四、结论与展望

编制数据资产合规入表标准，不仅可以为企业提供数据资产管理的规范，也为整个数字经济行业注入新的活力。《数据资产入表合规指南》的意义与影响具体体现在以下几个方面：

对于企业而言，数据资产合规入表标准的出现使得数据资产的管理和计量有了明确的依据。它有助于企业更好地识别、计量和披露数据资产，进而提升企业的财务透明度和市场竞争力。此外，《数据资产入表合规指南》还帮助企业规范数据资源的会计处理，确保数据资产能够准确、合规地纳入财务报表，从而为企业提供更准确的财务状况和经营成果信息。

对于投资者和利益相关方而言，数据资产合规入表标准的出台有助于他们更全面地了解企业的数据资产情况，进而做出更明智的投资决策。通过查看企业的财务报表，他们可以了解数据资产的价值、成本以及未来的收益预期，从而评估企业的整体价值和潜在风险。

对于整个数字经济行业而言，数据资产合规入表标准的发布有助于推动行业的健康发展。它有助于打破数据"孤岛"现象，促进数据的共享和流通，进而推动数字经济的发展。同时，通过对数据要素市场的优化配置，可以进一步激发数据资产的创新应用，为数字经济的高质量发展注入新的动力。

从国家层面来看，数据资产合规入表标准的出台也体现了我国在数据资产管理方面的政策导向和决心。它有助于完善我国的数据要素市场制度，提升我国在全球数字经济领域的竞争力和影响力。通过对数据资产的规范管理和利用，可以进一步激发数字经济的创新活力，推动数字经济与实体经济的深度融合，为我国经济的持续健康发展注入新的动力。

随着人工智能、大数据等技术的不断发展，未来数据资产入表的管理将更加智能化和自动化。通过利用这些先进技术，可以实现对数据资产的自动识别、计量、披露和监控，提高数据资产管理的效率和准确性。为了适应数据资产管理的不断发展，需要进一步完善数据资产入表的标准体系。其中包括制定更加详细和具体的准则、规范，以及建立与国际接轨的标准体系，以确保数据资产管理的科学性和规范性。企业需要加强数据安全管理制度的建设，采用先进的数据加密技术，确保数据资产的安全性和隐私性。同时，政府也需要加强数据安全监管，制定更加严格的数据安全法规，以维护国家安全和社会公共利益。

数据资产不仅限于某一行业或领域，未来的发展趋势将是跨界融合和创新应用。企业需要打破行业壁垒，加强与其他行业的合作与交流，共同推动数据资产的创新应用。同时，政府也需要为跨界融合提供政策支持，鼓励企业开展数据资产的跨界合作与创新。制定数据资产入表合规标准对于提升企业管理水平、促进数据要素市场健康发展以及推动数字经济高质量发展具有重要意义。未来，随着技术的发展和市场的变化，我们需要持续关注数据资产入表的发展趋势和改进方向，不断完善和优化相关政策和标准体系，以适应数字经济发展的新需求和新挑战。

第二节 DAC法律意见书助力数据资产合规入表

随着大数据时代的到来，数据资产成为企业核心竞争力的重要组成部分。然而，数据资产的收集、存储、处理和应用等过程中涉及诸多法律问题，如数据隐私保护、数据安全、数据跨境流动等。为了确保数据资产入表的合规性，降低企业面临的法律风险，DAC法律意见书应运而生。

DAC法律意见书的发展经历了从初步探索到逐渐成熟的过程。随着数据资产重要性的不断提升和法律环境的日益复杂，越来越多的企业开始意识到DAC法律意见书的重要性。同时，法律服务机构也积极响应市场需求，不断提升DAC法律意见书的专业性和服务质量。目前，DAC法律意见书已经成为企业在数据资产入表过程中不可或缺的法律工具。

一、DAC法律意见书概述

DAC法律意见书，全称数据资产合规性评估法律意见书，是一种针对数据资产入表过程中的合规性进行专业评估的法律文件。它综合运用法律知识和数据技术，对数据资产进行法律层面的审查和分析，为企业提供关于数据资产入表的合规建议和法律保障。

笔者带领团队先行先试，在数据资产出资路径、数据资产入表阶段，律师应出具DAC法律意见书，通过"梳理拟定入表数据＋数据资产登记＋数据资产评估+数据资产合规入表"等合规模块,审查企业数据资产入表的合法性、合规性和安全性,为企业的数据资产化和数据资本化需求提供完善的法律合规支持和保障。目前,笔者带领团队已经完成国内首单央企数据资产入表 DAC 法律服务。

二、DAC 法律意见书的必要性

在现代数据驱动的经济环境中,DAC 法律意见书在数据资产合规入表、数据资产管理、数据流通与交易、国有企业数据保护以及数字经济发展等方面具有不可替代的作用。它是企业实现数据资产合规性、安全性和价值最大化的重要工具,也是国家推动数字经济健康发展的关键举措。以下是对其必要性的深入论述。

(一)实现数据资产的实质确权

虽然《民法典》第 127 条承认了数据的民事权益地位,但细节不明确,导致权属存在争议。《数据二十条》提出建立数据产权制度,包括数据资源持有权、数据加工使用权和数据产品经营权"三权分置",各地也相继出台了数据产权登记的地方性规定。然而,与数据资产入表相比,数据产权登记存在其固有缺陷。

1. 推定权属与确定权属

数据产权登记是一种推定权属,而并非确定数据资产的权属。当前的产权登记和著作权登记十分相似,通过权力机关对权利进行确认,然而,由于数据流转的链条复杂,各个阶段的授权调查难度大,这种确认只能视为对权属的一种推定,事实上,当企业合法地获取或者产生数据资源,其就享有对该数据资源的权利。数据产权登记不能直接确定权属,只能推定权属。而数据资产入表要求必须确定权属,这是其与产权登记的本质区别。数据资产入表需要企业进行深入尽调,明确权属,而不能简单依靠推定。这也决定了数据资产入表必须建立在严谨的权属确认基础之上,这与产权登记的简单推定权属形成对比。

2. 追溯调查与前置合规

数据产权登记侧重短期证明，而数据资产入表需要长期的数据合规工作。事实上，目前企业"重数据价值而轻视数据授权"，当意识到可以进行数据登记产权时，才"追溯"调查数据的来源和授权情况。在这种情况下，即使获得了产权登记证书，也很容易受到他人异议，难以真正获得数据权利。

相比之下，数据资产入表要求企业在平时就开展大量的数据合规工作，包括收集、存储、处理数据的全过程合规性调查，确保各个环节均符合相关规定。这需要企业投入大量时间和精力开展合规调查、完善内控机制。如果企业平时就做好这些长期合规工作，那么在申请数据资产入表时，就能确保权属清晰、证据充分，避免遭受异议。

综上所述，数据产权登记的"追溯调查"与数据资产入表的"前置合规"是又一个重要区别。后者需要企业形成长期的合规工作机制，而不能像简单登记那样等到需要时才临时应对。因此，应当准确认识《评估指导意见》对数据资产"合法"的认识，并非权力机关授予权利后数据资产才合法，而是要在长期的工作中"合法"。准确认识这一区别，并在日常工作中做好合规，是企业进行数据入表的重要环节。DAC法律意见书在数据资产入表的"前置合规""确定权属"中发挥着重要作用。

（二）保障入表后的数据资产交易合规

DAC法律意见书在保障入表后的数据资产交易合规性方面扮演着至关重要的角色。对于国有企业而言，国有数据资产的管理和交易必须符合更高的标准和要求，以防止国有资产流失并确保数据资产的安全。同时，在IPO审核中，DAC法律意见书帮助企业发现数据合规风险，提出改进措施，为企业的数据合规提供权威的合规支撑，使企业能够顺利通过IPO审核。因此，DAC法律意见书是保障数据资产交易合规性、维护企业数据资产安全的重要法律工具。

1. DAC法律意见书对国企的作用

根据《中华人民共和国企业国有资产法》，"本法所称企业国有资产

(以下称国有资产），是指国家对企业各种形式的出资所形成的权益"。由此可见，国有出资企业中的数据资产应当被判定为国有资产，并适用相关法律规定。

对国有数据资产的管理和交易比一般企业面临更高要求：第一，国有数据资产的管理要始终以促进资产保值增值为目标。相关部门要建立数据资产价值评估体系，加强对国企数据资产价值变动的监测，发现价值减损要求企业整改并追究相关责任。第二，国有数据资产的转让交易必须遵守国家规定的评估程序与审批要件，防止资产流失。第三，必须提高对国有数据资产的安全防护力度，防范数据泄露、盗取、攻击等风险，避免造成国家财产损失。

因此，国有企业在面对数据资产入表时，不是选择题而是必答题，如数据资源符合入表条件就应当开展数据资产入表工作，防止国有资产流失。国有企业在开展数据资产管理时，应当聘请律师事务所出具DAC法律意见书，从法律层面保护国有数据资产权益。在企业国有产权进场交易时，也应聘请律师事务所出具DAC法律意见书，防止国有资产流失。律师可以审查企业的数据治理制度是否完善，数据来源是否合规，交易授权是否符合国资监管要求，为企业数据资产提供专业合规支持，维护国家财产安全，充分发挥DAC法律意见书在国企数据资产管理中的重要作用。

2. DAC法律意见书对IPO的作用

在IPO审核中，监管机构对企业的数据合规情况进行全面细致的提问，主要关注企业的数据是否符合相关法律法规、数据合规制度建设，数据的收集、使用与储存、关键信息基础运营者的数据合规、未来潜在的合规风险等风险。这要求企业需要对自身整个数据处理流程进行合规性检视，确保各个环节均符合监管要求，才能通过严格的审核。

在IPO审核过程中，DAC法律意见书发挥着独特而关键的作用。它可以以专业的法律视角，全面审视企业数据处理的合规状况，发现企业存在的各种数据合规风险，并针对性地提出改进措施，帮助企业修补合规漏洞，建立健全的数据治理机制。DAC法律意见书为企业的数据合规提供了权威的合规支撑，使企业能够通过严格的审核要求，顺利完成IPO。它既是一个企业自身数据合规的检视工具和整改指南，也是向监管机构充分展示企业数据合规状况的验证报告。因此，在新监管环境下，DAC法律意见书已成为企业IPO不可或缺的合规辅助工具。

三、DAC法律意见书的内容要点

（一）相关数据产权证书合规审查

为贯彻落实《数据二十条》的精神，深圳市发布了《深圳市数据产权登记管理暂行办法》，向符合规定的数据资源持有者、数据加工使用者和数据产品经营者颁发数据资源登记证书或数据产品登记证书。浙江、北京等省市发布了数据知识产权登记管理的相关规定，对符合规定的数据资源颁发数据知识产权登记证书。这些登记证书均采用电子方式发放，并在相关登记平台上公告。

因此，在DAC法律意见书中应当对相关数据产权证书进行合规审查，到相关登记平台核验其真实性，并调取相关登记材料，对登记时数据合规制度与数据资产入表时的数据合规制度进行差距检视。查明数据资产的产权是否存在争议或共有情况，产权主体是否具备合法主体资格，产权登记程序是否合规，防止出现超登记、重复登记等违规行为。

（二）数据资产范围合规审查

数据资源范围合规审查，包括审查各种数据资源可以被确定为无形资产或存货，以及企业合法拥有或控制的、预期会给企业带来经济利益的，但由于不满足企业会计准则相关资产确认条件而未确认为资产的数据资源。根据前述论证，数据资产的内涵为"特定主体合法拥有或者控制的，能进行货币计量的，且能带来直接或者间接经济利益的数据资源"。其中主要包括三点内容："合法拥有与控制""货币计量""带来直接或间接经济利益"。

因此，在DAC法律意见书中，应当主要分析企业对数据资源是否拥有或控制,即是否对数据资源具有决定性的影响力,能够决定数据资源的获取、使用、处分等权利。同时对其他资产评估部门、会计师事务所出具的对"货币计量"和"带来直接或间接经济利益"的报告进行法律风险上的核实与审查。

(三) 数据资产归类合规审查

《暂行规定》将数据资产区分为资产化的无形资产和存货以及其他未资产化数据。这意味着对数据资产的不同定义将面临不同的合规要求,以披露义务为例,《暂行规定》要求若作为无形资产管理,分别按外购数据资源、自行开发数据资源和其他方式取得数据资源三种情况对其账面原值增减变化、累计摊销增减变化、减值准备增减变化和账面价值等分别进行披露;还需披露数据资源使用寿命的确定、摊销期限、摊销方法以及处置等信息。若作为存货管理,分别按外购数据资源、自行加工数据资源和其他方式取得数据资源三种情况对其账面原值增减变化、存货跌价准备增减变化和账面价值等分别进行披露;还需披露数据资源存货成本方法、跌价准备的计提和转回以及受限情况等信息。若作为未资产化的数据资源,则可自愿披露相关信息。

然而,《暂行规定》将"企业使用"作为数据资源确认为无形资产的前提条件,将"日常活动中持有、最终目的用于出售"作为数据资源确认为存货的前提条件。这种界分条件存在使用模糊的可能性。

在实际业务中,有可能存在一种场景,即企业既使用数据资源支持自身的日常经营活动或战略决策,又将数据资源出售或许可使用给其他企业或个人,从而实现双重经济利益。在这种情况下,数据资源可能既满足无形资产的情形,也满足存货的情形。举例来说,某电商平台拥有大量的用户行为数据和商品销售数据,这些数据资源既可以作为企业生产要素,用于优化平台运营、提升用户体验、增加销售收入等,也可以作为数据产品,用于向第三方提供市场分析、广告投放、精准营销等,因此这部分数据既满足无形资产的要求,又满足存货的要求。

因此,在DAC法律意见书中,应当根据企业所拥有或控制的数据资源的类型、来源、用途、预期收益等因素,分析和评估其在入表过程中可能遇到的各种法律风险，并向企业提出如何有效地规避或降低这些风险，以及如何在符合国家相关法律法规的前提下，将其数据资源的经济价值和社会效益最大化，从而在合规与利益等方面做出更优的选择。

（四）数据治理合规审查

数据资产入表是指将符合企业会计准则要求的数据资源确认为企业资产负债表中的资产，反映其真实价值和业务贡献。数据资产入表需要满足三个条件：一是企业拥有或控制数据，二是数据有可能给企业带来经济利益，三是数据的成本能够可靠地计量。

然而，如何证明数据资源可以被确认为数据资产，需要建立长期的数据治理体系，以满足入表前确权和入表后交易的要求。数据治理体系涵盖数据来源、数据内容、数据处理、数据管理、数据经营等五个方面。一个有效的治理与管理体系，包括数据资产体系、数据资源目录、数据资产账户、数据资产血缘分析和数据资源运营等方面。因此，在数据治理合规审查过程中，需要开展数据来源合规审查、数据内容合规审查、数据处理合规审查、数据管理合规审查和经营合规审查。

DAC法律意见书可以为企业提供数据合规需求对接、尽职调查、风险识别、制度规则建立、动态跟踪和内部培训等服务，帮助企业规避数据合规风险，提升数据资产价值，促进数据流通使用。

（五）披露义务合规审查

适当的披露有利于将企业的隐形价值透明化，驱动企业价值的提升，DAC法律意见书的主要作用是对企业的披露行为是否满足《暂行规定》的要求进行逐条审查。

然而，披露义务可能与商业秘密的保护存在冲突。因此，DAC法律意见书不仅审查是否满足《暂行规定》相关披露义务的要求，还要向企业提出如何在满足会计准则和信息透明度的前提下，最大限度地保护其商业秘密不被泄露或侵犯。

这里可能涉及商业秘密的非公知性以及保密性，即商业秘密必须是对公众未知或难以获得的信息，并对其要求保护的商业秘密采取了适当的保密措施。为了保证非公知性要件，企业要确保其所要求保护的技术信息或者经营信息不为公众所知悉，即相关公众不能从公开的渠道获取到其所要求保护的技术信息或者经营信息，因此，企业在财务报表中披露数据时，需要由专业律师评估其披露的数据是否可能公开核心秘点，以免企业丧失其核心竞争优势；为了保证保密性要件，企业应当采取适当的措施，比如将数据资源标注为机密，限制获取和使用数据资源的人员范围，与员工和合作伙伴签订保密协议等。此外，还要考虑商业秘密的商业价值性要件，即商业秘密必须具有实际或潜在的经济价值。

为了保证核心商业秘密不受冲突，企业应当根据数据资源的重要性、敏感性和竞争力等因素，确定哪些数据资源可以适度披露，哪些数据资源必须严格保密，应由律师在 DAC 法律意见书中明确指出。

四、小　结

数据资产是企业在数字经济时代的重要资源和财富，它可以反映企业的真实财务状况和经营成果，增强企业的信用评级和融资能力，提升企业的市场竞争力和社会影响力。然而，数据资产的入表、交易、使用等过程也面临诸多法律风险和挑战，需要遵守相关的法律法规、政策文件、行业标准等，保证数据资源的合法性、安全性、可靠性和透明度。因此，急切需要形成一套标准的流程去进行数据资产的合规审查，以保障数据资产入表的合法性和安全性。

DAC 法律意见书是在时代背景之下应运而生，为数据资产的入表保驾护航，全方位为数据确权、数据治理、数据分类、数据入表、数据披露等提供合规、保护以及入表意见；为数据资产的流通与交易中的数据产权风险、数据合规风险、表内数据风险进行提示，并提供相应的建议和解决方案。国有企业在进行数据资产入表及国有产权进场交易时，首要的任务就是解决如何有效预防国有资产流失的问题。聘请律师事务所出具 DAC 法律意见书，是一个十分有效的方法，能够有力保障国有资产的安全，防止其流失。

DAC 法律意见书不仅关注数据资产入表本身，而且为后续数据要素的流通与交易提供坚实的法律保障，为推动数据资产化、资本化和发挥数据对生产效率提升的倍增效应提供全流程的法律助力，在确保数据安全的大前提下，充分激活数据要素潜能，充分利用数据这一新的发展要素，增强经济发展新动能，构筑国家竞争新优势，实现数字中国和数字经济的国家战略。

第六章 我国数据资产入表实践

本章通过论述数据资产入表背景、数据价值化过程、国外数据资产化的实践与探索、我国数据资产入表面临的挑战等相关内容，创设性地提出数据资产入表路径，包括：制定"数据资产合规入表"标准规范数据资产入表的活动，通过 DAC 法律意见书确保数据资产入表合法合规。笔者结合数据资产入表实践经验，详细论述我国数据资产入表的过程，包括尽职调查阶段、数据资产登记阶段、数据资产评估阶段、数据资产合规入表阶段，为企业数据资产入表提供实务指引。需要特别强调的是，在数字经济全球化新格局形成过程中，合规贯穿数据资产入表的全流程，因此，律师在数据资产入表方面发挥着重要的作用，在数据资产入表过程中应承担主协调人的角色，统筹推进数据资产入表全流程，同时保障数据资产化的合法性、合规性和安全性成了律师的使命和责任。

第一节 数据资产尽职调查阶段

在开展数据资产入表之前，需要首先对企业的数据资产进行盘点，并对相关的财务、人力、合规制度等进行尽职调查。数据资产入表并不仅仅是财务部门的工作，在数据资产入表之前，应该针对企业的技术部门、业务部门、法务部门、财务部门、人力资源等相关人员进行访问等形式的调查，只有在清楚企业数据资产详情以及相关的财务、人力与合规制度后才能开始数据资产的登记、评估与入表工作。

一、初步收集尽职调查材料

在企业决定启动数据资产入表工作后，或者企业与第三方专业机构签署服务合同之后，律师应首先向企业出具《数据资产入表初步尽职调查清单》，在清单中列明企业的数据产品基本情况介绍、公司业务简介、数据合规制度、网络与信息安全等级保护相关认证材料、与数据资产相关的知识产权证书、数据资产登记相关材料（如有）、数据资产评估相关材料（如有）、数据资产范围说明、数据资产归类说明、数据治理合规材料、数据资产披露制度、数据资产收益及成本情况等材料，并对相关材料的提交时间、提交范围作出详细说明。

将上述材料用于对企业数据资产的初步了解，对于确认企业数据资产范围、判断数据资产符合条件、企业数据合规制度完善程度、相关人力与资源保障程度等具有重要意义。只有在完成上述材料的收集与梳理后，才便于开展下一步的访谈与勘验工作。

二、相关人员访谈与现场勘验

在收集完毕上述尽职调查材料，对企业的数据资产和相关制度具有初步了解之后，数据资产入表工作人员应该针对材料中发现的问题或者重点关注的问题制作好访谈清单，进行现场访谈与数据库的现场勘验，便于更进一步了解企业的数据资产详情并核验所提交的材料的真实性。在访谈过程中，主要对技术部门、业务部门、法务部门、财务部门、人力资源等相关人员进行针对性的访谈。

（1）针对技术和业务部门的访谈。因为技术部门与业务部门之间往往是存在强联系关系的，所以访谈可以同时进行，方便了解更为详细的信息。访谈清单的设计思路一般有两种：一种是从企业的核心数据产品出发，直接调查核心数据产品的数据来源、应用场景、数据规模、数据结构、相关立项计划文件、验收文件、项目建设的公司决议等项目实施文件，围绕核心数据产品的相关信息进行调查；另一种则是根据企业的业务流程进行调查，需要了解与客户的签约情况、合作方式、签约后的数据处理过程,以及工作成果的交付形式等。在技术与业务的调查过程中,往往还需要进行核心数据产品的勘验工作,核实技术与业务人员的描述情况是否属实,在技术人员的操作下查看数据规模、数据结构、数据存储以及数据内容等,并形成勘验笔录。

针对技术部门与业务部门的访谈结束后,可以根据访谈的思路绘制业务流程图或者数据流程图,例如按照数据流的方向,首先确定数据的来源,明确数据来源的主体以及数据收集方式,其次明确数据的存储地址以及存储方式、年限等,再次明确数据的使用、加工方式,如对外提供的,明确提供方式、数据接收方,最后明确数据的销毁方式等。总之,可以通过绘图的形式明确数据处理各个环节所涉及的主体以及方式。

(2) 针对法务部门的访谈。针对法务部门的访谈主要是了解企业的数据合规管理制度是否完善,是否存在成文的数据合规相关制度,以及相关制度的落实情况。在访谈过程中,可以着重调查企业是否存在数据分类分级制度、数据全生命周期管理制度、内部人员数据访问与操作权限管理制度、数据安全事件应急制度、用户个人信息权利保障制度、数据经营合规制度、用户协议和隐私政策文本审核、数据来源相关合同约定、客户合同中关于数据权属的约定等。在实践中,往往存在两种不合规的情况:一是企业根本不存在数据合规相关制度,或者仅存在极少的简单的制度,这种情况则需要在数据资产入表之前进行紧急整改;二是虽然存在较为完善的数据合规制度,但是鲜少落地实施,仅存在于纸面,这种情况则应与企业管理者进行沟通,促进制度的落地实施。

(3) 针对财务部门的访谈。针对财务部门的访谈是需要确认拟入表的数据资产是否能够为企业带来收益以及成本是否能够单独核算,以便确认数据资产的范围。《暂行规定》明确要求拟入表的数据资产预期会给企业带来经济利益,所以在数据资产入表前有必要对企业的财务情况进行调查,确认数据资产能够入表的范围,以便明确下一步的登记方式与登记范围。财务部门人员是后续完成数据资产入表工作的主要人员,所以在尽职调查和进行访谈时就应该对财务人员进行相关培训,明确数据资产范围、入表条件、入表方式等,便于其开展、推进数据资产入表工作。

(4) 针对人力资源的访谈。针对人力资源的访谈需要了解企业对数合规管理组织的安排,是否存在完善的数据合规组织架构,关于数据合规第一负责人、数据合规管理部门、数据合规执行层的架构设计与工作范围的设定,对于处理个人信息达到网信部门要求的,还应该调查是否设置了个人信息保护负责人,另外,对于日常的数据合规相关培训的记录,人力资源部门提供的数据合规相关管理和保障,员工手册、劳动合同、保密协议、竞业限制协议等签署情况与数据相关条款的设计,企业内部的数据不合规事件举报与投诉机制,相关文件的保存,数据合规工作的奖励机制等。数据合规管理组织是推进数据合规管理制度的第一动力,徒法不足以自行,再完善的合规管理制度也需要有数据合规管理组织的推进。

当然,以上还仅是对于数据资产入表尽职调查内容的部分列举,在实际操作中还应该根据项目的具体情况进行安排,例如很多中小企业关于数据合规的组织架构和相关制度几乎没有,在尽职调查过程中内容就会相对较少,应重点关注对数据资产本身的盘查。对于数据合规管理制度相对比较完善的企业而言,则应该仔细梳理其数据合规管理制度,排查其数据合规管理制度是否完善。总之,数据资产入表并不是单纯的会计处理规则,而是牵一发而动全身的系统性工程,在数据资产入表之前就应该做好多方面尽职调查,再决定是否入表以及如何入表的问题。

三、撰写尽职调查报告

在收集完毕数据资产相关材料并进行现场访谈和现场勘验之后,数据资产入表工作人员应该对企业数据资产相关情况有了清楚的了解,并根据企业提供的资料和访谈形成的笔录撰写数据资产尽职调查报告。在数据资产尽职调查报告中,至少应该包含企业数据资产现状、企业数据合规制度现状、是否符合数据资产入表条件、进行数据资产登记的范围与方式、企业数据合规整改意见等内容。

特别是当企业存在多个核心数据产品时,数据资产登记的范围和登记的方式需要进行设计。另外,大多数企业在开展数据资产入表之前都存在或多或少的数据不合规的问题,在数据资产入表之前,应辅导企业开展数据合规制度建设工作,确保数据资产合法合规入表,避免后续出现纠纷。

第六章　我国数据资产入表实践 *

第二节　数据资产登记阶段

数据产权登记制度为数据资产的合法性、权属确定和流通提供了坚实的法律基础，是数据经济得以健康发展的关键支撑。因此，加强数据产权登记制度的建设与完善，对促进数据资源的合理利用和有效保护具有重要的现实意义。

产权明晰是各类生产要素实现商品化和资产化的重要前提。唯有建立起以产权保护和产权约束为基础的要素资产管理体系，才能真正实现数据要素从存在价值向使用价值的转化，形成稳定的市场预期和有效的经济激励机制。在这一过程中，数据资产确权是关键环节，主要包括两方面的工作任务：一是开展数据资产的初始确认，二是进行数据产权的登记。只有完成这两项工作，才能真正厘清数据资产的权属关系，为后续的数据资产管理、流通交易等环节奠定坚实基础。

一、数据资产初始确认

2023年12月5日，由浙江省标准化研究院牵头制定的《数据资产确认工作指南》（以下简称《工作指南》）正式实施，该指南填补了数据资产确认标准的空白，成为国内首个针对数据资产确认的省级地方性标准。数据资产确认是数据资产入表、数据流通交易的前置性工作。《工作指南》可以说是数据资产入表的发令枪。有了这个标准，企业对于什么样的资产将来能够入表就有了可遵循的规范标准，将大大促进和加速数据资产入表工作。❶

（一）资产识别

1. 识别要素

在数据资产识别阶段，企业需要重点关注数据的状态和使用场景，从

---

❶ 下文参考《数据资产确认工作指南（DB33/T 1329—2023）》，其中资产初始确认的主要内容可作为确定数据资源范围的主要依据。

215

数据价值的角度出发，优先识别和甄选出那些对组织运营、管理和决策具有高价值的核心数据资产。一般来说，访问频率高、业务关联度强、对企业生产运营有重要影响的数据，往往也是最应该被纳入数据资产范畴的优先对象。

在明确数据资产的范围后，还需要进一步审查这些数据的来源渠道是否合法合规、是否可追溯。只有满足合规性要求的数据，才能成为真正的数据资产，在后续的流转和交易中受到法律保护。此外，数据的存储位置是否明确、管理是否规范，数据安全和访问控制等因素也需要纳入考量。

数据资产识别是价值变现的第一步，也是数据资产管理的基础性工作。企业只有聚焦数据价值，围绕业务需求，充分利用好内外部数据，才能更好地释放数据红利，提升数字化水平。因此，要立足实际，遵循合规，在全面梳理的基础上，充分论证数据资产的价值，将最有价值的数据资源纳入管理视野，用专业的眼光和方法，扎实推进数据资产识别工作，夯实数字化发展的数据基础。

2. 识别流程

数据资产识别要充分发挥数据使用部门的主观能动性。数据资产的识别绝不能仅仅依赖财务部门，更需要数据使用部门的积极参与和密切配合。因为只有对数据价值有深刻认识的业务部门，才能更准确地判断哪些数据是最有价值的核心数据资产。

因此，在识别流程中，要充分调动业务部门参与的积极性，发挥他们的主观能动性。可以成立由业务骨干、数据分析专家等组成的联合工作组，协同信息技术部门、财务部门共同开展识别工作。工作组要深入业务一线，与数据使用者面对面沟通，了解他们的数据需求和业务痛点，评估潜在数据资产的业务价值。要鼓励业务部门从自身业务视角出发，主动推荐和提名对本部门、本业务有重要价值的数据资源。同时，要让业务部门参与识别全流程，协助财务部门梳理、标注数据资源的业务属性、质量状况和应用场景等。通过双方的紧密配合，既可以弥补财务部门对业务理解的不足，也可以弥补业务部门在数据技术方面的不足，从而大大提高数据资产识别的精准度。

第六章　我国数据资产入表实践

总之，只有调动起业务部门参与数据资产识别的积极性，让他们真正成为识别工作的主体，而不是被动的配角，才能最大限度地识别出真正有价值的数据资产，为企业创造更大的价值。这就是数据资产识别工作需要重点把握的"业务主导"原则。唯有牢牢把握这一原则，识别工作才不会流于形式，才能找准方向、抓住重点，更加高效、精准地推进。

（二）确认条件判断

根据《暂行规定》❶和《评估指导意见》❷，在判断数据资源是否符合数据资产定义时，需要重点把握以下四个关键点：

（1）数据资源必须是企业过去的交易或事项所形成的，有合法来源，而非来路不明。

（2）数据资源必须是企业合法拥有或实际控制的。企业对数据享有合法权益，对数据的获取、访问、使用等拥有控制权，是确认数据资产的重要前提。

（3）数据资源预期能给企业带来直接或间接的经济利益流入，具备价值创造或实现的潜力。这是数据成为真正意义上"资产"的关键特征。

（4）数据资源的价值能够以货币形式可靠计量，满足会计确认和财务报告的要求。只有能可靠计量的数据资源，才能纳入财务报表，成为名副其实的资产。

综上，识别并确认数据资产，关键是要严格对照上述四点要求，逐一判断、层层把关。只有同时满足合法来源、所有控制、预期价值和可靠计量这四个条件的数据资源，才能被界定为真正的数据资产，享受相应的会计和财务处理，在报表中列示。这四点要求相辅相成、缺一不可，是判断数据资源能否"入表"的硬杠杠，企业必须严格遵循、坚决执行。

---

❶ 一、关于适用范围 本规定适用于企业按照企业会计准则相关规定确认为无形资产或存货等资产类别的数据资源，以及企业合法拥有或控制的、预期会给企业带来经济利益的、但由于不满足企业会计准则相关资产确认条件而未确认为资产的数据资源的相关会计处理。

❷ 第二条 本指导意见所称数据资产，是指特定主体合法拥有或者控制的，能进行货币计量的，且能带来直接或者间接经济利益的数据资源。

1. 过去的交易或事项形成

在判断数据资源是否符合"过去的交易或事项形成"这一确认条件时，特别提示企业注意以下三点。

(1) 警惕虚假交易或授权。企业要严格审查交易和授权的真实性，坚决杜绝虚构的、实际并未发生的交易或事项。这类虚假交易或事项所产生的数据资源，绝不能被确认为数据资产。只有确保交易和授权真实有效，才能从源头上防范虚假数据资产的产生。

(2) 把握交易和事项的时间属性。企业只能将过去已经发生的交易或事项所形成的数据资源，确认为数据资产。对于尚未发生或者未来计划中的交易或事项，其相关数据尚不具备确认条件。把握时间这一关键属性，是正确认定数据资产的重要前提。

(3) 重视证明材料的管理。交易协议、授权文件、费用发票等是确认数据资产的基本凭证，也是应对未来审计或合规检查的必备证明。因此，企业要高度重视相关证明材料的收集和保管，建立健全数据资产的台账和档案，确保每项确认的数据资产都有据可查、有证可依。

2. 拥有或控制

在判断数据资源是否符合"拥有或控制"这一确认条件时，可从访问权限与处置权限两点来进行判断。

(1) 关注对数据的访问权限。企业是否能够合法、有效地访问和使用某项数据资源，是判断其是否拥有或控制该数据的关键标志。企业应当采用以访问控制为核心的信息技术手段，对数据资源进行严格管控。只有确保数据资源能被企业内部的合法用户有效访问和使用，同时能防止外部非法用户的窃取和滥用，才能认定企业对数据拥有实质性的控制权。

(2) 关注对数据的处置权限。除访问和使用权限外，企业是否拥有对数据进行增加、删除、修改、转让等实质性处置的权利，也是判断其是否拥有或控制数据的重要依据。如果企业能够按照自身意愿，对数据资源进行合法的处置和调整，不受其他方的限制或约束，就可以认为企业对该数据资源拥有充分的控制权。反之，如果数据资源的处置权受到严格限制，企业难以实现有效控制，则很难将其确认为自身的数据资产。

综上，在数据资产确认时，企业应当严格审视自身对数据的访问权和处置权，客观评估对数据的控制程度。对于虽然可以访问但不能实质性控制的数据，以及控制程度难以达到有效水平的数据，都不宜确认为本企业的数据资产。只有同时满足访问权和处置权这两个核心要素，才能认定企业对数据拥有真正的控制权，进而具备确认为数据资产的关键前提。这需要企业在数据资产确认的实务中，始终保持敏感和警觉，严格对照标准，审慎作出专业判断。

3. 预期价值流入

在判断数据资源是否符合"预期价值流入"这一确认条件时，企业需要着重把握以下两个关键点。

（1）重视时间因素的影响。数据资源预期带来经济利益的时间跨度，是判断其是否符合确认条件的重要参考。企业应当对数据资产在预计使用寿命内的价值贡献进行审慎评估，尽可能准确地预测其在各个时期的收益贡献水平。只有在相当长的时期内，数据资源都能持续、稳定地带来经济利益流入，才能将其确认为真正意义上的数据资产。相反，如果数据资源的经济利益流入具有明显的时效性和不确定性，难以作出合理预期，则不宜将其确认为数据资产。

（2）优先考虑直接价值贡献。数据资源对企业的价值贡献，可以通过直接或间接的方式体现。直接贡献主要是指数据资源能够直接产生现金流入，如对外销售数据产品、提供数据服务等。间接贡献则主要体现为数据资源对企业内部管理和经营的支撑作用，如优化业务流程、支持科学决策等。在数据资产确认时，应当优先考虑数据资源的直接价值贡献。对于主要产生间接价值的数据资源，企业应当审慎评估其对整体经营的影响程度，提供充分、明确的支持性证据，论证其价值贡献的确定性和可靠性，以支持将其确认为数据资产。

总之，合理预期数据资源在较长时期内持续产生经济利益，并着重评估和论证其直接价值贡献，是判断"预期价值流入"这一确认条件的两大关键点。这需要企业审慎评估数据资源的经济属性，客观分析内外部环境因素，准确预测未来收益情况，提供充分、适当的支持性证据。只有严格遵循上述要求，坚持稳健原则，企业才能作出合理可靠的专业判断，确保数据资产确认的真实性和严谨性，夯实数据资产管理的基础。

4. 可靠计量

在判断数据资源是否符合"可靠计量"这一确认条件时，选择合适的计量属性至关重要。由于数据资产目前尚无统一、权威的计量标准，企业在选择计量属性时，应当着重考虑计量属性与数据资源特征的匹配程度。根据《企业会计准则——基本准则》，我国现有的资产计量属性主要包括历史成本、重置成本、公允价值、可变现净值和现值五种。对于不同特点的数据资源，企业应当审慎评估和权衡，选择最为适当的计量属性。

例如，对于市场交易活跃、价格波动较大的数据资源，可以考虑采用公允价值计量，以动态反映其价值变动情况。而对于市场交易不活跃、价值相对稳定的数据资源，则可以考虑采用历史成本计量，以避免频繁调整带来的成本。再如，当数据资源出现明显减值迹象时，可以考虑采用可变现净值计量，以反映其在当前市场环境下的真实价值。而对于未来现金流入存在重大不确定性的数据资源，则可以采用现值计量，以反映货币时间价值和未来现金流量的不确定性。

总之，由于数据资产的特殊属性，在进行可靠计量时，盲目套用传统的计量属性并不可取。企业应当充分论证不同计量属性与数据资源特征的相关程度，权衡利弊，审慎选择，以期最大限度地提高计量的准确性和可靠性。同时，还应当严格遵循稳健性原则，对计量中存在的不确定性因素进行充分披露，以确保数据资产价值信息的真实、可靠。唯有持续强化对数据资产计量属性的研究和实践，完善相关指引和规范，才能为数据资产的确认和计量提供更加科学、专业、统一的基础。

(三) 确认流程

在数据资产的确认流程中，各相关部门根据其职能定位，密切协作，形成一套科学、严谨、高效的工作机制。

采购、生产、使用等部门作为数据资源的直接接触方，肩负着识别和申报可能作为资产的数据资源的重任。他们深入一线，对数据资源的特点、用途、价值等有着最直观的认知，是数据资产确认的源头和起点。

数据资产管理部门作为专业部门，在收到采购、生产、使用等部门的申请后，将启动对数据资源权属状况的核实工作。他们凭借专业的知识和经验，对数据资源的获取渠道、使用许可、法律风险等进行全面评估，确保企业对拟确认的数据资产拥有合法的所有权或控制权，为后续确认工作提供基础。

财务部门作为企业会计核算的职能部门，将在数据资产管理部门完成权属核实后，对数据资源是否满足预期价值流入和可靠计量的确认条件进行专业判断。他们将综合考虑数据资源的市场环境、应用前景、成本效益等因素，评估其是否能够为企业带来经济利益流入，并测算其成本和价值。财务部门的专业鉴定，是数据资产确认的关键环节。

内部决策机构作为企业重大事项的审批机构，将在财务部门完成专业判断后，对数据资产的初始确认进行最终审定。他们将从企业战略、全局利益的角度，评估数据资产确认的必要性和可行性，并对确认结果进行批复。内部决策机构的审定，是数据资产确认的最终防线，确保确认工作的慎重性和权威性。

在整个流程中，采购、生产、使用等部门、数据资产管理部门、财务部门、内部决策机构等多个部门环环相扣，既各司其职，又协同配合，形成分工明确、步骤严谨、职责到人的工作闭环。这种跨部门协作机制既提高了数据资产确认的专业性和准确性，又兼顾了确认工作的效率和规范性，为企业数据资产的规范管理提供了可靠保障。

二、数据资产登记

随着数字经济的蓬勃发展，数据资源的价值日益凸显，数据产权登记制度的创新与完善成为时代的迫切需求。2022年12月，《数据二十条》提出"三权分置"的理念，为数据资源持有权、数据加工使用权和数据产品经营权的界定提供了框架。2024年1月，"数据入表"的正式施行更是直接拉动了数据产权登记的市场需求。企业将数据产权登记视为盘活数据资产、推动数字化转型的关键一环，清晰的产权证明使得数据资产能够在财务上得到恰当的反映和管理。

然而，当前我国数据产权登记制度的发展仍面临诸多挑战。数据产权作为一个经济学概念，尚未在实体法律中得到明确界定和规范。不同于传统的不动产登记和知识产权登记，目前的数据产权登记制度是在实体法尚未创设数据财产权的情况下就开始设立的，这一"先登记后赋权"的模式颠覆了既有的法律逻辑。同时，在数据财产权益保护方面，我国也尚未形成系统、完备的法律规定。司法实践中，裁判者往往借助《反不正当竞争法》的一般条款来规制数据市场竞争行为，间接实现对数据财产权益的保护。

这些问题凸显了数据财产赋权对数字经济持续健康发展的重要意义。事实上，法学界对于数据赋权的探讨由来已久，基本形成两大阵营：一是提倡专门创设独立的数据财产权[1]，二是主张将数据纳入知识产权体系[2]。这两种思路代表了当前数据产权登记制度发展的主要方向。

下文将分别探讨这两种数据产权登记思路的理论基础、制度设计和实践路径。通过比较分析不同方案的优势和局限，本书力图为我国数据产权登记制度的创新完善提供理论支撑和决策参考。唯有厘清数据权属，完善数据确权，激活数据要素，我国数字经济才能真正驶入健康持续发展的快车道。

（一）数据产权登记

如何界定数据权属，平衡数据利用和保护的关系，已成为理论界和实务界普遍关注的问题。近年来，学界对数据财产权的讨论日益增多，形成不同的学术观点。一部分学者主张对数据进行财产权保护。如提出个人数据财产权的概念，认为自然人对其个人数据依法享有占有、使用、收益和处分的权利，是一种具有人格属性的财产权；[3] 一些学者系统阐述了数据

---

[1] 孔祥俊. 商业数据权：数字时代的新型工业产权——工业产权的归入与权属界定三原则[J]. 比较法研究，2022（1）：83.

[2] 张新宝. 论作为新型财产权的数据财产权[J]. 中国社会科学，2023（4）：144.

[3] 吴汉东. 数据财产赋权的立法选择[J]. 法律科学（西北政法大学学报），2023（41）：44–57.

所有权、数据使用权、数据收益权的"三权分置"理论，主张以用益物权方式保护数据财产权益；❶另有学者提出"数据权益"的概念，认为其不同于传统的所有权、知识产权，是大数据时代催生的新型财产性权利。❷还有学者则对财产权模式持谨慎态度。如提出从权利束到权利块的理论转向，认为数据权利内容呈现模块化、层次化、定制化特征，难以用传统物权理论解释，主张突破两权分立的物权法定主义，建立多元共治的数据治理机制。❸

综上，笔者认为数据财产权可界定为民事主体基于数据依法享有的占有、使用、收益和处分的权利，但有别于传统物权和知识产权，具有自身特点：一是客体无形性，是数字化、非物质化的信息财产；二是权能有限性，使用具有排他性，但收益和处分具有限制性；三是利益平衡性，需在促进利用和加强保护间寻求平衡。未来应完善数据产权制度体系，强化数据权属规则，完善数据流通规则，加强数据安全保障，健全数据交易机制，从而促进数据依法合理利用和数字经济发展。

作为经济特区和科技创新重镇，深圳市较早开展了数据财产权的法律实践探索。2021年通过的《深圳经济特区数据条例》是全国首部数据领域的综合性法规，对数据权益进行了原则性规定。其中第58条明确规定，对合法处理数据形成的数据产品和服务依法享有的财产性权益受法律保护。这为数据财产权的法律确认提供了依据。

在特定领域，深圳市还出台了专门规定加强数据保护。如《深圳市数据交易管理暂行办法》对政府数据、公共数据、企业数据、个人数据等不同类型主体的数据产权进行了具体规范，明确了数据采集、加工、交易、使用等环节的权利义务关系，有利于促进数据依法有序流通。而在智慧交通、智慧医疗等垂直领域，深圳市正在探索建立细分的数据确权规则。

2023年2月20日，深圳市发展和改革委员会就《深圳市数据产权登记管理暂行办法》（征求意见稿）公开征求意见。2023年6月15日，《深

---

❶ 申卫星. 数据产权：从两权分离到三权分置［J］. 中国法律评论，2023（6）：125-137.
❷ 程啸. 论数据权益［J］. 国家检察官学院学报，2023（31）：77-94.
❸ 许可. 从权利束迈向权利块：数据三权分置的反思与重构［J］. 中国法律评论，2023（2）：22-37.

圳市数据产权登记管理暂行办法》（以下简称《登记办法》）正式发布，自2023年7月1日起施行。作为国内首部关于数据产权登记的地方性规章，《登记办法》的出台对于规范数据产权登记行为，促进数据要素流通具有重要意义。

《登记办法》共七章34条，规定了登记主体、登记机构、登记行为、监督与管理等内容。深圳市发展和改革委员会将负责统筹协调全市数据产权登记管理工作，并会同有关部门制定产权登记目录、规则、技术标准等。这为数据产权登记的规范化、标准化运行提供了制度保障。

1. 数据财产权视角下的数据资源与数据产品定义

《登记办法》的正式稿相比此前的征求意见稿，在数据资源和数据产品的定义上进行了修改完善。征求意见稿中，数据资源的定义为"在生产经营活动中采集加工形成的数据"，这一表述还存在一定模糊性，容易与数据产品混淆。

正式稿则将数据资源明确为"在依法履职或经营活动中制作或获取的，以电子或其他方式记录、保存的原始数据集合"，强调其为原始数据集合的属性，将其与经过加工的数据产品进行了更清晰地区分。数据产品的定义也从"通过对数据资源投入实质性加工和创新性劳动形成"调整为"通过对数据资源投入实质性劳动形成"，不再过分要求创造性劳动，体现了对数据处理者投入的充分尊重。这也是与数据知识产权的本质区别。

2. 明确三种数据产权定义

基于《数据二十条》提出的"三权分置"制度框架，《登记办法》从地方立法层面明确了数据资源持有权、数据加工使用权、数据产品经营权这三种数据产权的定义：数据资源持有权是指在相关数据主体的授权同意下，对数据资源管理、使用、收益和依法处分的权利；数据加工使用权是指在授权范围内以各种方式、技术手段采集使用、分析、加工数据的权利；数据产品经营权是指对投入实质性劳动形成的数据产品占有、使用、收益和依法处分的权利。

这三种数据产权分别对应数据生产、加工、交易等环节，明晰了不同主体的权益归属，有助于形成合理的利益分配机制，调动各方参与数据流通、价值创造的积极性。

3. 建立六种登记类型体系

《登记办法》依据数据要素流动各环节的产权登记需求，建立了比较完备的登记类型体系，包括：（1）首次登记，对数据资源或数据产品相关权利的首次登记；（2）许可登记，对数据资源的加工使用许可进行登记；（3）转移登记，数据产权发生转移时进行的登记；（4）变更登记，登记事项发生变更时进行的登记；（5）注销登记，数据产权消灭时进行的登记；（6）异议登记，利害关系人对登记持有异议时提出的登记。

这六种登记类型覆盖了数据产权确权、流转、变更、终止等各个关键环节，为数据全生命周期管理提供了登记依据，有助于为数据流通各方提供产权保护。

4. 支持登记成果应用于交易融资等领域

《登记办法》提出，经登记机构审核后取得的数据资源或数据产品登记证书、数据资源许可凭证，可作为数据交易、融资抵押、数据资产入表、会计核算、争议仲裁的重要依据。这是对数据要素价值属性的充分肯定，为登记成果向交易、融资等环节赋能提供了制度支持。

依托数据产权登记制度，数据资源持有方、加工使用方可更好地实现数据资产化，通过抵押、入表、交易等方式盘活数据资产，拓宽融资渠道。而交易、融资机构等也可借助产权登记信息更准确地估值定价，降低交易风险。可以预见，数据产权登记必将成为数据驱动的数字经济发展的重要基础设施。

5. 数据财产权路径详解

数据要素流通和价值实现具有不同的路径，对于拥有原始数据资源的数据持有者，如数据采集企业，可以通过首次登记确立数据资源持有权。之后，他们可以选择自己加工利用数据资源，也可以通过许可登记，授权其他主体对数据进行加工使用，并获得相应的许可使用费。如果数据资源持有者决定完全转让数据资源，也可以通过转移登记，将数据资源持有权转让给其他主体，获得一次性收益。

对于具备数据分析和加工能力的科技公司，可以通过与数据资源持有者签订加工使用协议，获得数据加工使用权。他们可以利用自身的技术优势，对数据资源进行分析、挖掘、加工，产生新的数据产品。这些数据产品可以进行产权登记，确立数据产品经营权。科技公司可以选择自己运营数据产品，也可以通过转让数据产品经营权，获得相应的转让收益。

对于擅长数据产品推广和市场开拓的企业，可以通过获取数据产品经营权，将数据产品推向市场，获得销售收入。他们也可以根据市场需求，向数据加工企业定制开发新的数据产品，形成数据产品的迭代更新。

在这个流程中，数据资源和数据产品的产权登记是一个关键环节。通过产权登记，各方主体的权益可以得到明确和保护。登记后的数据资源持有权、加工使用权、数据产品经营权，可以作为数据交易、融资抵押的重要依据，助力数据要素的流通和价值实现。

（二）数据知识产权登记

就数据本身无形财产的本质属性而言，与传统物权理念下的数据财产赋权相比，知识产权法律架构下的制度安排在法律体系的契合程度和制度设计的立法成本层面上无疑更具优势。数据知识产权登记制度是我国数据基础制度建设的重要内容，是探索数据产权登记、建立数据交易和权益分配机制的重要方式。近年来，国家高度重视数据知识产权保护工作，出台了一系列政策文件，为数据知识产权登记制度的建立提供了政策依据。

2021年，中共中央、国务院印发的《知识产权强国建设纲要（2021—2035年）》和国务院印发的《"十四五"国家知识产权保护和运用规划》都强调要研究构建数据知识产权保护规则。国家知识产权局先后印发《数据知识产权地方试点工作指引（试行）》《国家知识产权局办公室关于深化数据知识产权地方试点工作的通知》，确定了两批共17个数据知识产权试点地方，要求建立健全数据知识产权登记管理体系，提高登记质量，加强数据知识产权保护和运用。2022年12月发布的《数据二十条》明确提出要研究数据产权登记新方式，建立健全数据要素登记及披露机制，将数据产权登记作为探索数据产权结构性分置制度的重要方式之一。

2024年4月，全国数据工作会议在京召开，会议将"健全数据基础制度"作为2024年的数据工作重点之一，并强调要建立健全数据产权制度，制定促进数据合规高效流通和交易的政策。

在国家政策的推动下，各试点地区和海南省等代表性地区积极落实数据知识产权登记管理体系建设要求，陆续出台登记办法、建立登记平台。据统计，截至2023年年底，数据知识产权工作试点地方已颁发数据知识产权登记证书5000余张，累计接收申请超1.1万份。各试点地方的数据知识产权质押融资总额已超过11亿元。❶

2024年，国家知识产权局进一步扩大试点范围，在原有北京、上海、江苏、浙江、福建、山东、广东、深圳8个试点省市的基础上，新增天津、河北、山西、安徽、河南、湖北、湖南、贵州、陕西等9个地方作为数据知识产权试点。

我国高度重视数据知识产权登记制度建设，中央和地方政府密切配合，出台一系列政策文件，开展多地试点，取得了积极进展。数据知识产权登记在探索数据产权登记、促进数据要素流通中发挥着重要作用，有利于加强数据知识产权保护，推动数据要素市场化配置，促进数据经济健康发展。

1. 数据知识产权概念辨析

"数据知识产权"这一概念在业内引发了广泛讨论。然而，对于如何定义和保护数据知识产权，目前还存在诸多误解和分歧。首先需要澄清的是，业内对于对数据整体进行知识产权登记和保护持反对意见。很多人担心这会创设一个与著作权、专利权同等地位的新型知识产权。但事实并非如此。谈论"数据知识产权"，更多是希望在传统知识产权框架下，探讨如何对数据的合理使用进行规制和保护。

传统知识产权法中，著作权是与数据保护关系最为密切的部分。我国《著作权法》将汇编作品纳入保护客体，而数据库作为一种汇编作品，理论上可以受到著作权法的保护。例如在济南白兔信息有限公司与佛山鼎容软件科技有限公司侵害著作权纠纷案［（2016）粤06民终9055号民事判

---

❶ 中国知识产权报：截至2023年底，试点地方已颁发数据知识产权登记证书5000余张——探索保护规则制定 促进数据要素流通［EB/OL］．［2024-03-07］．https：//mp.weixin.qq.com/s/UFxyKrRE3dculsA1VQGwiQ.

决书]中,法院指出数据本身不构成作品,但对数据的选择或者编排后所形成的具有独创性的数据库则可以作为汇编作品受著作权法保护。类似的,在科睿唯安公司与上海梅斯医药科技有限公司侵害作品信息网络传播权及不正当竞争纠纷案❶中,法院支持将"IF影响因子"数据库作为汇编作品受著作权法保护。

但是,这一保护路径存在明显局限。首先,数据汇编要构成受保护的作品,必须具备独创性,而大多数数据库很难达到这一标准,使得许多有价值的数据集合难以获得著作权保护。其次,即使构成汇编作品,著作权保护的客体也仅限于对数据的选择和编排等体现独创性的部分,而非数据本身。最后,通过著作权主张数据权益,权利人通常需要提供大量的初步证据,举证难度较大。

相较而言,用反不正当竞争法路径保护数据更为合适,也有学者提出数据的类商业秘密保护路径,认可可以参照商业秘密条款,设置商业数据专条,主要由数据客体界定规则、数据不正当竞争行为类型规则、数据不正当竞争例外规则等组成。其中,数据客体界定规则是基础,划定商业数据的保护范围;数据不正当竞争行为类型规则是核心,将数据不正当竞争行为类型化为不正当获取型、违反信义型、"非一手"转得型、帮助侵害型;数据不正当竞争例外规则是保障,将数据不正当竞争的例外情形作为商业数据合法使用的抗辩事由。❷

(1)适用《反不正当竞争法》一般条款规制数据滥用行为。

在数据权益保护方面,《反不正当竞争法》的一般条款可谓"四两拨千斤"。《反不正当竞争法》第2条规定,经营者在生产经营活动中,应当遵循自愿、平等、公平、诚信的原则,遵守公认的商业道德。违反上述规定,影响其他经营者的合法权益,扰乱社会经济秩序的,构成不正当竞争。这一条款为制止新型不正当竞争行为提供了法律依据,对于规制数据滥用具有重要作用。

---

❶ (2019)沪0104民初2392号,(2020)沪73民终531号民事判决书。
❷ 卢纯昕.数据保护的类商业秘密路径建构[J].知识产权,2024(3):88-106.

以数据不正当竞争案第一案为例，新浪诉脉脉案[1]为例，法院直接适用《反不正当竞争法》一般条款认定被告构成不正当竞争，彰显出该条款的威力。法院引入了"三重授权"原则，来判断第三方开发者获取和使用用户数据的合法性。所谓三重授权，是指：第一重授权，即"用户授权"，用户在使用平台时（如微博），需要同意平台的隐私政策，授权平台收集使用其个人信息；第二重授权，即"平台授权"，平台通过 API 接口将用户数据开放给第三方开发者使用，平台和开发者需在协议中明确约定，开发者在收集使用用户数据时必须再次获得用户的同意；第三重授权，即"用户再次授权"，开发者在实际收集使用用户数据时，必须事先告知用户的使用目的、方式和范围，并征得用户的明确同意。可以看出，三重授权原则的核心是用户须在知情的前提下，自主作出具体、明确的授权，平台和开发者才能合法收集使用其数据。该案中，脉脉在未经微博非脉脉用户授权的情况下，就收集并推送了相关用户的微博数据，违反了第三重授权要求，因此构成不正当竞争。

三重授权原则体现了现行法律对个人信息收集使用的基本要求，即经信息主体同意、合法、必要。它对规范互联网企业的数据实践，保护用户合法权益具有重要意义。当然，在大数据时代，这一原则的适用也面临一些现实挑战，如用户授权的有效性问题、企业合理使用数据的利益平衡问题等，都有待法律作出进一步回应。在数据已然成为争夺的焦点，但专门立法尚未出台的背景下，一般条款的灵活性优势得以凸显。它为制止违背诚信原则、有悖公序良俗的数据滥用行为提供了"兜底"路径。

（2）将数据纳入商业秘密保护范畴。

原告主张保护的数据属于不为公众所知悉、具有商业价值并经权利人采取相应保密措施的技术信息、经营信息等商业信息，可以适用《反不正当竞争法》中商业秘密保护的相关规定。我国《民法典》第 123 条将其纳入知识产权保护客体范畴内。与此同时，商业秘密在知识产权法领域地位的不明确，造成司法实践中多基于我国的《反不正当竞争法》对之加以保护。

---

[1] （2016）京 73 民终 588 号民事判决书。

* 数据资产入表与资本化

实践中,"DAKS系统"技术秘密侵权案——美国某岩油藏公司、某石油科技(北京)公司与翟某元等侵害技术秘密纠纷案[1]是"石油数据资产"保护第一案。原告一美国碳酸盐公司创建了DAKS系统,并许可原告二凯文迪公司在中国运营DAKS系统;被告一翟某元在原告二凯文迪公司处任职期间,接触了原告的DAKS系统的数据,并在离职后制作了与原告DAKS系统类似的IRBS系统。翟某元将IRBS系统卖给被告二大庆正方公司,通过被告三北京金正方公司的网站对外提供IRBS系统服务。经鉴定,DAKS系统具有秘密性(非公知性);被告的IRBS系统相关数据包含原告DAKS系统相关数据,二者具有同一性。

原告指控三被告侵犯了其技术秘密,主张以商业秘密的方式来保护石油数据,获得了一审、二审法院的支持。该案原告代理人陈福律师通过详尽地分析论证,探索将该案中涉案的石油数据作为商业秘密进行保护,深入、全面收集被告接触了原告的商业秘密的证据,通过油气藏编码的组成内容,论证被告的石油数据与原告的商业秘密具有同一性,并在该案中得到法院的支持,认定被告侵害了原告的商业秘密。

该案是国内首例将石油数据作为技术秘密进行保护的案件,属于"石油数据保护第一案",不仅反映了司法对于新兴市场趋势的响应,也标志着司法在数据保护领域的重要进展。同时,该案也反映了人民法院始终坚持把平等保护中外当事人合法权益贯穿司法工作全过程各环节,努力为中外当事人提供普惠均等、便捷高效、智能精准的司法服务,营造各类主体依法平等使用资源要素、公开公平公正参与竞争、同等受到法律保护的市场环境。

在此之前,石油数据的法律属性和保护方式在司法实践中尚无明确的先例。通过此案,法院确认了将石油数据作为商业秘密来保护的可能性和合法性,为此类数据提供了法律保护的新路径,开创了数据保护领域的一个新篇章。法院通过该案体现了在处理技术秘密侵权案件时,应当如何依法依次重点审理涉及的标的、行为、责任等关键问题。这包括对技术秘密

---

[1] (2022)最高法知民终901号民事判决书,该案入选"最高人民法院知识产权法庭成立五周年100件典型案例"第84件,该案原告由本书作者陈福律师代理。

的权属、范围和特性进行具体审查,从而确保对技术信息的保护既符合法律规定,又适应实际情况。在该案中,法院明确了如何判断起诉主体是否为技术秘密的合法权利人或直接利害关系人。这一判断标准对于确保商业秘密受到有效法律保护至关重要。该案为相似案件提供了重要的参考,推动了数据保护法律实践的发展。

相比而言,将数据纳入商业秘密保护范畴在理论和实践中都更具可行性。根据《反不正当竞争法》及相关司法解释,符合"秘密性、价值性、保密性"三项构成要件的信息,可以认定为法律保护的商业秘密。相较于构成作品所要求的独创性,这一标准无疑更易满足。因此,许多企业持有的数据资产,如满足上述条件,即可获得商业秘密保护。

综上所述,在现有知识产权法律框架下,反不正当竞争法可以说是数据权益保护的"利器"。不论是运用一般条款对数据滥用行为予以遏制,还是将数据纳入商业秘密范畴给予针对性保护,反不正当竞争法的开放性、灵活性特点使其能够适应数据领域纷繁复杂的利益格局,成为调整数据权属关系、维护数据交易秩序的重要法律依据。未来,随着大数据产业的发展,反不正当竞争法在促进数据资源有序开发利用、保障数据权利人合法权益等方面,必将大有作为。

2. 数据知识产权登记的功能定位

数据知识产权登记作为一项崭新的制度,其功能定位直接决定着该制度的设计方向和实践运行逻辑。通过分析现有的登记实践,并结合相关理论研究,可知数据知识产权登记具有确认功能这一基础功能,同时还衍生出证明、数据管理和公示等功能。❶

(1)基础功能。

数据知识产权登记的基础功能应当是确认数据财产权益的归属,而非授予或设立新的权利。换言之,数据知识产权登记不是数据财产权益的原始取得方式。这是因为,数据作为一种客观存在的无形资产,其财产利益早在登记之前就已经产生。一旦数据加工处理行为完成,行为人即基于先

---

❶ 汤贞友. 数据知识产权登记的制度逻辑及完善[J]. 知识产权,2024(3):34-53.

✳ 数据资产入表与资本化

占的事实状态取得了对数据的利用权能。数据要素市场中早已存在事实上的财产利益保护，例如《反不正当竞争法》即禁止他人抄袭、利用他人的数据集合。可见，数据财产利益在登记之前就已经存在，并受到一定程度的法律保护。

因此，数据知识产权登记的功能应当是对既存的事实上的财产利益状态进行确认，而非创设一项新的权利。这就如同著作权确权登记是对著作权权属状况进行确权，并非创设著作权一样。数据知识产权登记对权属的确认，实际上是一种权属推定，即从表面事实推定权利的归属，而不能当然视为对权属的最终确定。❶ 这是因为数据在流转过程中经过多次加工、传播、授权，溯清权属的完整链条存在很大难度。登记机关通常难以穷尽调查，故而只能依据表面事实状态作出推定。当有相反证据足以推翻时，登记推定的权属即可被推翻。这就决定了数据知识产权登记在效力上类似于著作权登记，不能成为确定权属的唯一依据。

综上，数据知识产权登记的基础功能应当定位为确认功能，对已经存在的数据财产利益的权属状况进行确认，而不是设权功能。这种确认是一种初步的推定，在相反证据出现时可以被推翻，与数据资产入表等要求严格尽调以最终确定权属不同。明晰登记的确认功能，是厘清登记制度逻辑关系的基础。

（2）衍生功能。

在确认功能的基础上，数据知识产权登记还衍生出证明、数据管理和公示等功能，这些功能有助于实现数据权属的外显、管理与交易。

首先，数据知识产权登记具有证明功能。数据知识产权登记的证书，可以作为登记人享有相应财产权益的初步证明，便于当事人在交易中证明自己的权利状态。由于大数据具有易复制、标的分散的特点，数据持有人常常难以举证证明自己对数据集合的权益。而登记证书的出具，对权利人的举证责任形成倒置，由此减轻了其举证责任，有利于权利的实现。同时，由官方登记机关出具权属证明，还能提高交易相对人对权属状况的信

---

❶ 陈福. 数据资产入表 DAC 法律意见书的必要性［EB/OL］. ［2024 - 03 - 10］. https：// mp. weixin. qq. com/s/oDhF2xD6Ly4nboFbvjB – AQ.

赖，一定程度上降低交易风险。

其次，数据知识产权具有数据管理功能。数据具有标的分散、体量巨大的属性，对数据进行管理、追溯具有一定难度。登记有助于实现对数据权属信息的集中管理，为后续数据流通监管提供了信息基础。通过登记可以掌握每项数据财产的权利人信息、创制时间、权能内容等状况，从而为开展数据资产评估、绘制数据资产地图等工作提供依据。同时登记机关作为第三方掌握信息，一旦发生权属纠纷，可协助司法机关和行政执法部门开展调查取证工作。

最后，数据知识产权具有公示功能。权利的有效行使离不开权利状态的公开。而大数据权利状态极其复杂，单凭当事人很难全面、及时公开。数据登记通过在统一平台上公示登记的数据名称、权利人、创制完成时间等信息，使公众能够及时、准确地了解数据财产权益的基本状况，有利于实现数据有序流通。例如，浙江等地的登记规范明确要求，除涉及国家秘密、商业秘密、个人隐私的信息外，登记的基本信息应当向社会公开，接受公众查询和监督。这种公示有利于减少交易中的信息不对称，防范权属风险，实现数据资源的优化配置。

总之，数据知识产权登记以确认数据权属为基础功能，在此基础上衍生出证明、数据管理和公示等功能，有助于解决数据财产权保护和流通中的多项问题。唯有立足基础功能，辅以衍生功能，数据知识产权登记制度才能实现其应有价值。厘清登记功能的内在逻辑，对于完善登记制度，发挥登记应有作用，具有重要的理论意义和实践意义。

第三节　数据资产评估阶段

在数据资产评估阶段，主要聚焦两个关键方面：数据资产的质量评估和数据资产的价值评估。这两个方面对于理解和利用数据资产至关重要。下面详细介绍这两个评估阶段的主要内容和执行方法。

* 数据资产入表与资本化

一、数据资产质量评估

《评估指导意见》第17条对数据资产的质量提出了要求,明确资产评估专业人员应当关注数据资产质量;❶《评估指导意见》附件2提出了基于质量要素的指标体系设计示例。《信息技术 数据质量评价指标》(GB/T 36344—2018)规定了数据质量评价指标的框架和说明,适用于数据生存周期各个阶段的数据质量评价。本书将结合这两部文件对数据资产质量评估进行讨论。

(一)数据质量评价过程

(1)确定数据质量评价对象。

(2)选择数据质量评价指标体系。

(3)采集数据质量评价数据。

(4)计算数据质量评价指标得分。

(5)对数据质量评价结果进行分析和解释。

(6)针对数据质量评价结果提出改进措施。

(二)评估数据质量的主要维度

(1)准确性:数据资产准确表示其所描述事物和事件的真实程度。

(2)一致性:不同数据资产描述同一个事物和事件的无矛盾程度。

(3)完整性:构成数据资产的数据元素被赋予数值程度。

(4)规范性:数据符合数据标准、业务规则和元数据等要求的规范程度。

(5)时效性:数据真实反映事物和事件的及时程度。

(6)可访问性:数据能被正常访问的程度。

---

❶ 第十七条 资产评估专业人员应当关注数据资产质量,并采取恰当方式执行数据质量评价程序或者获得数据质量的评价结果,必要时可以利用第三方专业机构出具的数据质量评价专业报告或者其他形式的数据质量评价专业意见等。数据质量评价采用的方法包括但不限于:层次分析法、模糊综合评价法和德尔菲法等。

评估数据质量时，需要综合考虑这些维度，并根据具体业务需求和使用场景，确定其重要性和优先级。标准化的数据质量度量和评估方法，例如数据质量分数、错误率、缺失率、可追踪性等，也可用于量化数据质量评估结果。具体的评估指标和标准应根据实际业务需求和数据质量要求进行调整和定义。

二、数据资产价值评估

《评估指导意见》和《暂行规定》事实上是数据资产化过程中逻辑上的递进关系。《评估指导意见》回答了数据资产如何定价的问题，《暂行规定》回答了数据资产入表的问题。两者之间存在的逻辑关系是：先对数据资产定价，才能可靠地计量数据资产、满足资产确认条件，数据资产入表方可展开。

可见，数据资产定价是数据资产入表的前提，而定价不仅是"会计"问题，同样也涉及"法律问题"。《评估指导意见》第 12 条指出了数据资产的三大属性，分别是信息属性、法律属性与价值属性。[1] 其中，法律属性主要包括授权主体信息、产权持有人信息，以及权利路径、权利类型、权利范围、权利期限、权利限制等权利信息。

数据资产的所有权确认是数据资产会计和价值评估的关键前置条件，这一点在审计过程中尤为重要。审计师在认定资产时需要对"权利与义务"进行专门的判断，而在对数据资产进行监盘的审计程序中，对数据资产的所有权问题需要特别关注。这是因为所有权本质上是法律范畴的问题，从而使得法律属性分析在数据资产处理中显得尤为必要。

《评估指导意见》第 19 条对数据资产价值评估提供了明确的指引，其中涵盖收益法、成本法和市场法三种基本评估方法及其衍生方法。在评估方法中，亦明确指出"法律"问题对价值评估的影响，如在采取"收益法"评估数据资产时，应当"根据数据资产应用过程中的管理风险、流通

---

[1] 第十二条 执行数据资产评估业务，可以通过委托人、相关当事人等提供或者自主收集等方式，了解和关注被评估数据资产的基本情况，例如：数据资产的信息属性、法律属性、价值属性等。

* 数据资产入表与资本化

风险、数据安全风险、监管风险等因素估算折现率""综合考虑数据资产的法律有效期限、相关合同有效期限、数据资产的更新时间、数据资产的时效性、数据资产的权利状况以及相关产品生命周期等因素,合理确定经济寿命或者收益期限,并关注数据资产在收益期限内的贡献情况"。❶

在数据资产的价值评估阶段,律师的作用是至关重要的,尤其是在确保评估过程符合《评估指导意见》《暂行规定》以及相关会计准则的要求方面。为此,律师需要与价值评估机构进行有效的沟通和协作,以确保评估过程的合法性和准确性。律师在数据资产价值评估中应承担以下角色和任务:

(1)沟通协调:律师应当与评估机构紧密沟通,了解评估机构对数据资产评估所需的具体材料和信息。这包括对数据的来源、收集方式、使用权限以及任何相关的法律限制或责任的明确说明。

(2)材料准备:根据评估机构的需求,律师应负责准备和提供相关的法律文档和证明材料。这可能包括数据获取和处理的合同、授权协议、数据保护和隐私遵从性文件,以及任何可能影响数据价值的法律文件。

(3)评估协助:在整个评估过程中,律师应提供必要的法律支持和建议,协助解决评估过程中可能出现的法律问题。这涉及对数据所有权的确认、数据合规性的评估,以及可能对数据价值产生影响的任何法律风险的识别。

---

❶ 第二十一条 采用收益法评估数据资产时应当:
(一)根据数据资产的历史应用情况及未来应用前景,结合应用或者拟应用数据资产的企业经营状况,重点分析数据资产经济收益的可预测性,考虑收益法的适用性;
(二)保持预期收益口径与数据权利类型口径一致;
(三)在估算数据资产带来的预期收益时,根据适用性可以选择采用直接收益预测、分成收益预测、超额收益预测和增量收益预测等方式;
(四)区分数据资产和其他资产所获得的收益,分析与之有关的预期变动、收益期限,与收益有关的成本费用、配套资产、现金流量、风险因素;
(五)根据数据资产应用过程中的管理风险、流通风险、数据安全风险、监管风险等因素估算折现率;
(六)保持折现率口径与预期收益口径一致;
(七)综合考虑数据资产的法律有效期限、相关合同有效期限、数据资产的更新时间、数据资产的时效性、数据资产的权利状况以及相关产品生命周期等因素,合理确定经济寿命或者收益期限,并关注数据资产在收益期限内的贡献情况。

（4）风险评估：律师还应评估与数据资产相关的法律风险，包括数据侵权、合同违约风险以及任何可能影响数据资产价值的法律因素。

第四节　数据资产合规入表阶段

在数据资产合规入表阶段，律师应当出具DAC法律意见书。DAC法律意见书是指在数据资产化和数据资本化过程中为保障数据资产的合法性、合规性和安全性，由律师事务所出具的法律文件，确保数据合规，以满足数据资源确认为资产的条件，防止国有资产流失。DAC法律意见书是数据资产化过程中的数据资产入表的前提条件，是交易、融资、IPO等数据资本化活动的法律保障。DAC法律意见书应当包括如下五个模块：相关数据产权证书合规审查、数据资产范围合规审查、数据资产归类合规审查、数据治理合规审查、披露义务合规审查。

一、相关数据产权证书合规审查

DAC法律意见书应全面审查所有相关数据产权证书的合规性和真实性，详细说明每项证书的合法性和适用性，确保符合当前的法律法规。具体而言包括以下步骤。

（一）核验数据产权证书的真实性

律师应访问相关的数据产权登记平台，核实数据产权证书的真实性和有效性。包括检查证书的发放日期、有效期限以及授权范围等关键信息，确保所持证书是正规机构发放且当前有效。

（二）调取登记材料

律师应从相关登记机构调取数据资源的登记材料，这些材料包括但不限于数据采集、加工、使用的具体情况、数据来源、数据处理流程等。通过这些材料，律师可以全面了解数据资产的性质和使用情况。

(三) 差异检视

律师应对比数据资产入表时的合规制度和登记时的合规制度，查明是否存在任何差异或不符。特别是在数据处理和使用的规范、数据保护和隐私遵守等方面的差异，这些差异可能影响数据资产的合法性和价值。

(四) 产权争议检查

律师应明确数据资产的产权是否存在争议，如是否涉及共有、是否有未解决的权利纠纷等。

(五) 主体资格验证

律师应确认数据产权的持有主体是否具备合法的主体资格。包括检查企业登记信息、主体资格证明文件等，确保数据产权主体具有合法的操作和管理数据资产的资格。

(六) 产权登记程序审查

律师应审查数据产权登记的程序是否符合法规要求，包括登记流程的合规性、所需文件和信息的完整性等。特别注意是否存在超出授权范围的登记、重复登记或其他违规行为。

二、数据资产范围合规审查

DAC法律意见书应详细审查数据资产的范围，确保其符合所有相关法律法规。综合《评估指导意见》、《暂行规定》以及《数据资产确认工作指南》，数据资产范围合规审查应包含以下步骤。

(一) 确认数据来源和取得合法性

律师应审查数据是否具有合法的数据来源。若数据来源于交易，则审核所有与数据资源获取相关的法律文件，如合同、协议等，确保交易的合法性和合规性；若数据来源于授权，则对于授权获取的数据资源，核查授权文件,确保授权是合法有效的,并对使用限制和许可条件进行分析;若数据来源于自主生产的,则审查与自主生产的数据资源相关的成本和费用支出,确保其符合法律规定。

(二) 数据资源的所有权和控制权核实

律师应确定企业对数据资源的法律所有权或控制权,评估并确保企业对数据的合法访问和使用,确保数据资产能够追溯,形成完整的权利链条。

(三) 数据资产确认条件审查

律师应从法律角度对数据资产带来的经济效益进行评估,分析其直接或间接的价值流入潜力,综合审查其是否满足数据资产确认条件。

三、数据资产归类合规审查

DAC法律意见书应准确归类数据资产,并确保其分类符合法律和行业标准。具体而言包括以下步骤。

(一) 数据资产的类别识别

律师应依据《暂行规定》和相关会计准则,对数据资源进行归类,识别其性质和用途,基于数据使用目的、方式和预期产生的经济利益,将数据归类为无形资产、存货或其他类别。

(二) 分类依据说明

律师应详细描述数据资产归类的依据,解释如何根据《暂行规定》和其他相关标准进行归类。

(三) 适用标准阐述

律师应在明确阐述归类后,就该数据资产的会计处理标准,包括资产确认、计量方法和相关披露要求进行阐述。

四、数据治理合规审查

数据治理是指为确保企业组织数据资源处于有效保护和合法利用的状态，以及具备保障数据资源持续安全状态的能力，由企业内外部以及相关方共同协作实施的一系列活动。在数据资产入表过程中，为确保数据资产入表后能够长期处于持续安全、稳定的状态，对数据治理的合规审查是至关重要的。对数据治理的合规审查，主要包括五个关键方面：数据来源、数据内容、数据处理、数据管理和数据经营。本书将针对上述五个方面的合规审查重难点进行解析。

（一）数据来源合规审查

数据资源通常有两个来源：一是自采数据；二是授权使用数据。对于自采数据，进一步包括自采用户信息以及自采经营信息。自采用户信息是指在生产经营过程中收集的用户或客户信息，这类信息通常包含个人信息，甚至包含敏感个人信息，因此应着重审核个人信息的收集是否符合《个人信息保护法》对于个人信息收集的相关规定，特别是在包含敏感个人信息的情况下，《个人信息保护法》设置了更高层级的收集要求。自采经营信息一般包括企业在经营过程中产生的客户信息、采购信息、研发信息、生产信息、销售信息、人力信息等，由于这类信息是企业自身在生产经营活动中产生的信息，相对而言风险更小，但是对于某些特殊行业，例如电力、天然气、自来水等民生行业，企业的客户群体数量庞大，并且企业的经营信息可能包含大量个人信息的应该按照《个人信息保护法》的要求进行合规审查。

授权使用数据，是指由第三方授权使用的数据资源。在审核授权使用数据时，首先要对授权使用数据资源标的进行背景调查，重点调查数据资源标的本身的权属关系是否明确，授权方是否有权转授，数据资源标的是否存在权属纠纷等；其次要审核授权协议，重点审核对数据资源标的的使用是否存在限制条款，被授权人是否有权转授等。授权使用数据中还存在一种较为特殊的情形，即授权使用公共数据的情形。关于公共数据授权运营的相关规范目前主要是由各地自行规定，因此在授权使用公共数据的情况下应根据当地的公共数据运营的规定进行审核。

（二）数据内容合规审查

律师在数据资产入表的过程中，应审查数据内容的真实性和合法性，确保数据内容不含非法信息，如国家机密、他人商业秘密、个人隐私等；同时排除违法信息，确保数据内容不含有危害国家安全、公序良俗等非法信息。

此外，还需审查是否对数据内容进行分类分级保护管理。数据分类分级保护制度主要是按照数据对国家安全、公共利益或者个人、组织合法权益的影响和重要程度进行分类分级，针对不同类别级别的数据采取相应的保护措施。数据分类分级的原则主要包括科学实用原则、边界清晰原则、就高从严原则、点面结合原则和动态更新原则。

科学实用原则是从便于数据管理和使用的角度，科学选择常见、稳定的属性或特征作为数据分类的依据，并结合实际需要对数据进行细化分类。

边界清晰原则是以数据安全为目的进行数据分级，各个数据级别尽量做到边界清晰，对不同级别的数据采取相应的保护措施。

就高从严原则是采用就高不就低的原则确定数据分级，当多个因素可能影响数据分级时，按照可能造成的最高影响对象和影响程度确定数据级别。

点面结合原则是在进行数据分级时，既考虑单项数据分级，也充分考虑多个领域、群体或区域的数据汇聚融合后对数据重要性、安全风险等的影响，通过定量与定性相结合的方式综合确定数据级别。

动态更新原则是根据数据的业务属性、重要性和可能造成的危害程度的变化，对数据分类分级、重要数据目录等进行定期审核更新。

（三）数据处理合规审查

企业在数据资产入表过程中应评估数据处理的合法性，确保数据处理活动遵守法律原则，审查数据处理的过程，包括审查数据的收集、存储、加工、使用、提供、删除等全生命周期流程。

1. 数据处理的原则

数据处理的原则包括合法正当必要诚信原则、目的明确原则、公开透明原则等。

(1) 合法正当必要诚信原则。

合法正当必要诚信原则是指在个人信息处理活动中,应当遵循合法、正当、必要和诚信原则,不得通过误导、欺诈、胁迫等方式处理个人信息。

其中合法原则是指在处理个人信息时应当具有法律依据并且处理手段应该符合法律规定。

正当原则是指处理个人信息应当具有正当理由,在法律规定不明确的情况下,不能以不正当的方式处理个人信息。

必要原则是指应在开展业务或者履行法定职责所必需时,方可处理个人信息;在处理个人信息时应当采取对用户风险最小的方式;在处理个人信息时应限于实现目的所必需的最小范围。

诚信原则是指应当按照法律规定以及与用户的约定处理个人信息,不得欺诈或弄虚作假;应当基于善意处理个人信息,不得故意损害用户的合法权益;在法律规定或者双方约定不清晰明确、不足以划分用户与权利义务的情况下,应当按照诚实信用原则确定。

(2) 目的明确原则。

处理个人信息应当具有明确、合理的目的,并应当与处理目的直接相关,采取对用户权益影响最小的方式。在处理个人信息之前应确定处理目的,并通过《服务使用协议》以及《个人信息保护和隐私政策》告知用户;对个人信息处理目的的告知应该明确、具体,以使用户对后续的个人信息处理形成清晰、准确的认识和预期为目标,不应存在含混、模糊或歧义的情况。处理个人信息的目的不仅应当符合法律规定,并且应限制在所开展的业务或者履行的法定职责所需要的范围内。个人信息处理行为应当能够直接推动处理目的的实现,完成个人信息处理行为与达成个人信息处理目的之间不应有中间环节。

(3) 公开透明原则。

处理个人信息应当遵循公开、透明原则,公开个人信息处理规则,明示处理的目的、方式和范围。个人信息处理应当对信息主体保持公开、透明,及时将相关事项告知信息主体。应将个人信息处理的基本情况向不特定主体公开,对象包括社会成员、监管机构、竞争者、社会组织等。

2. 数据收集制度

在数据收集过程中需要遵守获得用户授权同意规则,基于个人同意处理个人信息的,该同意应当由个人在充分知情的前提下自愿、明确作出。在取得用户同意时,应当遵守:(1)不得在征得用户同意前就开始收集个人信息或打开可收集个人信息的权限,在 App 首次运行时应通过弹窗等明显方式提示用户阅读个人信息保护政策等收集使用规则;(2)用户明确表示不同意后,不得收集个人信息或打开可收集个人信息的权限,不得频繁征求同意、干扰正常使用服务;(3)实际收集的个人信息或打开的可收集个人信息权限,应与声明并经用户同意的收集规则保持一致;(4)不得以默认选择同意个人信息保护政策等非明示方式征求用户同意;(5)未经用户同意不得更改其设置的可收集个人信息权限状态,如 App 更新时自动将用户设置的权限恢复到默认状态;(6)按照服务类型分别向用户申请处理个人信息的同意,不得使用概括性条款取得同意;(7)不得以改善服务质量、提升用户体验、研发新产品等为由,强迫用户同意处理其个人信息;(8)不得通过误导、欺诈、胁迫等方式获得用户的同意;(9)不得通过捆绑不同类型服务、批量申请同意等方式诱导、强迫用户进行批量个人信息同意;(10)不得超出个人授权同意的范围处理个人信息。

还需保障用户同意撤回权,基于用户同意处理个人信息的,用户有权撤回其同意。应当提供便捷的撤回同意的方式。用户撤回同意,不影响撤回前基于个人同意已进行的个人信息处理活动的效力。

在一些特殊情形下,应单独取得用户的同意,例如向第三方提供个人信息、公开其处理的个人信息、处理敏感个人信息、跨境转移个人信息等。

3. 数据存储制度

一般情况下,数据存储地点为中华人民共和国境内。存储个人信息的期限应该符合最小化原则:(1)个人信息存储期限应为实现用户授权使用目的所必须的最短时间，法律法规另有规定或者用户另行授权同意的除外；(2) 超出个人信息的存储期限后，应当对个人信息进行删除或者匿名化处理。

4. 数据加工制度

数据加工过程中，通常涉及匿名化处理和去标识化处理。

匿名化处理制度是指未经用户同意，不得向他人提供用户信息。但是，经过匿名化处理的除外。匿名化处理是指通过对个人信息的技术处理，使得个人信息主体无法被识别或者关联，且处理后的信息不能被复原的过程。匿名化处理的应用场景有：超出个人信息存储期限、授权期限；个人信息主体注销账户后；停止运营其产品或服务等。

去标识化处理是指通过对个人信息的技术处理，使其在不借助额外信息的情况下，无法识别个人信息主体的过程，去除标识符与个人信息主体之间关联性。《信息安全技术—个人信息安全规范》（GB/T 35273—2020）第7.2条规定：涉及通过界面展示个人信息的，个人信息控制者宜对需展示的个人信息采取去标识化处理等措施，降低个人信息在展示环节的泄漏风险。

5. 数据使用制度

在使用个人信息时，不应超出与收集个人信息时所声称的目的具有直接或合理关联的范围。因业务需要，确需超出上述范围使用个人信息的，应再次征得用户的明示同意。

App涉及通过界面展示个人信息的，需要对展示的个人信息采取去标识化处理等措施，降低个人信息在展示环节的泄露风险。

利用个人信息进行自动化决策，应当保证决策的透明度和结果公平、公正，不得对用户在交易价格等交易条件上实行不合理的差别待遇。

6. 数据提供制度

在传输和存储个人敏感信息时，应采用加密等安全措施，采用密码技术时宜遵循密码管理相关国家标准。

对外提供个人信息的，应准确记录和存储个人信息的共享、转让情况，包括共享、转让的日期、规模、目的，以及数据接收方的基本情况等。

在委托处理和共享、转让个人信息的情形下，应对数据接收方采取持续监督措施，在得知或发现数据接收方未按照委托要求或违反法律法规要求或双方约定处理个人信息的，应立即要求数据接收方停止相关行为，且采取或要求数据接收方采取有效补救措施控制或消除个人信息面临的安全风险。

对于接入的具备收集个人信息功能的第三方产品或服务（如小程序、SDK等）具有监督和管理义务。

（四）数据管理合规审查

实践中，数据管理合规问题主要体现在数据管理组织架构不完善和数据合规制度体系不完善两个方面。在一个企业中，数据合规管理部门在一个公司组织架构中的位置，决定了企业的定位和发展高度，所以数据合规管理部门所处的组织架构的高低对数据价值发挥是一个重要的因素。因此，数据管理组织架构包括：企业管理高层设置一名首席数据官，并且单独设置数据合规部门或者数据管理部门，该部门由首席数据官直接领导，首席数据官直接向首席执行官汇报工作；在公司各业务部门设置部门级的数据合规岗位，业务部门数据合规岗位承担本部门的数据安全责任，接受数据合规部门的培训并在业务进行中协助数据合规部门进行企业数据合规管理与风险核查；数据合规部门的负责人作为数据保护官（Data Protection Officer，DPO），领导数据合规部门的日常工作，并直接向首席数据官汇报工作。

数据合规制度体系是数据保护工作要求、管理策略以及操作规程等的集合，从数据保护需求、数据风险控制需要、合规性要求等几个方面进行梳理，形成全面的数据保护工作制度体系。企业建立合规计划的目的在于避免合规风险的发生。区别于企业的决策风险、经营风险、财务风险，合规风险专指企业因违法违规行为遭受行政处罚和刑事追究的风险，合规体系的政策和流程都要围绕特定合规风险进行针对性构建。相关企业需要根据自身主导业务类型和所属数据类型，制作相应的数据合规制度。

律师辅助企业建立合规管理体系，帮助企业制定合规计划，构建和改进管理流程；识别并评估合规风险，建立有效的风险管理和控制机制。

(五) 数据经营合规审查

数据经营合规审查中，重点审查风险评估制度、数据风险处置机制、监管部门数据调查应对机制、用户投诉与处置制度和社会责任报告制度。

风险评估制度是指组织建立个人信息保护影响事前评估机制，在开展对用户权益有重大影响的个人信息处理活动时，应当事前进行个人信息保护影响评估。

数据风险处置机制是指建立健全数据安全事件应急预案与风险处置机制，对识别和评估的各类数据风险设置恰当的控制和应对措施来降低风险，必要时停止相关风险行为。

发生个人信息等数据泄露、篡改、丢失等事件的，应立刻组建事件处理团队，进行事件确认，调查排查数据泄露原因，识别涉及的数据类型和数量以及数据的敏感程度，确定受影响的个人信息主体的范围，分析所涉数据是否已加密、防控措施是否有效抵御了攻击等，据此评估对个人信息主体的权利和自由的影响程度以及其他可能造成的后果。

应根据对安全事件的影响与风险的评估，确定是否需要上报监管机构、是否需要通知受影响的个人信息主体。

无论安全事件是否需要上报监管机关或通知受影响的自然人，都应当做好安全事件的记录。如果根据评估决定不上报和通知，应当记录评估的分析过程与结果。

监管部门数据调查应对机制是指有效应对国家网信办公室、工信部、市场监督管理总局、公安部等相关数据主管部门对数据合规问题的监管。按照数据合规管理组织架构的要求，成立专门的数据合规部门，该部门主要负责应对监管部门的各项要求与事项；在监管、调查及整改过程中，协调所涉及的相关业务部门积极配合，协助数据主管部门的监管工作；通过与监管部门的及时沟通，重点排查数据合规问题，妥善反馈监管部门的监管、调查、约谈、整改等要求。

用户投诉与处置制度是指采取线上合规举报制度。举报分为投诉举报用户侵权和投诉举报本身存在数据侵权两种情形。在线上设置"举报"入口和投诉举报邮箱两种方式,来受理用户举报的在社区内侵犯企业或个人合法权益的侵权举报,包括但不限于涉及个人信息保护、隐私、造谣与诽谤、知识产权侵权。

社会责任报告制度是指定期对外发布社会责任报告,具体包含以下几个部分:组织治理和内部管理,合规性、创新性、价值体现,公平运行、竞争和合作,消费者权益保护以及公益参与和社会发展。

DAC法律意见书将结合以上五个方面,为企业提供数据合规需求对接、尽职调查、风险识别、制度规则建立、动态跟踪和内部培训等服务。通过这种全面的合规审查,企业能够有效规避数据合规风险,提升数据资产的价值,并促进数据的流通与使用。

在数据资产入表过程中,对数据治理的合规审查是至关重要的。

五、披露义务合规审查

(一)审查披露要求符合性

律师核实披露内容与《暂行规定》要求对齐,对照《暂行规定》,检查企业披露的数据资产内容是否符合规定的要求,确保企业提供的数据资产信息既满足财务透明性要求,又不超出必要的范围。

(二)商业秘密保护与披露冲突评估

律师应评估非公知性。确定企业披露的数据资源是否属于公众未知或难以获取的信息,是否能够采取商业秘密方式保护;进一步审查企业的保密措施,检查企业是否采取了适当的保密措施来保护其商业秘密,如对敏感数据标注机密、限制访问权限等。

(三)披露数据与核心竞争优势保护

律师评估数据披露对商业竞争的影响:分析披露的数据是否涉及企业核心竞争优势,避免泄露关键商业秘密。确认披露的数据是否具有实际或潜在的经济价值。

(四)披露决策咨询

明确可披露与需保密的数据资源,辅助企业区分哪些数据可以公开,哪些需要严格保密,基于企业的数据资产的重要性、敏感性和竞争力,提出合理的数据披露建议。

DAC法律意见书基于以上四步,详细描述披露义务的合规性审查结果,为企业提供如何在满足财务披露要求的同时,保护商业秘密的具体建议。

第七章　数据资产入表后的资本化运作

在数字化浪潮席卷全球的背景下，数据资产已成为企业核心竞争力的重要组成部分。随着数据资产在财务报表中的正式确认，其价值和潜力得到前所未有的重视。数据资产不仅是企业日常运营的基石，更是推动企业创新、实现跨越式发展的关键因素。

为了充分释放数据资产的价值，企业开始探索数据资产的资本化运作。这是一种高级策略，旨在通过专业的金融手段，将数据资产转化为可交易、可量化的资本形式，从而为企业带来更加灵活、高效的资源配置方式。数据资产的资本化运作不仅有助于企业提高利润，还能促进交易活动的活跃，为企业创造更多的商业价值。

数据资产的资本化运作方式多种多样，每一种方式都体现了金融领域与数据技术的深度融合。首先，数据资产作价出资入股是一种常见的资本化运作方式。企业可以将数据资产作为出资的一部分，与其他资产一同投入新的项目中，形成合资或合作企业。这种方式不仅能够降低企业的资金压力，还能通过数据资产的共享和交换，实现资源的优化配置和业务的协同发展。其次，数据资产质押融资是另一种有效的资本化运作方式。企业可以将数据资产作为质押物，向金融机构申请贷款或融资。这种方式能够为企业提供灵活的资金支持，同时保留数据资产的使用权和控制权。金融机构通过对数据资产的评估和管理，降低贷款风险，实现与企业的共赢。此外，数据资产信托和数据资产证券化也是近年来兴起的资本化运作方式。数据资产信托是指将数据资产委托给专业的信托机构进行管理，通过信托的方式实现数据的共享和交易。数据资产证券化则是将数据资产打包成证券产品，在资本市场上进行交易和流通。这两种方式都能够为企业提供新的融资渠道和投资机会，同时也为投资者提供了更多样化的投资选择。

总之，数据资产的资本化运作是企业在数字化时代实现利润增长和交易拓展的重要策略。通过专业的金融手段和技术支持，企业可以更加充分地利用数据资产的价值，推动业务的创新和发展。随着数据技术的不断进步和金融市场的不断完善，数据资产的资本化运作将为企业带来更多的机遇和挑战。

第一节 数据资产出资入股

一、数据资产出资入股概述

数据资产出资入股是指企业或个人以其所拥有的数据资产作为资本投入，以获取其他企业或项目的股权或份额。这一做法在数字经济时代逐渐受到重视，目前在国家和地方层面均对数据资产出资、入股提供了政策性支持和指导。

在国家层面，2023年12月31日财政部公布《管理指导意见》，提出应探索开展公共数据资产权益在特定领域和经营主体范围内入股、质押等，助力公共数据资产多元化价值流通。2024年1月30日，国资委公布《关于优化中央企业资产评估管理有关事项的通知》，提出中央企业及其子企业在开展数据资产转让、作价出资、收购等活动时，应参考评估或估值结果进行定价。

在地方层面，2022年8月18日，安徽省人民政府发布《关于印发加快发展数字经济行动方案（2022—2024年）的通知》，明确探索数据入股、质押融资，推进数据要素资源化、资产化、资本化。2023年1月1日实施的《北京市数字经济促进条例》提出推进建立数据资产登记和评估机制，支持开展数据入股、数据信贷、数据资产信托和数据资产证券化等数字经济业态创新。2023年6月20日，北京市人民政府发布《关于更好发挥数据要素作用进一步加快发展数字经济的实施意见》，提出探索市场主体以合法的数据资产作价出资入股企业、进行股权债权融资、开展数据资产信托活动。2023年11月7日，温州市财政局发布的《关于探索数据资产管理试点的试行意见》提出相关部门可探索支持数据资产质押融资、作价入股等数据资本化路径。

二、数据资产出资入股的条件

新《公司法》第48条第1款规定，"股东可以用货币出资，也可以用实物、知识产权、土地使用权、股权、债权等可以用货币估价并可以依法转让的非货币财产作价出资；但是，法律、行政法规规定不得作为出资的财产除外"。

新《公司法》增加了"股权"和"债权"两种新的出资形式。虽然新《公司法》并未将数据资产这一新的资产形态以列举方式列入可用于出资的非货币财产，但相关非货币财产类型仍继续保持开放形式。根据前述规定，数据资产需满足以下几方面条件，才可作为非货币财产出资入股。

（一）可用货币估价

根据新《公司法》第48条第2款的规定，非货币财产用于出资时，必须经过评估作价并核实其真实价值，以避免财产的高估或低估。这意味着，当数据作为一种非货币性资产用于出资入股时，也需要遵循类似的评估和验资程序，确保其价值的真实性和合法性。

这一法律规定的实施得到了政策层面的进一步支持。2023年8月1日，财政部发布的《暂行规定》，正式将数据资源定位为企业资产的一部分。《暂行规定》要求企业根据会计准则，考虑数据资源的持有目的、形成方式、业务模式及其预期带来的经济利益等因素，对数据资源进行会计确认、计量和报告。这一规定的出台，标志着数据资源已正式成为可以在企业财务报表中体现的资产。

为了进一步规范数据资产的评估过程，2023年9月8日，中国资产评估协会在财政部的指导下发布《评估指导意见》，对数据资产的价值评估方法进行了初步规范，为数据资产的会计处理提供了明确的指南。

除了这些政策层面的支持，数据资产的巨大交易价值也是其作为出资形式的重要基础。据麦肯锡的报告预测，到2025年，全球数据产生的价值可能高达2.5万亿美元。此外，一项涵盖欧盟27国的市场研究估计，数据资产的市场规模可达8270亿欧元。❶ 这些数据不仅印证了数据资产的货币可估价性，也显示了其在全球经济中的重要地位。

（二）可依法转让

根据新《公司法》第49条，当股东以非货币财产出资时，必须依法办理相关的财产权转移手续。这一规定为数据资产的合法转让提供了法律基础。进一步地，为了规范数据资产的转让行为，《数据二十条》提出了构建合规高效的数据要素流通和交易制度，旨在实现数据要素在场内外的安全有序流通。该制度的建立包括数据交易场所与数据商之间的市场运行机制，以及培育专业的数据商和第三方服务机构。

自2015年大数据被纳入国家战略以来，中国在推动大数据发展方面取得了显著进展。2021年，中国数据交易所迎来了新一轮的发展高潮。截至2023年12月，全国已注册成立的数据交易机构约55家，包括国家级、地方级和行业级数据交易平台，这些机构为数据资产的合法转让和交易提供了坚实的市场基础。

（三）无法律、行政法规禁止性规定

根据我国《市场主体登记管理条例》第13条第2款的规定，某些特定类型的财产，如劳务、信用、自然人姓名、商誉、特许经营权或设立担保的财产，是不允许用作出资的。值得关注的是，目前并没有明确的法律规定将数据资产列入这一禁止出资的范围。

值得一提的是，对于数据资产而言，即使在某一数据资产上设立了担保，也不会阻碍基于该数据的其他权利持有者使用它作为出资。这一点的

---

❶ 祝新，邓盼盼. 基于改进超额收益法的企业数据资产价值评估［J］. 商业观察，2024，10（14）：74-80.

关键在于数据的可复制性：同一份数据可以有多个权利持有者，这意味着某一方对数据资产的处理（如设立担保）并不会影响其他持有者对该数据资产的使用权。❶ 然而，这种处理可能会对数据资产的价值评估产生影响。因此，尽管数据资产可以用于出资，但其价值可能会因不同数据持有者的权利和行为而有所不同。

三、数据资产出资入股的案例分析

新《公司法》第48条也涉及知识产权出资，这与我国在数据资产权属明确方面取得了重大进展相关联。自《数据二十条》发布以来，与数据资产相关的配套制度也在逐步完善。国家知识产权局在北京、上海、深圳等多个地区开展了数据知识产权的试点工作，其中数据知识产权登记证书成为持有数据的合法凭证，这为数据的流通交易、收益分配和权益保护提供了法律基础。

数据资产作为企业出资的形式已不再是理论上的设想，而是在实际商业运作中得到了应用和验证。众多企业通过将数据资产转化为股权，开启了数据资产作价出资的新篇章。这些实践案例不仅展示了数据资产价值的实际应用，也为其他企业提供了宝贵的借鉴经验。

其中，2023年8月28日，青岛华通智能科技研究院有限公司的数据资产价值得到官方的确认和评估。❷ 一家第三方专业评估机构出具了针对该公司相关数据产品的评估报告，为其数据资产的价值提供了准确的估值。这份评估报告不仅是数据资产作价出资的关键依据，也是将数据资产转化为公司股权的重要凭证。

数据资产作价出资不仅是现代企业策略的重要组成部分，也是数据价值化过程的关键环节。数据价值化理论中，数据资源化、数据资产化和数据资本化构成从原始数据到实现商业价值的三个阶段。每个阶段都对数据的商业利用产生深远影响。

---

❶ 汤哲智. 企业数据产权可出资性研究［D］. 上海：华东政法大学，2022.
❷ 打造数据资产登记评价"青岛样本"！华通集团创新数据运营新路径［EB/OL］.（2024-06-17）[2024-07-10]. https：//mp.weixin.qq.com/s/aWqsAnZmEV_ndrvTMr1MXA.

总之，数据价值化的每个阶段都是相互关联的，共同推动着数据从原始状态到最终产生商业价值的转变。在这一过程中，企业必须确保数据的合规性，以维护数据资产的合法性和安全性。数据资产作价出资作为数据资本化的重要环节，不仅提升了数据资源的商业价值，也为企业的发展开辟了新的道路。

四、数据资产出资入股的关注要点

（一）数据资产入股的协议约定

基于目前数据产权登记确权的实践，以数据资产出资入股时，相关交易文件需考虑涵盖入股数据资产的界定、数据资产确权、入股估值、交付和数据安全、明确出资期限等方面。以有关数据资产/数据知识产权登记凭证为基础，在交易文件中应对数据资产的来源、内容、规模、周期等方面进行明确约定。目前数据资产确权实践以进行登记，取得权利登记凭证为主流，在交易文件中可考虑要求出资方对登记凭证的适用地域范围进行陈述与保证，并规定相应责任。❶

虽然《评估指导意见》明确了数据资产定价方法，但数据资产的价值可能因使用场景的不同而上下浮动。鉴于目前暂未形成标准的评估定价体系，依照主流的定价方法可能难以准确对数据资产进行估值。若在数据资产出资入股后发现出资前评估的数据资产价值不准确，建议在交易文件中明确，届时的补救方案及相关责任。数据的交付方式需根据数据的保密和敏感程度来确定，如有必要，可考虑在交易文件中明确需要特定的软硬件设备和技术措施来保证交付过程中的环境安全。目前数据资产登记凭证和知识产权登记凭证往往有期限限制，建议在交易文件中明确出资方有义务对数据资产权利登记凭证进行续期，并明确该等权利登记凭证失效后的补救处理方案及相关责任。

---

❶ 赵丽芳，林立，李金璞. 基于数据要素价值链评估企业数据资产［J］. 企业管理，2023（12）：88－91.

第七章 数据资产入表后的资本化运作

(二) 数据来源合法性和可交易性

在进行数据资产出资入股前,应对数据资产中数据来源的合法性及其是否属于被禁止交易的数据展开尽调。例如,参考上海数据交易所发布的《数据交易安全合规指引》,对于收集的数据,不得以非法获取内部访问、操作权限等方式,未经授权或超越授权范围获取数据,不得以技术破解方式突破网站、计算机信息系统为保护数据而设置的技术保护措施,未征得相关主体同意的,不得收集涉及他人知识产权、商业秘密或者非公开的个人信息的数据等;对于自行生产数据,应确保数据的生产和处理行为合法,不存在侵犯第三方合法权益的情形。

在数据可交易性方面,对于涉及特定类型数据(如重要数据)的数据资产,目前尚未有明文规定完全禁止其交易。《数据交易安全合规指引》明确了涉及重要数据的数据产品交易的前置条件:(1)自行或委托数据安全服务机构进行安全风险评估,确保评估结果不存在危害国家安全、公共利益的情形;(2)交易双方应签订书面协议,明确各自的数据安全责任;(3)对数据交易需方的安全保护能力、资质进行核验;(4)法律法规规定需要征得相关部门同意的,应当取得同意。若拟以包含重要数据的数据资产出资入股,可参考前述《数据交易安全合规指引》中的合规流程。

若数据来源合法性或可交易性存在合规瑕疵,则可能导致相关数据资产不得出资入股,或可能影响相关数据资产对应的估值。

(三) 数据资产出资瑕疵

新《公司法》第48条第2款规定,"对作为出资的非货币财产应当评估作价,核实财产,不得高估或者低估作价。法律、行政法规对评估作价有规定的,从其规定"。

目前数据资产评估尚未形成全国统一的标准评估定价体系,数据资产的实际价值可能显著低于评估值,从而存在出资不实的问题。此外,出资完成需要将相关权利登记证书进行变更,且公司已实际获取相关数据资产,若未符合前述条件,则有可能被认定为出资瑕疵。根据新《公司法》,瑕疵出资股东除应当向公司足额缴纳外,还应当对给公司造成的损失承担赔偿责任，公司设立时的股东还将对此承担连带责任。新《公司法》没有规定瑕疵出资股东就瑕疵出资对公司承担赔偿责任的具体标准，相关方可在交易文件中予以明确。

(四) 企业接收数据资产入股后的合规义务评估

企业受益于股东数据资产出资的同时，也将基于数据资产本身所对应的数据类型和规模，承担数据保护的相关合规义务。对于数据资产中可能涉及的个人信息、重要数据以及特定类型的其他数据，企业需建立内部数据合规体系，包括但不限于设置数据安全内部治理架构、制订或更新数据安全内部制度、完善数据处理活动内部管控流程、采取相应的技术安全措施等，以满足持有并使用数据资产的合规要求。

通过数据资产化和数据资本化，企业可以更有效地利用其数据资源，实现数据的商业价值化。数据资产不仅在财务报表上体现其价值，还能通过作价出资等形式参与企业的资本运作，从而为企业带来新的增长机遇。这一过程不仅促进了数据资源的商业应用，也为企业开创了数据驱动的新商业模式和创新发展的新篇章。

五、小　　结

随着信息技术的迅猛发展，数据已成为企业最宝贵的资产之一。近年来，数据资产出资入股的现象逐渐增多，成为企业间合作、投资的一种新趋势。数据资产出资入股不仅为企业提供了新的融资渠道，同时也为投资者提供了新的投资方向。通过数据资产出资入股，企业可以获得资金支持，加速数据资产的商业化和价值化过程，进而推动企业的创新和发展。对于投资者而言，数据资产具有巨大的市场潜力和增值空间，通过投资数据资产，可以获得较高的投资回报。

在数据资产出资入股的过程中，数据资产评估是至关重要的一环。通过专业的评估机构或团队对数据资产进行价值评估，可以明确数据资产的市场价值及潜在风险，为企业和投资者提供决策支持。评估过程通常包括数据质量分析、价值预测和风险评估等环节，确保评估结果的客观性和准确性。

数据资产出资入股虽然具有诸多优势，但也面临着一些挑战。一方面，数据资产的估值标准尚未统一，评估过程可能存在主观性和不确定性。另一方面，数据资产的安全性和隐私保护问题也需要引起足够的重视。然而，这些挑战也为企业和投资者带来了机遇。通过不断探索和完善数据资产评估体系，加强数据安全和隐私保护措施，可以进一步推动数据资产出资入股的发展。

随着数据经济的不断发展，数据资产出资入股将成为企业间合作、投资的重要方式之一。未来，随着技术的不断进步和政策的不断完善，数据资产评估体系将更加成熟和完善，数据资产的安全性和隐私保护问题也将得到更好的解决。这将为企业和投资者提供更加广阔的合作空间和发展机遇。

综上所述，数据资产出资入股是数字经济时代的一种重要现象，具有深远的意义和广阔的前景。企业和投资者应充分认识到数据资产的价值和潜力，积极探索和实践数据资产出资入股的方式和模式，共同推动数字经济的发展和繁荣。

第二节 数据资产质押融资

在数字化经济的大背景下，数据已经成为企业和组织的核心资产。数据价值化过程，特别是数据资本化阶段，正逐渐成为推动经济发展的新动力。与此同时，企业在面临资金周转压力时，对新型资产融资方式的需求也日益迫切。数据资产质押贷款作为一种新型的融资方式，其潜力和风险并存。因此，本书旨在探讨数据价值化过程中的数据资本化阶段，以及基于数据资产的新型融资路径，并深入分析其中的风险问题和合规执行挑战。

一、数据资产质押融资背景

在全球化与数字化交织的时代背景下，企业面临着日益激烈的市场竞争和业务拓展的压力。资金作为推动企业发展的核心动力，其充足与否直接关系企业的生存与成长。然而，传统的融资方式往往受限于质押物不足、信用记录不佳或融资成本过高等问题，难以满足企业日益增长的融资需求。因此，寻找新型资产融资方式成为企业突破资金瓶颈、实现可持续发展的关键。

数据资产，作为数字经济时代的重要产物，以其独特的可复制性、低成本和巨大潜在价值，为企业融资提供了全新的思路。不同于传统的有形资产，数据资产具有无限的可扩展性和可复制性，能够为企业带来持续的增值效应。❶ 同时，随着大数据技术的不断发展和应用，数据资产的价值也日益凸显，成为企业核心竞争力的重要组成部分。

通过数据资产融资，企业可以将数据资产作为质押或质押物，向银行或其他金融机构申请贷款。这种方式不仅能够有效缓解企业的资金周转压力，为业务拓展和创新提供资金支持，还能够提升企业的资产利用效率和市场竞争力。❷ 此外，数据资产融资还有助于推动企业数字化转型和升级，提高企业的信息化水平和数据管理能力。然而，数据资产融资也面临着一些挑战和问题需要解决。一是，数据资产的评估标准和方法尚不完善，如何准确、可靠地评估数据资产的价值成为制约其融资应用的关键因素。二是，数据安全和隐私保护问题也是数据资产融资中不可忽视的一环。企业需要建立完善的数据保护机制，确保数据资产在融资过程中的安全性和合规性。

为了解决这些问题，企业需要加强与金融机构、评估机构和技术提供商的合作与交流，共同推动数据资产融资的发展。同时，政府也需要出台相关政策措施，为数据资产融资提供法律保障和支持，促进数据资产市场的健康发展。

数据资产新型融资方式为企业解决资金问题提供了新的思路和方法。通过深入挖掘和利用数据资产的价值，企业可以拓展融资渠道、降低融资

---

❶ 龙卫球. 数据新型财产权构建及其体系研究 [J]. 政法论坛, 2017, 35 (4)：63–77.
❷ 王文彦, 张红梅, 张目. 数据资产信息披露对制造企业债务融资成本的影响研究——基于年报"管理层讨论与分析"文本 [J]. 金融理论与实践, 2024 (2)：38–50.

成本、提高融资效率，为企业的可持续发展注入新的活力。随着数字经济的不断发展和完善，数据资产融资有望成为企业融资领域的重要创新方向，推动整个经济社会的数字化转型和升级。

二、数据资产质押融资要求

数据资产贷款作为金融科技创新的重要一环，正逐渐成为企业融资的新途径。然而，为确保贷款的安全与合规，对于数据资产贷款的要求也日益严格和细化。

（一）数据资产的合规性

数据资产的合规性是贷款审批的核心要素之一，它涵盖数据资产在法律、道德和监管方面的多重考量。在申请数据资产贷款时，企业必须确保所持有的数据资产不侵犯任何第三方的隐私权、知识产权和商业秘密。这要求企业具备完善的数据获取和使用流程，并严格遵守国家及地方关于数据保护的相关法律法规。数据资产合规性不仅体现在数据的获取和使用上，还涉及数据的处理、存储和传输等各个环节。企业需确保数据资产在整个生命周期内都符合数据保护原则，如数据的匿名化、脱敏处理、加密存储等，以保障数据的合法性和道德性。金融机构在审批数据资产贷款时，会对数据资产的合规性进行严格的审查。这包括对数据源、数据处理流程、数据使用目的和范围等方面的调查。只有在确保数据资产合规性的前提下，金融机构才会考虑发放贷款。

（二）数据资产价值的稳定性

数据资产的市场价值和稳定性是金融机构评估贷款风险的重要参考指标。金融机构在审批数据资产贷款时，会关注数据资产在当前市场环境下的价值，并预测其未来一段时间内的价值变动趋势。为确保数据资产价值的稳定性，企业需对数据资产进行深入的价值评估。这包括对数据的来源、质量、规模、应用场景等方面的分析，以及与其他同类数据的比较。同时，企业还需考虑数据资产的长期市场需求和潜在应用场景，以预测其未来的价值走势。金融机构在评估数据资产价值时，会结合市场趋势、技术发展等因素进行综合判断。对于价值波动较大的数据资产，金融机构可能会采取更严格的风险控制措施，如降低贷款额度、提高质押率等。

（三）企业的信用状况

企业的信用记录和还款能力是金融机构评估贷款风险的重要依据。在审批数据资产贷款时，金融机构会对企业的信用状况进行详细的调查和分析。良好的信用记录意味着企业具有较高的还款意愿和能力，这有助于降低贷款违约的风险。因此，企业在申请数据资产贷款时，应提供完整的信用记录，包括历史贷款记录、还款记录、担保情况等。此外，企业的经营状况、盈利能力以及未来发展潜力也是金融机构评估贷款风险的重要因素。金融机构会综合考虑这些因素，以评估企业的还款能力和贷款风险。

（四）融资方案和风险控制

企业在申请数据资产贷款时，需提交详尽的融资方案。这包括明确的融资用途、详细的还款计划以及预期的经济效益等。融资方案应充分展示企业的融资需求和还款能力，并说明数据资产在融资过程中的作用和价值。同时，企业还需制定完善的风险控制措施，以应对可能出现的市场波动、技术风险或法律风险等。这些措施可能包括建立风险预警机制、制定应急预案以及加强数据安全管理等。企业需确保这些措施能够有效降低贷款风险，保障金融机构的权益。金融机构在审批数据资产贷款时，会综合考虑企业的融资方案和风险控制措施。只有在认为企业具有足够的还款能力和风险控制能力的情况下，金融机构才会考虑发放贷款。

综上所述，数据资产贷款为企业提供了新的融资渠道，同时也对金融机构提出了更高的专业要求。通过严格把控数据资产的合规性、价值稳定性以及企业的信用状况，并辅以完善的融资方案和风险控制措施，金融机构可以更加安全、有效地开展数据资产贷款业务，从而推动金融与科技的深度融合，实现双方的共赢发展。

三、数据资产质押融资流程

数字经济时代,数据和信息成为重要的新型生产要素,成为类似于专利和商标的无形资产。为了推动数据资产融资、入表、化债、信托等数字经济业态的发展,需要打通从企业申请到数据资产融资的全流程。

(一)数据资产确认

在数据资产质押贷款中,首先需要确定哪些数据可以作为质押物。一般来说,具有稳定价值、可量化评估且具备法律效力的数据资产更适合作为质押物。根据《暂行规定》对数据资产出资的要求:(1)企业按照企业会计准则相关规定确认为无形资产或存货等资产类别的数据资源;(2)企业合法拥有或控制的,预期会给企业带来经济利益的,但由于不满足企业会计准则相关资产确认条件而未确认为资产的数据资源。

2023年12月5日,由浙江省标准化研究院牵头制定的《数据资产确认工作指南》正式实施,成为国内首个针对数据资产确认的省级地方性标准。有了这个标准,企业对于什么样的资产将来能够入表就有了可遵循的规范标准,将大大促进和加速数据资产入表工作。

(二)数据资产登记

在当前数字经济高速发展的背景下,数据产权登记的重要性日益凸显。它为数据资产的合法性、确权和流通提供了坚实的法律基础,是数据经济发展的关键支撑。

综观各地规则,数据产权登记采取登记生效要件主义,即数据权利的产生、变更、转让和消灭应当以登记作为生效要件,未经登记的,不发生权利变动的效果。数据产权登记具有证明数据产权、降低数据交易成本、保护数据产权和交易安全三大功能。目前在保护模式方面,呈现出两种模式[1]:一是江苏、北京、浙江、天津依托知识产权保护制度对数据予以登

---

[1] 栾明月,李昱,盛晶,等. 数据资产登记的探索与实践——以北京国际大数据交易所为例 [J]. 新型工业化,2024,14 (4):63 – 69.

记，由各省、市知识产权局作为统筹主管部门；二是深圳和贵州以新型财产权为思路，通过数据分类确权，率先建立数据资源持有、数据加工使用和数据产品经营"三权分置"的产权制度框架，并建立了覆盖数据流通交易全流程、各环节的登记体系，两地分别以深圳市发展改革委、贵州省大数据发展管理局作为统筹主管部门。

《北京市数据知识产权登记管理办法（试行）》规定，持有数据知识产权登记证书作为合法凭证者享有数据加工使用和获取收益的权利；此数据知识产权可以进行交易、质押、许可使用，并提供变更登记或备案予以制度保障。由此可见，数据产权登记是数据资产入表以及后续交易的必备步骤。

数据资产登记仅是数据资产形式上的确权，需要通过数据资产入表程序对数据进行实质上的确权。

（三）数据资产评估

登记后需要通过专业的评估机构或团队对这些数据资产进行价值评估，确定其市场价值及潜在风险。根据《评估指导意见》第12条，执行数据资产评估业务，可以通过委托人、相关当事人等提供或者自主收集等方式，了解和关注被评估数据资产的基本情况，例如数据资产的信息属性、法律属性、价值属性等。评估过程通常包括数据质量分析、价值预测和风险评估等环节。

（四）数据资产入表

数据资产入表意味着企业可以将数据资源确认为企业资产负债表中"资产"一项。对于拥有丰富数据资源的企业来说，数据资产入表在盘活数据资源价值的同时，也有利于展示企业的数字竞争优势，为企业依据数据资源开展投融资等业务提供依据。

在数据资产入表阶段，律师应当出具DAC法律意见书。DAC法律意见书在确保数据资产的合法性、合规性和安全性方面发挥着关键作用。对于国有企业而言，它能够有效防止国有资产的流失，保障国家资产的安全与完整。而在数据资本活动中，DAC法律意见书则能够增加交易的安全性，为数据资产的流通和交易提供法律保障，降低交易风险，促进数据经济的健康发展。

(五) 数据资产贷款

目前已有多地银行为数据资产进行放贷，形式上与传统的银行贷款大致相同，主要分为三类：信用类贷款、抵押类贷款和质押类贷款。按照定义来说，信用贷款是指银行依据借款人历史授信情况、未来收入和流水情况以及名下资产情况等进行纯信用放贷；抵押贷款是将属于自己使用权或者所有权的固定资产向有关权力部门办理登记后，抵押给银行而获取的贷款；质押贷款是指将自己所有的定期存单、车辆等质押给银行所取得的贷款。❶ 数据资产贷款可以理解为类似于无形资产质押贷款，无形资产质押贷款早期源于欧美，自从以信息技术为核心的科技革命在主要发达经济体兴起后，无形资产在经济中的价值日益增大。

2024年4月，农行上海市分行与上海数据交易所合作，积极探索普惠金融服务新模式，依托"数易贷"信贷服务，以数据资产质押的形式为一家专精特新企业百维金科投放小微企业贷款。❷ 在完成标的确定、评估和登记后，企业以持有的数据资产相关证书和评估报告，向金融机构提出融资申请。金融机构根据企业的信用记录、数据资产的价值和流动性等因素进行审批，根据评估结果和贷款政策向企业提供贷款支持，通常以数据资产作为质押物。对于不符合法律要求或存在潜在风险的数据资产，金融机构有权拒绝贷款申请或要求企业采取相应措施进行整改。

从法律角度看，数据资产贷款流程需要遵循相关法律法规和行业准则，确保数据资产的合法性、合规性和安全性。通过加强法律保障和风险控制措施，我们可以推动数据资产融资等数字经济业态的健康发展，为企业提供更广阔的融资空间和更多发展机遇。

---

❶ 廖屹峰，罗春华. 数据资产入表审计实践的难点与应对研究——基于新发展格局视角 [J/OL]. 财会通讯，1－7 [2024－05－19]. https://doi.org/10.16144/j.cnki.issn1002－8072.20240509.001.

❷ 农行上海市分行成功发放首笔数据资产质押贷款 [EB/OL]. (2024－04－02) [2024－07－10]. https://mp.weixin.qq.com/s/Syf12A_zwCfUXIlRwkiSmw.

* 数据资产入表与资本化

四、数据资产质押融资案例分析

企业的数据资源通过采集、储存、加工、安全监管等步骤成为数据产品，交易所基于融资企业资信情况、律所出具的法律风险评估意见书以及融资企业数据产品相关材料，出具数据产品登记证书、数据产品上架证书，完成数据产品合规审核、登记上架与平台公示；企业拥有证书后，可将数据资产入表，准确计量数据资源价值；数据资产入表后，交易所与律所、企业分别签订数据资产融资服务协议；银行基于律所出具的法律风险评估意见书和交易所出具的数据产品登记证书、数据产品上架证书，了解融资企业数据资产情况，综合评估后完成授信审批，形成数据资产化服务闭环，下面结合具体案例进行分析。

（一）河南省首单数据资产融资

河南数据集团结合自身和下属公司实际数据资源情况，按照基础平台建设、数据加工处理、数据开发、数据治理、数据运营等一系列成本来计量数据资产初始价值，开展"数据资产入表"先行先试。2024年1月，河南数据集团"企业土地使用权"数据在郑州数据交易中心挂牌上市，获颁"数据产权登记证书"。金融机构根据会计师事务所、资产评估事务所、律师事务所有关意见，向河南数据集团批准授信额度800万元，完成河南省首单数据资产无质押融资案例。❶

（二）广东首单数据资产入表融资

南方财经全媒体集团对"资讯通"数据产品进行了全面的数据资产视角梳理，并在2024年1月完成数据资产入表。随后，该集团获得由广东省政务服务和数据管理局监制、广州数据交易所颁发的数据资产登记凭证，这为其融资申请提供了强有力的支持。2月，南方财经全媒体集团的"资讯通"数据资产获中国工商银行广东自由贸易试验区南沙分行的500万

---

❶ 大河财立方：河南数据集团获河南省内首笔数据资产质押融资授信［EB/OL］．［2024-05-14］．https://finance.eastmoney.com/a/202405143076437643.html．

元授信。这一成功范例标志着南方财经全媒体集团已具备数据资产的全流程闭环能力,即从治理、合规、确权、定价、入表到金融化。

这一融资模式的成功,不仅实现从数据资源到数据资产再到数据资本的商业化闭环,也为县域特色产业数据要素的商业化应用探索出一条新的道路。通过与中国工商银行和广州数据交易所的合作,南方财经全媒体集团为"数据要素×金融服务"国家行动在广东的落地实施贡献了宝贵的经验。❶

(三) 江苏省首笔数据资产融资落地

继 2024 年 1 月成功完成江苏省首单数据资产入表案例后,南京市城建集团旗下的南京公交集团于 3 月 26 日获批中国光大银行南京分行高达 1000 万元的数据资产融资授信,此举标志着数据资产的商品价值已高效转化为金融价值,并成功打通数据"资源—资产—资本"的转化链条。❷

此次融资不仅是对数据资产价值的重要验证,更是数据作为新型生产要素在金融市场中的创新应用。南京公交集团通过这一融资模式,有效推动了数据资产融资业务的实际落地,为数据要素市场的繁荣发展注入了新动力,同时也为江苏省乃至全国的数据资产融资领域树立了新标杆。

(四) 浙江省首笔"数据资产贷"落地

2024 年 3 月 26 日,浙江省在数据资产金融化领域取得历史性突破。首笔"数据资产贷"在嘉兴市南湖区成功落地,为浙江淏瀚信息科技有限公司提供 660 万元的贷款支持,标志着浙江省在数据资产从资产到资本的转化道路上迈出了坚实的一步。❸

浙江淏瀚信息科技公司总经理毛亚萍表示,数据资源的价值在于其确

---

❶ 广东珠海诞生首单数据资产入表融资案例,香洲数商获 200 万元授信 [EB/OL]. [2024 - 05 - 11]. https://zfsg.gd.gov.cn/xxfb/dtxw/content/post_4421363.html.

❷ 全省首笔! 南京公交集团完成交通行业数据进场交易 [EB/OL]. (2024 - 05 - 23) [2024 - 07 - 10]. https://mp.weixin.qq.com/s/GmkvXqNGQhLeB - 5YKgMUrQ.

❸ 最高可获 3000 万元额度贷款! 全省首单"数据资产贷"落地 [EB/OL]. (2024 - 03 - 26) [2024 - 07 - 10]. https://mp.weixin.qq.com/s/cDTNdS - Del6yWS6O6WKHLQ.

权登记后的流通交易和资产化。数据资源持有权证书成为企业连接金融机构的桥梁，实现了资源向资产的转化。中国银行嘉兴市分行副行长江源胜进一步解释，此次推出的"数据资产贷"产品，以数据资源证书和数据资产价值为核心，为小微企业提供高效、便捷的融资服务，展现了数据作为无形资产的巨大价值。

五、数据资产质押融资风险

（一）数据资产变现价值风险

质押数据资产的变现风险主要来源于数据价值的波动性和不确定性。由于数据资产的价值往往受市场、技术和政策等多种因素的影响，因此其价值可能会出现大幅波动。这可能导致在贷款期间内，质押的数据资产价值不足以覆盖贷款本息，从而给银行带来损失。

在贷款发放后，金融机构需要进行数据资产的贷后管理，包括定期评估数据资产的价值、监控其使用情况等。这一过程中，金融机构需要依据相关法律法规，确保数据资产的安全、合规和有效使用。同时，双方还需要制定风险控制措施，以应对可能出现的风险事件。这些措施包括但不限于：设立风险预警机制、制定应急预案、加强数据资产的安全保护等。在法律层面，双方应明确各自的权利和义务，确保在风险事件发生时能够依法处理并维护各自的合法权益。

（二）债权人利益保障与合规执行

为保障债权人的利益，需要建立健全的数据资产质押贷款风险管理制度和合规执行机制。首先，应加强对数据资产价值的动态监测和评估，及时发现和处理潜在风险。其次，应完善数据资产质押贷款的法律法规体系，明确各方权责和利益分配机制。最后，应强化对数据资产质押贷款业务的监管和审查力度，确保业务合规性和风险控制有效性。

在执行过程中，银行需要严格遵守相关法律法规和隐私保护政策，确保数据的合法性和安全性。同时，还需要建立完善的风险评估和管理体系，对数据资产的价值进行动态监测和评估。在拍卖定价方面，应采用科学合理的方法确定数据资产的价值，并遵循市场规则进行交易。

（三）技术风险与数据安全挑战

数据资产的价值高度依赖于技术的先进性和稳定性。随着技术的快速发展，数据资产的采集、存储、处理和分析技术不断更新换代。如果金融机构在数据资产质押贷款过程中采用的技术落后或存在安全隐患，可能会导致数据资产价值降低或数据泄露等风险事件。要密切关注技术发展趋势，及时更新技术设备，确保技术的先进性和安全性。数据资产的安全性是质押贷款业务的核心问题之一。在数据资产的采集、传输、存储和使用过程中，如果发生数据泄露、篡改或滥用等安全问题，将给金融机构和质押人带来巨大损失。[1] 因此，金融机构需要建立完善的数据安全保障体系，包括数据加密、访问控制、安全审计等措施，确保数据资产的安全性和完整性。

（四）市场流动性风险与质押物处置难题

数据资产质押贷款业务的市场流动性风险主要体现在质押数据资产的变现能力上。如果质押的数据资产在贷款期间无法在市场上找到合适的买家或买家出价过低，将导致质押物无法及时变现或变现价值不足以覆盖贷款本息，从而给金融机构带来损失。因此，金融机构在评估质押数据资产时，需要充分考虑其市场流动性和变现能力。

在贷款违约的情况下，金融机构需要处置质押的数据资产以收回贷款本息。然而，由于数据资产的特殊性和复杂性，其处置过程可能面临诸多难题。例如，数据资产的权属关系可能不清晰，导致处置过程涉及多方权益；数据资产的价值可能受到多种因素的影响，导致难以确定合理的处置价格；数据资产的处置可能涉及法律法规和隐私保护等问题，需要谨慎处理。因此，金融机构在处置质押数据资产时，需要制定详细的处置方案，

---

[1] 郝亚娟，张荣旺. 数据资产信贷业务走俏业内呼吁出台制度"补漏" [N]. 中国经营报，2024-03-25（B04）.

并遵循相关法律法规和隐私保护政策。

数据资本化背景下的新型融资路径为企业提供了更为灵活和便捷的融资方式。然而，在实际操作过程中，还需要充分考虑数据资产的价值波动性、合规性要求和风险控制等因素。因此，企业和金融机构需要共同努力，加强合作与沟通，推动数据资产质押贷款业务的健康发展。同时，政府和相关机构也应加强对该领域的监管和支持力度，为数据价值化进程提供有力保障。在未来的研究中，可以进一步探讨数据资产价值评估方法、风险管理体系构建以及合规执行机制完善等问题，为数据资产质押贷款业务的发展提供更为全面和深入的理论支持。

六、小　　结

随着数字化时代的到来，数据资产已成为企业重要的战略资源，其潜在价值日益受到市场与金融机构的广泛关注。为满足新兴企业日益增长的数据资产融资需求，数据资产质押融资作为一种创新型的金融服务正逐渐崭露头角。

在中国，数据资产质押贷款已成为金融创新的热点领域之一。金融机构通过与拥有数据资产的各类企业展开深度合作，以数据资产为质押物，为企业提供更加灵活、便捷的融资渠道。这一创新模式不仅拓宽了企业的融资渠道，也丰富了金融机构的信贷产品体系，对于推动数据资产的市场化应用具有重要意义。然而，数据资产作为一种新兴资产，其与传统法律框架之间存在一定的不匹配。例如，数据资产的权属界定、价值评估、风险防控等方面均面临诸多挑战。因此，金融机构在推进数据资产质押融资业务时，需要特别注意合规性和风险性的问题。

为了应对这些挑战，金融机构应积极探索与专业机构的深度合作，借助其专业能力和经验，全面提升自身在数据资产风险评估和管理方面的专业能力。同时，金融机构还应积极探索创新的风险缓释手段，如引入第三方担保、建立风险准备金等，以确保数据资产质押担保业务的稳健发展。

与国际发展相比，中国在数据资产质押融资领域已经取得了一定的领先优势。但是国际上尚未形成将数据资产作为传统银行贷款抵押物的成熟模式，这意味着我们在推进数据资产质押融资业务时，需要更加谨慎地评估市场环境和风险因素，确保业务的合规性和安全性。

总之，数据资产质押融资作为一种创新型的金融服务，在推动数据资产的市场化应用、拓宽企业融资渠道等方面具有重要意义。然而，金融机构在推进该业务时，需要充分考虑合规性和风险性的问题，并积极探索与专业机构的深度合作和创新的风险缓释手段。

第三节　数据资产信托

数据资产信托是一种高级的法律和金融安排，旨在通过独立的法律结构来持有、管理和运营数据资产。在这种结构中，数据资产的所有者（委托人）将其数据资产（信托财产）转移给受托人（通常是专业的信托公司或金融机构），受托人根据信托合同（信托契约）的明确条款和条件，对这些数据资产进行专业的管理、保护和运营。这种安排旨在实现数据资产的价值最大化，同时确保数据的安全、合规和有效使用。数据资产入表后的数据资产信托是一个新兴且复杂的金融概念，涉及数据资产的所有权、使用权、收益权等权属的分离与信托管理。

一、数据资产信托概述

（一）传统数据信托

2017年英国政府发布的《人工智能产业发展报告》，提出把数据信托定义为"提供独立数据管理权的法律结构"。该定义旨在描述一种数据管理方法，在形式上完全类似于土地信托。❶ 国外学者不乏基于个人信息保护基础上对数据资产信托制度的探讨，其关注监管限制契约自由本身的效果局限性以及因缺乏可信的法律机制来赋予数据主体权利的问题。此后英

---

❶ 席月民. 数据资产信托的功能与制度建构［J］. 民主与法治，2021（3）：54–55.

国成立开放数据研究所（ODI），明确数据资产信托作为数据治理和托管的解决方案，比如英国国家健康服务（NHS）的数据资产信托项目，用于管理和共享医疗保健数据，确保在保护患者隐私的同时促进科研和医疗服务的改进。

"数据信托"模式被认为是能够有效帮助个人和平台博弈、平衡安全与发展的有效解决方案。2021年，《麻省理工科技评论》（*MIT Technology Review*）将数据信托评为2021年"十大突破性技术"之一。深圳数据交易所已经向公众预发布中诚信托数据资产1号财产权信托，开展数据资产信托实践。其依托粤港澳大湾区大数据中心设立中立服务器，再通过信托公司金融牌照将不同公司数据汇入中立服务器。这些数据将不再属于特定公司，而属于信托公司的信托财产，这样就赋予其财产化、资产化属性。❶

在这一背景下，数据信托被定义为自下而上的机制，其主要是忽略数据财产属性的探讨，由数据主体作为委托人和受益人，受托人有责任根据约定管理数据资产；其也可以是多个信托相互运作而建立信托生态系统的机制。

（二）数据资产信托与传统数据信托的区别

在我国，对于数据资产信托的研究也较为广泛，其通常强调将数据的控制权或数据权利交付至信托机构，实现数据共享、安全管理、数据流通的制度。❷ 数据资产信托的定义可能随着信托目的、信托财产类型、信托财产的具体管理运用方式发生变化，但核心仍应设定在《中华人民共和国信托法》（以下简称《信托法》）对信托的定义范围中，数据资产信托与传统数据信托的具体区别如下。

（1）财产性质：传统数据信托主要关注数据的保护和管理，而数据资产信托则更强调数据作为资产的属性。在数据资产信托中，数据资产被明确纳入财务报表，具有明确的财产性质和价值属性。

---

❶ 冯果，薛亦飒. 从"权利规范模式"走向"行为控制模式"的数据信托——数据主体权利保护机制构建的另一种思路［J］. 法学评论，2020，38（3）：70-82.

❷ 浙江省大数据联合计算中心数据合规部：数据资产信托国内外研究和发展现状综述［EB/OL］. ［2024-03-07］. https://www.datampc.com/newsinfo/6911815.html.

（2）管理模式：传统数据信托往往采用较为简单的管理模式，如委托管理、代理运营等。而数据资产信托则更加注重专业化、精细化的管理。在数据资产信托中，信托公司或金融机构会根据数据资产的特点和市场需求，制定更加科学、合理的管理策略，以实现数据资产价值的最大化。

（3）法律基础：传统数据信托主要依据信托法原理进行管理，而数据资产信托则需要结合数据资产的特点和相关法律法规，制定更加完善的法律制度和规范。在数据资产信托中，需要明确数据资产的权属、使用权、收益权等法律问题，以确保数据资产的合法性和合规性。

（4）应用场景：传统数据信托主要应用于个人数据的保护和管理，如医疗数据、金融数据等。而数据资产信托则更多地应用于企业数据资产的管理和运营，以及跨行业、跨领域的数据共享和交换。在数据资产信托中，企业需要更加深入地了解市场需求和业务需求，以便更好地利用数据资产推动业务发展。

在数字化时代，数据交易的自由性对于推动数字经济发展至关重要，但同时，数据安全和信息保护也是不可忽视的要素。数据资产信托作为中间层机制，能够为数据交易的自由性与数据安全、信息保护的平衡提供路径。信托架构下，数据的管理和流通可以遵循明确的规则，确保数据在合法、合规的框架内流通，既满足了数据交易的需求，又保障了数据安全和个人信息保护。通过设立数据资产信托，可以实现不同利益主体之间的利益平衡，促进数据交易的健康发展。

（三）数据资产信托的意义

1. 实现受益人与信托目的的多元化和匹配性

数据资产信托的核心目的是为受益人的利益服务。在数据资产信托的设立过程中，应充分考虑不同交易场景下的利益诉求，确定合适的受益人范围和信托目的。数据资产信托应该能够在确保数据资源合法合规性的基础上，根据具体的交易场景和受益人利益，设定相应的信托目的和分配方案。这种基于场景、源自受益人利益的交易结构设计❶，能够实现信托与不同交易场景的适配性，确保数据资产信托的有效性和可行性。

2. 体现数据资产信托的社会价值和经济价值

受托人在数据资产信托中扮演着关键角色，其设定应体现数据资产信托的社会价值和经济价值。合理的受托人设置可以确保数据治理目的的实现，避免信托沦为形式工具。受托人或其指定第三方的主动管理模式有利于加强数据交易的监管和治理，提高数据流通的透明度和可控性。同时，这种管理模式还能够降低数据交易和治理领域的风险，确保数据资产信托的稳定运行和长期发展。

3. 降低数据治理与资产化交易成本

数据资产信托在数据治理与资产化中发挥着工具性角色，有助于降低数据治理与资产化的交易成本。通过设立数据资产信托，可以为复杂法律关系的构建、多方利益博弈的不确定性以及资产交易的促成障碍形成减法效应。❷ 在信托框架内，数据作为生产要素可以更稳定、持续地参与市场经济交易，并得到适当的监管与治理。此外，通过明确信托各方的权责利，可以形成合理的成本分担机制，降低数据流通的成本，促进数据资源的优化配置和高效利用。

综上所述，数据资产信托在数字经济时代具有重要的作用和价值。通过平衡数据交易自由性与数据安全、信息保护，实现受益人与信托目的的多元化和匹配性，体现受托人角色的社会价值和经济价值，以及降低数据治理与资产化交易成本等方面的效能发挥，数据资产信托将成为推动数字经济发展、保障数据安全、促进数据流通和治理的重要机制。

二、数据资产信托的要素分析

信托可以基于不同的信托财产类型以及信托财产管理运用方式进行设

---

❶ 杨晨，刘小钰，李远刚，等. 企业数据资产化实践案例研究：基于数据要素形态演化视角 [J]. 大数据，2024，10（2）：3–16.

❷ 蔡丽楠. 数据资产信托参与数据治理：理论逻辑与实现机制 [J]. 金融评论，2022，14（1）：66–79，123.

定，结合目前信托分类的基本规则，数据资产信托有不同类型：在资产管理信托项下，实现信托财产的保值、增值，促进数据交易；在行政管理服务信托项下，实现数据财产的有效治理，并在一定程度上实现数据财产的社会价值；在法人及非法人组织财富管理信托项下，实现数据财产的专业化运营、管理和交易；在公益慈善信托项下，探究以公共利益、慈善为目的的数据财产应用等。

（一）数据资产信托的信托财产

将数据财产纳入信托财产在现有信托立法项下具有可操作性，不必通过立法再行调整现行《信托法》对信托财产的界定。实务中，可通过合同约定明确委托人对数据财产的控制权来阐释其"所有"以及确定性属性，并可通过其经济价值或社会价值进一步体现数据财产的财产性权利特征，从而满足《信托法》的规定。数据资产信托的信托财产类型主要涉及数据的各种形态和种类。具体来说，这可能包括但不限于以下几种类型：（1）数据集是数据资产信托最常见的财产类型，包括各种类型的数据集合，如个人数据、企业数据、政府数据等。这些数据集可能包含各种信息，如身份信息、交易记录、行为数据等。（2）数据资产信托还可以持有数据的权利，例如数据使用权、数据访问权、数据共享权等。这些权利可以允许信托在特定的条件下使用、访问或共享数据。（3）在某些情况下，数据资产信托可能会将数据服务作为信托财产，例如数据分析服务、数据处理服务、数据存储服务等。这些服务可能基于特定的数据集或数据权利进行。（4）与数据相关的知识产权也可能成为数据资产信托的财产，例如数据库结构的设计、数据处理算法、数据分析模型等。这些知识产权可能由信托人开发或购买获得。

需要注意的是，数据资产信托的信托财产类型可能因具体情境而异，取决于信托的目的、业务范围以及相关法律法规的规定。同时，由于数据具有特殊的性质和价值，数据资产信托在管理和运营过程中需要特别注意数据的安全、隐私和合规性问题。

（二）数据资产信托的参与主体

数据资产信托需要各方主体的共同参与，主要包括数据资产委托人、作为受托人的第三方信托机构、数据资产信托的受益人，以及作为第三方专业管理主体的律所或会计机构等相关主体。

1. 委托人

有学者认为数据控制者作为委托人的动力是有限的，但从 TikTok 数据托管案中可以发现，在数据跨境交易、涉及国家安全和主权的数据治理、数据控制权掌握事项方面，不排除数据控制者亦有意作为数据资产信托的委托人。因此，数据资产信托委托人的来源可能是多元的，包括数据处理者、数据源持有者在内的主体均可能成为数据资产信托项下的委托人。

2. 受托人

在传统信托业务中，存在信托公司和一般民事主体作为受托人的情形，前者多对应营业信托，而后者多对应民事信托。在《信托法》项下，并未就受托人身份进行直接的限定，但根据监管规定，就具有实质资金募集属性的财产权信托而言，数据信托应仅由信托公司作为受托人开展资产管理类营业信托。

3. 受益人

基于委托人是否与受益人同一，可将信托分为自益信托和他益信托。但是，结合目前信托三分类新规以及监管指导口径，数据资产信托开展他益模式可能面临一定的障碍。鉴于数据资产信托在他益模式中也可能发挥数据要素价值，并使交易架构更具创造性，实务中可通过合理解释尝试拓宽数据资产信托受益人范围，结合信托目的与委托人意愿合理设置受益人，充分发挥信托利益分配的灵活性机制，为数据复制、共享和融合等场景提供信托应用可能。

4. 第三方专业管理主体

数据治理、数据交易均需要专业化的管理运营机构进行操作，国内信托公司往往不具备数据处理的技术能力，引入专业管理团队或监察人角色，可协助受托人完成信托财产的专业运营。❶ 数据资产信托作为一种数据治理结构，信托财产管理、运用的专业性、安全性是其存续和稳定运行的重要基础，亦是信托目的的内化需求。信托在诞生之初，即以"信义义务"作为基石，为此受托人或其委托主体需要秉持忠实信义、勤勉尽责，实现信托的目的。为履行此种义务，受托人应为数据信托搭建专业的数据运用团队，或者引入第三方专业团队。

（三）数据资产信托的应用场景

信托公司作为受托人时，出于我国信托合规监管的需求，在信托三分类项下界定数据资产信托的属类，有助于数据治理和交易目的的明确。信托三分类新规将信托业务分类标准界定为资产管理信托、资产服务信托和公益/慈善信托。从定义角度而言，资产服务信托通常与数据资产信托逻辑更为匹配。具体表现在以下三个方面。

1. 国家行政管理服务

在行政管理服务信托中，数据资产信托的应用主要体现在保护国家安全和企业合规方面。当企业面临数据出境、网络安全审查等敏感议题时，数据资产信托显得尤为重要。信托公司作为受托人，可以为企业提供独立、专业的数据管理和监督服务，确保数据在合法、合规的前提下得到充分利用，同时避免数据泄露和滥用等风险。此外，在跨境数据流动和国际数据治理中，数据资产信托也能够发挥重要作用，为政府和企业提供有效的数据管理和合规支持。

2. 企业数据资产增值

财富管理服务信托通常关注资产的增值和保值，数据资产信托在这一领域同样具有广泛的应用。信托公司可以利用其专业的数据分析和挖掘技术，对数据资产进行深度分析，发现其中的价值点和增长点，从而为客户制定更为有效的投资策略。此外，信托公司还可以根据市场变化和客户需

---

❶ 田奥妮. 第三方数据资产信托：数据控制者义务的困境及其破解 [J]. 图书馆论坛，2022，42（8）：100-109.

求，为数据资产提供定制化的财富管理服务，帮助客户实现数据资产的长期增值。

3. 公益慈善数据支持

在公益慈善领域，数据资产信托同样发挥着重要作用。通过成立数据资产信托，公益组织可以更加安全、合规地获取和使用数据资源，提高公益事业的效率和效果。例如，在寻找走失儿童、重大疫情防控、科学研究等场景中，数据资产信托可以为公益组织提供大量数据支持，解决敏感数据、重要数据的处理问题和满足对特定信息处理结果数据的需求。由于这类信托以非营利为目的，因此更容易获得数据主体的同意，有助于推动相关事业的发展。

总的来说，数据资产信托在行政管理服务、财富管理服务和公益慈善领域都具有广泛的应用场景。信托公司应充分利用其专业能力和资源优势，为数据资产的所有者提供更加安全、高效、合规的管理服务，推动数据资产的合理利用和增值。

三、数据资产信托的运作机制

（一）数据资产信托流程

1. 数据资产入表的信托设立

数据资产信托的设立是数据流通与管理的起点。设立过程中，首先需要明确信托的目的、范围、期限以及信托财产的范围和种类。尤其需要进行数据资产入表工作，数据只有将原始数据经过清洗、整理、分类和标准化后，纳入数据资产管理体系，使其具备明确的权属、价值和可交易性，才能转变为真正意义上的数据资产。❶ 这一步骤不仅有助于数据的规范管理和高效利用，也是确保数据资产信托合法性和有效性的基础。在这个过程中，信托公司作为受托人，需要深入了解委托人的需求，并基于法律法

---

❶ 陈根：从信托到数据资产信托，数字时代的治理未来［EB/OL］．［2024-02-26］．https：//m.thepaper.cn/baijiahao_11470813.

规和监管要求，制定详细的信托计划。同时，设立数据资产信托还需要考虑数据的安全性、隐私性以及合规性等因素，确保信托计划的合法性和有效性。

2. 数据资产信托管理

数据资产信托管理是保障信托目的实现的关键环节。在管理过程中，受托人需要履行忠实、审慎的信义义务，确保信托财产的安全和增值。❶具体而言，受托人需要制定并执行数据资产管理制度，包括数据收集、存储、处理、分析和使用等方面的规范。同时，受托人还需要建立数据安全管理体系，防范数据泄露、滥用等风险。此外，受托人还需要根据信托计划的要求，定期向委托人报告信托财产的管理情况和运营成果。

3. 数据资产信托运营

数据资产信托运营是实现信托目的的过程。在运营过程中，受托人需要根据市场需求和委托人意愿，对信托财产进行合理的配置和运用。具体而言，受托人可以开展数据交易、数据分析、数据挖掘等业务，为委托人创造经济价值。同时，受托人还需要与数据处理者、数据使用者等相关方合作，共同推动数据资产的开发和利用。此外，受托人还需要密切关注市场动态和政策变化，及时调整运营策略，确保信托计划的顺利实施。

4. 数据资产信托的风险控制机制

数据资产信托风险控制机制是确保信托计划顺利实施的重要保障。在风险控制方面，受托人需要建立完善的风险管理体系，包括风险评估、风险预警、风险应对等方面。具体而言，受托人需要对信托财产进行定期的风险评估，及时发现潜在的风险因素；同时，受托人还需要建立风险预警机制，对可能出现的风险进行预测和预警；在风险应对方面，受托人需要制定详细的风险应对措施和预案，确保在风险发生时能够迅速应对并降低损失。此外，受托人还需要与委托人、数据处理者等相关方进行沟通和协调，共同应对可能出现的风险和挑战。为保障数据资产信托的合规性，律

---

❶ 张良. 信托公司构建全面风险管理体系的对策探讨［J］. 企业改革与管理，2023（13）：171-173.

师事务所需要提供专业的法律咨询和合规审查服务，确保信托计划的设立、运行和退出等环节均符合法律法规的要求。同时协助受托人识别和管理法律风险，为风险应对提供法律支持，确保信托计划在法律框架内稳健运行。

（二）信托财产管理运用方式

数据财产管理运用方式具有较强的契约属性，可通过合同约定对作为信托财产的数据财产进行定义，并对数据要素项下不同权能的界分、应用予以明确，实现当事方交易目的与权益保护诉求。❶ 信托作为工具与手段，可在其项下结合不同信托目的、应用场景设定信托财产管理、运用模式，进而利用信托财产独立性及隔离机制发挥效能。例如，在数据处理过程中遵循"可用不可见"的原则，结合数据资产信托的应用，可进一步实现委托人、受益人与数据财产在管理机制上的有效隔离，而不丧失委托人对于受益人范围的设定权利以及数据财产收益的分配权利。

（三）数据资产信托实践

2023年7月，广西壮族自治区首批公共数据授权运营试点单位——广西电网有限责任公司（以下简称"广西电网"）与中航信托股份有限公司（以下简称"中航信托"）、广西电网能源科技有限责任公司（以下简称"能科公司"）正式签署数据资产信托协议，并在北部湾大数据交易中心完成首笔电力数据产品登记及交易，标志着全国首单数据资产信托产品场内交易完成。❷

该数据资产信托项目中，广西电网作为委托人以信托形式将部分电力数据委托给中航信托。中航信托作为受托人负责托管数据资产信托产品。考虑到数据资产信托产品有别于传统信托产品的特殊性，委托能科公司作为共同受托人对数据产品进行专业开发。数据易（北京）信息技术有限公

---

❶ 用益研究：数据中心信托投资机会分析［EB/OL］.［2024-05-30］. https：//baijiahao.baidu.com/s？id=1734240218082928316&wfr=spider&for=pc.

❷ 广西壮族自治区自然资源厅关于公共数据授权运营试点数据运营方选定结果的公示［EB/OL］.［2024-03-13］. https：//dnr.gxzf.gov.cn/zfxxgk/fdzdgknr/zcfg/btzdgkwj/t17478267.shtml.

司作为解决方案提供商设计数据资产信托产品结构。能科公司开发形成的数据产品，经北部湾大数据交易中心审核后上架交易平台，并最终完成场内交易及登记。

该项目为解决公共数据开放内生动力不足问题提供了重要借鉴。在信托模式中，受托方对数据具有独立的管理权和收益分配权，可自行或委托其他数据服务商对数据资产进行运用和增值，一方面加快了公共数据价值释放，另一方面数据资产信托产品形成的经济收益和社会效益，可以在一定程度上减轻财政负担。

四、我国数据资产信托机制困境

数据资产信托作为一种新型的数据管理和交易机制，在推动数据要素流通、提升数据治理效率方面具有巨大潜力。然而，结合当前我国的法律框架、制度环境和市场实践，数据资产信托在我国实施落地仍面临一些挑战和问题。

（一）权属界定的复杂性与法律挑战

在数据资产信托与数据资产入表的结合中，权属界定是首要且核心的议题。数据资产作为一种无形资产，其所有权、使用权、收益权等权属关系的明确性直接影响到信托的设立和资产的入表。然而，我国当前法律体系中关于数据权属的界定尚不明晰，这给数据资产信托的设立和数据资产的会计确认带来了挑战。[1]

在数据资产信托中，数据资产的所有权与使用权、收益权相分离，需要明确的法律框架来支持这种分离和转让。同时，数据资产入表也要求将数据资产作为企业资产的一部分进行会计确认和计量，这同样需要法律层面的支持和指导。我国需要进一步完善数据资产相关的法律法规，明确数据资产的权属界定和转让规则，为数据资产信托的设立和数据资产的入表提供法律保障。

---

[1] 高志豪，郑荣，张默涵，等. 基于数据资产信托的产业数据要素流通：动力逻辑、信托纾困与模式重塑［J］. 情报理论与实践，2024，47（4）：75–83.

(二) 专业管理要求与技术难题

数据资产信托与数据资产入表的结合对数据资产的管理和运营提出了更高的要求。数据资产具有复杂性和多样性,需要专业的技术和管理能力来确保其高效利用和价值最大化。

数据资产的管理需要专业的数据分析和处理能力,以便从海量数据中提取有价值的信息。同时,还需要具备数据安全保障能力,防止数据泄露和滥用。数据资产信托的设立和运营也需要专业的金融知识和经验,以确保信托资产的安全性和稳定性。这要求信托公司或金融机构具备专业的数据资产管理和运营能力,并能够灵活应对市场变化和技术更新。[1] 然而,目前市场上具备这样能力的机构和人才相对较少,给数据资产信托和数据资产入表的实施带来了挑战。因此,我国需要加强相关人才的培养和引进,提升数据资产管理和运营的专业水平。

(三) 风险隔离机制的监管困境

数据资产信托通过风险隔离机制确保数据资产的安全性和稳定性。然而,在数据资产入表的过程中,如何确保数据资产与企业的其他资产实现有效隔离,避免风险传递,是一个需要解决的问题。同时,数据资产信托本身也面临一定的风险,如数据泄露、滥用等。因此,需要建立完善的风险隔离机制和监管体系,以应对可能出现的风险事件。

我国在数据资产监管方面还存在一定的滞后性,相关监管规则和制度尚不完善。这给数据资产信托的监管带来了挑战,也增加了数据资产信托的风险性。我国需要加大数据资产监管的力度,完善相关监管规则和制度,确保数据资产信托的安全性和稳定性。

(四) 市场实践的不足与推动策略

尽管数据资产信托与数据资产入表在理论上具有巨大的潜力,但在我

---

[1] 孙宏臣. 数据信托的困境与出路——权宜之计抑或制度创新 [J]. 经贸法律评论,2022 (3):115-129.

国的市场实践中，这两个领域的发展仍相对滞后。这可能与市场需求的不足、技术条件的限制以及法律法规的制约等因素有关。为了推动数据资产信托与数据资产入表的发展，我国需要采取一系列的策略和措施。首先，需要加强市场需求的培育，提高企业和个人对数据资产价值的认识，促进数据资产的交易和流通。其次，需要加强技术条件的提升，推动大数据、人工智能等技术的应用和发展，提高数据资产管理和运营的效率和质量。最后，需要加强法律法规的完善和执行，为数据资产信托和数据资产入表提供法律保障和支持。

为充分发挥数据资产信托的作用和价值，需要进一步完善相关法律法规和监管规则、提升专业管理能力、加强风险隔离机制的建设以及加强市场实践的推动，进而明确数据财产在我国是否可以被承认。[1]

五、小　结

数据资产信托，作为现代数据治理体系的核心机制，正逐步成为数字经济时代的关键驱动力。它不仅是一种法律架构，而且是结合了金融、技术和法律专业知识的复杂工具，用于优化数据资源的配置，保护数据权益，并推动数据价值的最大化。

在当前的数字经济浪潮中，数据资产信托以其独特的优势崭露头角。首先，它通过明确的信托关系，将数据的所有权与使用权进行有效分离，为数据所有者提供了灵活的委托管理途径。同时，信托公司作为专业的受托人，凭借其在数据处理、分析和商业化方面的专业能力，为数据资产提供了高效、合规的利用渠道。其次，数据资产信托注重数据的安全性和隐私保护。在信托架构下，数据的访问、使用和传输都受到严格的监管和控制，确保数据在合法、合规的范围内使用。此外，信托公司还采用先进的加密技术和安全协议，进一步增强了数据的安全性。最后，数据资产信托促进了数据市场的健康发展。通过信托机制，数据资产得以在市场中自由流通和交易，为数据所有者带来了经济收益，同时也为数据使用者提供了

---

[1] 两会｜数据资产信托是信托公司做好"数字金融大文章"的必选项［EB/OL］．［2024-03-09］．https://finance.eastmoney.com/a/202403093006934824.html.

更加便捷、高效的数据获取途径。这有助于打破数据"孤岛"，促进数据的共享和合作，推动数字经济的发展。

展望未来，随着数据法规的进一步完善和监管力度的加强，数据资产信托将作为重要的合规工具，帮助企业和个人更好地适应数据治理的新要求。通过信托机制，数据所有者可以更加放心地将自己的数据资产交由专业机构管理，避免因数据违规使用而带来的法律风险。由于技术的不断进步，数据资产信托将实现更加智能化、自动化的管理。利用人工智能、区块链等先进技术，信托机构可以更加高效地处理海量数据，实现数据的精准匹配和高效利用。同时，技术也将为数据的安全和隐私提供更加坚实的保障。数据资产信托也将在促进数字经济发展方面发挥更加重要的作用。通过实现数据的合规共享和商业化利用，数据资产信托将推动数据资源的优化配置和高效利用，促进数字产业的创新和发展。同时，信托机制还将为数据交易提供更加透明、公正的市场环境，推动数据市场的健康发展。

总之，数据资产信托作为新兴的数据治理模式，将在未来数字经济领域发挥越来越重要的作用。随着技术的不断进步和法规的完善，数据资产信托将实现更加智能化、自动化的管理，为数据的合规使用、价值实现和安全保护提供更加坚实的保障。

第四节　数据资产证券化

数据资产证券化（DAS，Data-Asset-Securitization），是以数据资产未来产生的现金流为偿付支持，在此基础上发行数据资产支持证券。数据资产证券化是盘活数据要素市场的重要金融工具之一，也是我国突破数字产业化与产业数字化发展瓶颈的关键环节。

一、数据资产证券化概述

（一）数据资产证券化发展现状

目前，我国的数据资产证券化产品较为成熟，中央结算公司中债研发中心发布的《2023年数据资产证券化发展报告》显示，2023年我国数据资产证券化市场全年发行各类产品1.85万亿元，年末存量规模约为4.35万亿元。市场运行平稳，发行规模稍有下降，产品结构相对稳定，发行利率先降后升。应收账款ABS发行规模领跑，绿色ABS成倍增长，基础资产类型持续丰富。政策推动租赁住房投资信托基金市场规范发展，支持保险资管公司参与数据资产证券化业务，商业银行资本新规降低资产支持证券资本占用，对加快盘活存量资产、优化金融资源配置、服务实体经济发挥了积极作用。❶

现代金融市场中，理论上任何一种能在可见的未来产生稳定现金流的资产，都可以实现证券化。虽然我国尚未正式实施数据资产证券化，但相关政府部门、学界、实务界都对此给予了高度关注。理论层面，经济、金融领域的学者已在热烈探讨数据资产证券化的可行路径、最优模型、产品结构、经济效益等问题。目前很多机构和研究者都在参考知识产权证券化方式研究论证试点数据证券化运作。2023年7月，杭州市成功发行2023年度第一期杭州高新区（滨江）数据知识产权定向资产支持票据（ABN），此次作为质押物的知识产权中，有2件为数据知识产权。❷ 高新区（滨江）对于包含数据知识产权的知识产权证券化项目的尝试，标志着从现实层面上，数据要素产权化的有效新路径已经形成，这也打破了传统的融资方式，实现了知产变资产、数据变红利，是基于知识产权资产化证券化路径推进数据资产增加金融属性的成功尝试。

（二）数据资产证券化的时代机遇

1. 探索数据资产证券化的制度环境逐步完善

近年来，我国相继出台一系列制度推动数据资产证券化实践。一方面，中央通过构建数据资产交易制度，为证券化工作提供战略指导；同

---

❶ 中央结算公司中债研发中心：2023年数据资产证券化发展报告［EB/OL］．［2024-04-06］．https：//finance.sina.com.cn/money/bond/market/2024-03-06/doc-inamkpzn5692859.shtml.
❷ 杭州市人民政府：高新区（滨江）创下全国"首单"［EB/OL］．［2024-03-17］．https：//www.hangzhou.gov.cn/art/2023/7/7/art_812264_59084091.html.

时，商务部在《全面深化服务贸易创新发展试点总体方案》中强调"推动数据资产的商品化、证券化"。另一方面，部分地区在区域经济发展、数字经济促进、服务贸易创新等方面的政策法规中明确要求推进数据资产证券化，涉及12个省、直辖市的21项制度，其中地方性法规3项、地方规范性文件18项。北京国际大数据交易所支持数据资产证券化产品的交易与服务，为后续探索提供了重要的组织保证与证券化产品设计指引。近年来，涉及数据资产证券化的相关政策效力持续提升，政策数量显著增加，制度部署以"探索"实践为主要方向，有助于通过地区示范经验总结，"由点及面"推动全国数据资产证券化工作。

2. 设计数据要素证券化产品的经济基础初步具备

从数据资产的宏观体量考察，我国设计数据要素证券化产品的基础资产规模可观。根据国际数据公司（IDC）发布的《数据时代2025》预测，2025年全球每年产生的数据将从2018年的不到40ZB（$1ZB=10^{21}B$）增长到175ZB，相当于每天产生491EB（$1EB=10^{18}B$）的数据。随着数据量指数级增长，数据分析算法和技术迭代更新，数据创新应用和产业优化升级，数据对社会变革的影响将更加深远。不仅如此，在人工智能、云计算等科技助推下，我国互联网和相关服务业保持平稳较快增长态势，具体到中国市场，IDC预计中国的"数据圈"将会在2018—2025年扩张14倍左右，以每年30%的平均增速快速发展，在2025年达到48.6ZB，也就是48.6万亿GB。届时中国将成为全球第一数据大国。与之相伴，未来几年我国数据要素市场规模或将进入高速增长阶段。根据国家工业信息安全发展研究中心测算，"十四五"期间我国数据要素市场规模复合增速将达到26.3%，整体上进入高速发展阶段，2025年将突破1749亿元。❶ 从数据资产的微观管理考量，企业数据资产化、价值化进程加快，为推动数据资产证券化奠定了经济基础。数字经济的丰富应用场景广泛吸纳用户，企业通过技术迭创分析利用海量数据资源，使其完成可衡量的资产化进程。研究

---

❶ 赵阳，杨楠，夏瀛韬. 数据要素行业深度报告：数据要素为基，掘金数字中国价值潜能［EB/OL］.［2024-03-21］. https://caifuhao.eastmoney.com/news/20230721091251658204510.

表明，企业披露的数据资产信息越多，企业价值就越大。❶

3. 推动数据资产交易流通的实践经验日渐成熟

目前，东京、伦敦等多个证券交易所正在参与数据要素市场建设，Dawex、WorldQuant等企业也推出了数据交易服务。我国数据交易平台同样发展迅猛，国内先后在贵阳、北京、上海等地成立大数据交易所，致力于探索数据要素交易服务的创新实践；❷ 成立了多个由企业设计并运营的数据交易机构，例如京东万象、天元数据等，有助于推动数据要素规范化整合和市场化交易。此外，数据知识产权工作试点的运营、数据资产登记凭证的制发等尝试将进一步促进数据权益的明晰，推动数据资产价值的实现。交易平台建设与确权机制创新为加速数据流通与利用、推动数据要素证券化产品设计积累了丰富的实践经验。

数据资产证券化是一种金融创新工具，可以将非流动性数据资产转化为具有流动性的证券产品，为企业和投资者带来多种益处。但同时，数据资产证券化也存在一定风险，如数据隐私泄露、技术安全风险等。因此，在推进数据资产证券化的过程中，应加强相关法律法规建设，确保数据资产的合规性和安全性。

二、数据资产证券化的特殊属性

（一）基础资产特定

数据资产证券化主要依赖已入表的数据资产，这些资产通常具备可预测、稳定且持续的现金流特性。这些现金流是资产支持证券（ABS）偿付的主要来源，对于投资者而言，它们是衡量投资价值和风险的重要指标。基础资产的特定性还体现在其可剥离性上，即这些资产可以从原始权益人的整体资产中剥离出来，进行单独的管理和证券化。在数据资产证券化的

---

❶ 全国统一数据大市场下创新数据价格形成机制的政策思考 [EB/OL]. [2024-05-08]. https://www.ndrc.gov.cn/wsdwhfz/202305/t20230508_1355558_ext.html.

❷ 澎湃新闻：解读|《数据资产通证化上海路线图》：让数据资产像股票一样 [EB/OL]. [2024-04-15]. https://baijiahao.baidu.com/s?id=1785353193933014416&wfr=spider&for=pc.

过程中，基础资产的权利内容和范围必须清晰界定。这包括数据资产的所有权、使用权、收益权等。这也是确保数据资产证券化合法性和合规性的重要前提。

（二）结构性融资复杂

数据资产证券化的结构性融资体现在其复杂的交易结构和法律安排。这包括设立特殊目的机构（SPV），将基础资产转移给SPV，以及通过一系列合同和协议来确保现金流的收集和分配。结构性融资还涉及信用增级技术的应用，这些技术旨在提高资产支持证券的信用评级，降低投资者的信用风险。破产隔离是结构性融资的核心特征之一，它确保了原始权益人的破产风险不会影响到已证券化的数据资产。

（三）现金流驱动的偿付方式

数据资产证券化的偿付方式主要依赖于基础资产产生的现金流。这意味着投资者在评估证券价值时，需要重点关注基础资产的质量和现金流的稳定性。现金流的预测和管理是数据资产证券化过程中的重要环节。发起人需要对基础资产的现金流进行详细的预测和分析，以确保其能够支持证券的偿付。如果基础资产的现金流出现问题，可能会影响证券的偿付能力，从而引发投资者的信用风险。

（四）应用信用增级技术

信用增级技术是提高资产支持证券信用评级的重要手段，包括内部信用增级和外部信用增级两种。内部信用增级通常通过超额抵押、次级证券等方式实现。超额抵押意味着将价值超过证券面值的资产作为抵押品，以提供额外的信用支持。次级证券则是由原始权益人持有的低信用等级证券，其偿付顺序在优先级证券之后。外部信用增级则依赖于第三方机构（如保险公司、担保公司等）提供的担保或保险。这些机构对证券的偿付能力进行担保，以降低投资者的信用风险。

第七章 数据资产入表后的资本化运作 *

（五）投资者权益的有限追索权

由于数据资产证券化的偿付主要依赖于基础资产的现金流而非原始权益人的整体信用水平，因此投资者对原始权益人通常只有有限的追索权。这意味着即使原始权益人发生违约或破产等情况，投资者的损失也主要限于已购买的证券价值。有限追索权降低了投资者的信用风险，但同时也限制了其追索权的范围。投资者需要密切关注基础资产的运营状况和现金流的稳定性以确保其投资的安全和收益。投资者在参与数据资产证券化交易时，还需要注意相关的法律风险和合规性问题，以确保其权益得到充分保护。

三、数据资产证券化的要素分析

（一）数据资产证券化的基础资产

在数据资产证券化的过程中，基础资产主要指的是那些能够产生稳定现金流的数据资源及其相关的经济权益。以下是数据资产证券化的基础资产的一些常见类型。

1. 数据服务收入

数据服务主要包括数据查询服务和数据处理与分析服务。数据查询服务提供的是对数据集或数据库的直接访问权限，以满足用户特定的数据需求。这些服务通常基于 API（应用程序接口）或特定的数据访问协议进行，用户根据查询的数据量、查询频率或数据复杂程度支付费用。❶ 数据处理与分析服务涵盖数据的清洗、整合、脱敏、标准化以及复杂的数据分析。它们基于特定的算法、模型或专家知识，为客户提供定制化的数据处理解决方案和见解。服务费用通常基于项目的复杂性、数据规模或所需的分析深度进行计算。

---

❶ 数据资产证券化迎会计制度基础 数据资产入表更进一步 [EB/OL]. [2024-03-13]. https://fund.eastmoney.com/a/202212132585953358.html.

✻ 数据资产入表与资本化

2. 数据许可与使用

数据许可协议允许第三方在一定条件下使用数据资产，如特定的时间期限、地域范围或使用目的。许可费用根据数据的类型、质量、数量、使用范围和期限等因素进行确定。这些协议确保数据资产在合法、合规的前提下被使用，并为数据所有者带来经济收益。与数据许可协议类似，数据使用协议更侧重数据在具体应用场景中的使用。使用协议通常详细规定数据的用途、处理方式和数据结果的归属权等。用户根据协议规定的使用方式和范围支付费用，这些费用成为数据资产证券化的基础资产。

3. 数据相关成本

数据使用中包含数据收集与维护成本以及数据变现过程中的收入。数据收集成本包括数据获取、整理、存储和更新等过程中的各项费用。数据维护成本则涉及数据的备份、恢复、安全性维护以及合规性检查等。这些成本是确保数据资产质量和可用性的重要保障，也是数据资产证券化过程中需要考虑的因素。数据变现是指将数据资产转化为经济收益的过程。这可以通过多种方式实现，如广告收入（基于用户数据的定向广告）、数据交易收入（将数据出售给第三方）以及数据服务收入（提供基于数据的定制化服务）。❶ 这些收入反映了数据资产在商业应用中的实际价值，是数据资产证券化的重要基础资产。

我国目前法律法规与监管规定尚未认可以未来数据资产，或以未来数据资产为基础的合同债权作为基础资产发行 ABS 产品。例如，《证券公司及基金管理公司子公司数据资产证券化业务管理规定》第 3 条就明确指出，数据资产证券化业务项下的基础资产必须符合"权属明确""可特定化"的要求。此外，我国证监会于 2019 年 4 月发布的《数据资产证券化监管问答三》也明确指出，未来经营收入类数据资产证券化产品的现金流应来源于具备特许经营或排他性质的业务所形成的债权或其他权利，不具有垄断性和排他性的未来经营性收入，不得作为数据资产证券化产品的基

---

❶ 建纬观点："收益权"作为数据资产证券化基础资产的适格性及信用风险简析（一）[EB/OL].[2023-11-18]. http://www.360doc.com/content/20/1118/12/72475118_946492543.shtml.

础资产现金流来源。因此，尚未形成垄断性、排他性特征的未来数据资产，无法衍生出合格现金流的基础资产。

未来在标准化的数据资产证券化产品中，证监会及证券交易所将对数据资产证券化的基础资产进行一定的规范，给予相应的指导意见。形成数据资产证券化的基础资产，还要进行一定的结构化设计，不同的数据资产证券化产品和服务肯定是不同的，现实中可参考知识产权资产支持证券专项计划的模式，形成数据资产的业务模式和合同条款，最终形成成熟的数据资产支持专项计划，在交易所备案发行。

(二) 数据资产证券化类型

实践中，数据资产能产生的现金流类型多种多样，进而导致以该等现金流为支撑形成的基础资产的法律形态也不尽相同。在我国现有法律框架下，根据数据资产 ABS 的基础资产不同类型，可进一步将其分为数据资产直接证券化与数据资产间接证券化两种模式。

1. 数据资产直接证券化

数据资产直接证券化，即狭义的数据资产 ABS，是指将数据资产收益作为证券化基础资产主要还款来源与现金流支持的数据资产 ABS 类型。在直接证券化模式中，证券化产品的基础资产既可以是客户、产品、交易等相关信息，以及由这些数据集衍生出的联系、模式和趋势等数据资产，也可以是以数据资产为基础形成的既有合同债权（例如将数据资产转让而形成的合同债权），或以数据资产为基础的收益权或未来债权。[1] SPV 受让发起机构持有的上述数据资产、合同债权等基础资产，并以此对外发行可流通证券。以数据资产为基础订立的合同债权作为基础资产在转让入池时，合同的债权债务关系已经实际形成；而以数据资产为基础的收益权或未来债权作为基础资产在转让入池时，尚无现存的债权债务关系，基础资产的价值大小取决于对未来的合理预期。

---

[1] 深圳首提立法探索数据资产入表，数据资产证券化、数据资产信托离我们还有多远？[EB/OL]．[2023-08-31]．http：//finance.sina.com.cn/roll/2021-08-31/doc-iktzqtyt3232515.shtml?cref=cj．

2. 数据资产间接证券化

数据资产间接证券化，是指不以数据资产收益作为证券化基础资产主要还款来源与现金流支持，但以数据资产相关权益提供质押担保等信用增进措施的数据资产 ABS 类型，属于广义的数据资产 ABS。该模式下，发起机构以数据资产作为质押物所形成债权作为基础资产进行证券化，即金融机构等主体向借款人进行质押融资，形成以数据资产作为质押物的贷款债权或其他非标准化债权，将此类债权作为基础资产转让给 SPV 并发行证券化产品。数据资产间接证券化的实质系基于企业主体信用的担保贷款融资，而非以数据资产收益作为首要的还款来源，基础资产的性质为贷款债权，数据资产仅作为基础资产的质押担保物存在。

国内目前已发行的数据资产 ABS 中，数据资产间接证券化产品数量较多，并以数据资产质押贷款债权作为基础资产的 ABS 产品发行规模最大，占全部数据资产 ABS 发行规模近 50%。❶ 剩余数据资产 ABS 以直接证券化的方式开展，其中较为成熟的基础资产类型包括数据资产许可债权、数据资产融资租赁债权以及数据资产保理债权。从发行情况来看，几乎没有直接将数据资产作为基础资产的案例。出现这种情形的原因在于，数据资产证券化产品需要由基础资产产生稳定且可预期的现金流予以支撑，而数据资产并不直接体现为稳定的现金流。因此，需要通过合同的设计安排，创设出许可债权、租赁债权、贷款债权等作为基础资产后发行产品。未来一段时间内通过法律手段将数据资产塑造为既有债权或未来债权的方式，仍将是国内数据资产 ABS 的主流模式，所以需要通过数据资产入表等措施为数据资产的资本化运作完成铺垫。

四、数据资产证券化的具体流程

（一）项目具体架构

数据资产证券化是一个精细且专业的金融过程，其流程涉及项目具体

---

❶ 王可欣. 利率市场化政策下数据资产证券化对我国商业银行盈利能力的影响 [J]. 中小企业管理与科技，2024（2）：37-39.

架构的搭建，包括数据资产的收集、质量评估、价值确定、资产池的构建、信用增级与评级、证券发行，以下是数据资产证券化流程中每个部分更为详尽的介绍。

1. 数据资产入表

数据资产入表是数据资产证券化的首要步骤，涉及数据资产的全面收集、清洗、验证、分类和会计处理。首先，专业团队会运用先进的数据处理技术，从各种来源收集数据，确保数据的全面性和多样性。接着，对数据进行清洗和验证，去除重复、错误或无效的数据，确保数据的准确性和可靠性。然后，根据数据的特性和用途，对数据进行分类和整理，以便后续的分析和评估。在数据资产入表的过程中，还需要依据相关的会计准则和政策，如《暂行规定》等，将数据资产纳入财务报表，进行准确的计量和披露。这一过程不仅涉及数据资产的确认、计量和记录，还需要对数据资产的质量、价值、风险和合规性进行评估，以确保数据资产的真实性和合规性。

2. 设立特殊目的机构（SPV）

设立特殊目的机构（SPV）是数据资产证券化流程中的关键步骤，用于实现数据资产与原始权益人的风险隔离。SPV 是一个独立的法律实体，拥有购买、持有和管理数据资产的权限。在设立 SPV 时，需要明确其法律地位、组织结构、运营模式、资金来源和管理人等。同时，还需要确保 SPV 符合相关法律法规的要求，如《公司法》《证券法》等。通过设立 SPV，数据资产被从原始权益人的风险中隔离出来，使得投资者可以更加清晰地了解资产的结构和风险状况，从而做出更明智的投资决策。此外，SPV 还能够为数据资产提供专业化的管理，确保资产能够产生稳定的现金流并满足投资者的偿付需求。

3. 信用增级

信用增级是数据资产证券化过程中的重要环节，用于提高证券的信用等级和吸引力。在信用增级过程中，可以采取多种措施来降低投资风险并增强投资者的信心。内部增级措施包括设置优先/次级证券结构、建立利差账户、超额抵押等，以增加证券的偿付保障。这些措施通过调整证券的偿付顺序和优先级，确保在资产池出现违约或损失时，优先级较高的证券能够优先获得偿付。外部增级措施则主要依赖第三方担保、保险等方式，进一步提升证券的信用等级。这些措施通过引入外部信用支持，为证券提供额外的保障，降低投资者的违约风险。在信用增级过程中，专业团队需要进行详尽的风险评估和定价分析，以确保增级措施的有效性和合理性。同时，还需要与投资者进行充分的沟通和交流，解释增级措施的意义和效果，增强投资者的信心。

4. 发行资产支持证券

发行资产支持证券是数据资产证券化的核心环节，涉及证券的发行计划、定价机制、投资者保护机制以及市场推广等方面。在发行阶段，专业团队需要首先制定详细的发行计划，包括证券的发行规模、期限、利率等关键要素。这些要素的制定需要考虑市场需求、投资者偏好和风险评估结果等因素。接着，专业团队需要进行定价分析，确定证券的发行价格。定价过程中需要考虑数据资产的价值、风险、市场供需等因素。同时，还需要建立有效的投资者保护机制，如设立投资者权益保护基金、制定投资者保护条款等，以保障投资者的权益。在发行过程中，还需要进行充分的信息披露和宣传推广工作，向投资者介绍证券的特点、风险和投资价值等信息，吸引投资者参与。

5. 证券交易与监管

数据资产支持证券发行后，将进入市场交易阶段。在这一阶段，监管机构将对市场进行严格的监督和管理，以确保市场的公平、透明和稳定。监管机构需要制定和执行相关法规和政策，规范市场参与者的行为和信息披露要求。同时，还需要对市场进行实时监控和数据分析，及时发现和处理异常交易和违规行为。此外，监管机构还需要加强与其他监管机构的合作和交流，共同维护全球金融市场的稳定和健康发展。在监管过程中，监管机构还需要关注数据资产跨境流动的风险和挑战，加强国际合作和沟通，共同制定国际通用的数据资产跨境流动规则和标准。同时，还需要对数据资产的质量和合规性进行持续监督和管理，确保数据资产的真实性和合规性。

综上所述,数据资产证券化的具体流程涉及多个环节和步骤。从数据资产入表到设立 SPV,再到信用增级、发行资产支持证券和证券发行后的管理,各环节都紧密相连、相互依存,共同构成完整的数据资产证券化过程。这一过程不仅实现了数据资产的金融化转化和价值最大化,还为投资者提供了多样化的投资选择和风险分散的机会。

(二) 项目参与主体

数据资产证券化作为一种创新的融资模式,其成功实施离不开多个参与主体的共同努力和协作。这些主体包括原始权益人通过向融资企业发放贷款或支付独占许可使用费形成基础资产;增信机构为证券化产品提供信用增级,确保产品的稳健性和市场吸引力;计划管理人负责设立和管理资产支持专项计划,确保项目的规范运作;以及合规保障机构对项目进行法律风险评估和合规审查,确保项目的合法性和合规性。这些参与主体共同协作,确保数据资产证券化项目的顺利进行,为企业提供有效的融资渠道,促进经济发展。

1. 原始权益人

一般由持牌放贷机构或专业知识产权运营中心担任原始权益人,与融资企业发生直接法律关系。持牌放贷机构基于向融资企业发放贷款形成的金钱债权,接受融资企业提供的知识产权质押担保;知识产权运营中心向融资企业支付独占许可使用费后获得知识产权独占排他使用权,再向融资企业授权并按约收取许可使用费形成金钱债权。原始权益人需将其所有的金钱债权及其项下全部从属性权益转让至专项计划以获得支付对价。

2. 增信机构

增信机构一般由持牌融资担保公司担任。在基础资产层面,担保公司基于原始权益人的金钱债权向其提供连带责任保证;❶ 在资产支持专项计划层面,担保公司承担资产支持专项计划无法有效兑付时的差额补足责任(如资产支持专项计划分级,担保公司仅针对回款无法覆盖优先级本金及

---

❶ 刘志. 企业数据资产证券化与资本结构优化研究 [J]. 财富时代, 2023 (11): 68–70.

收益部分承担差额补足义务)。

3. 计划管理人

计划管理人设立、管理资产支持专项计划,并代表专项计划与原始权益人签署基础资产转让协议,受让原始权益人在基础资产合同项下的债权及其附属权益并支付对价,一般由证券公司、信托公司等机构担任,对价资金由计划管理人通过设立专项计划向合格投资人募集,并与其签订相应的认购协议等。

4. 合规保障机构

律师事务所会对数据资产证券化的全过程及各个环节进行法律风险评估和合规审查,识别潜在的法律风险点,确保企业的交易结构、合同文本、信息披露等符合法律法规的要求。同时,律师事务所密切关注政策动态,为企业提供合规咨询及相应的风险规避策略,解答企业在数据资产证券化项目过程中遇到的法律问题。律师事务所负责起草和审核数据资产证券化项目中的各类法律文件,如交易协议、合同、招募说明书等。

除上述各主体,会计师事务所、资产评估机构、银行等亦是数据资产证券化的重要参与方。另外,融资企业获得贷款或独占许可使用费后,可向政府指定机构申请息费补贴以降低融资成本;担保公司如承担担保责任或差额补足责任的,可向政府指定机构申请对应风险补偿以降低担保收费(间接降低数据资产证券化项目的综合成本)及代偿后无法足额追偿的损失。

五、数据资产证券化的法律挑战

虽然目前我国尚未正式启动数据资产证券化实践,但以北京易华录为代表的企业,已在如荼如荼地推进数据资产化服务,中国的数据资产证券化项目很可能在不远的将来落地实施。因此,借鉴美国数据资产证券化相关规则、案例,结合我国实际情况,研究数据资产证券化法律风险的规制路径,是非常必要的。

第七章 数据资产入表后的资本化运作 ∗

（一）数据资产交易与权属变更风险

数据资产在证券化过程中需要进行转移和权属变更，这一过程中由于数据资产的特殊性，其交易和权属变更的合法性、明确性和安全性问题更为复杂。数据资产的权属界定与传统资产存在显著差异，涉及数据的收集、存储、处理和使用等多个环节，这要求我们在法律上明确数据资产的所有权、使用权和收益权等权益归属。❶ 如何确保数据资产在转移和权属变更过程中不受损害，是证券化过程中必须面对的问题。需要设计遵循自由流通、共享透明以及安全可靠原则的证券交易规范，统筹规划数据要素证券化产品交易的路径、方式、标准等内容，加快制定数据资产证券化交易的相关法律规则。基于证券化场景与环节，明确参与主体的数据保护与安全交易义务，规范与约束参与主体交易行为；构建适宜"数据+资本"金融创新交易的统一监督管理规范。结合数据资产的特殊性，秉持兼顾证券创新与数据安全的设计理念，健全数据资产证券化交易的配套规则，促进金融与数据领域法律制度的融合衔接。

（二）技术赋能与数据安全挑战

区块链技术的广泛应用极大提升了数据资产证券化操作的便利性和效率。然而其独特的加密和权限分置机制在促进数据资产证券化的同时，也孕育了数据泄露和滥用的风险。随着技术演进的步伐不断加快，黑客攻击、数据篡改等新型安全风险日益凸显。所以需要采用最前沿的加密算法、加密哈希函数和安全协议，确保数据在传输、存储和访问过程中的完整性、机密性和可用性。同时，构建完善的数据保护法律框架至关重要。明确数据处理者的法律义务，如数据最小化收集、合规使用、加密存储等，并对违反这些义务的行为设定严格的法律责任。此外，建立高效的数据泄露应急响应机制，确保在发生安全事件时能够迅速、有效地应对；还可以通过加大监管力度，对数据处理活动进行定期检查和审计，确保各方参与者严格遵守相关法律法规。对于发现的违规行为，应依法予以严惩，

---

❶ 龙卫球. 数据新型财产权构建及其体系研究［J］. 政法论坛，2017，35（4）：63-77.

以维护市场的公平、公正和透明。

（三）交易结构设计的合规性挑战

数据资产证券化交易结构设计的合规性挑战涉及法律法规的严格遵守以及交易结构的复杂性和动态变化的监管环境。在数据资产入表过程中，必须对数据资产进行严格的筛选和评估，包括数据资产的来源、权属、合法性等方面确保所有数据资产均符合法律法规的规定，避免使用非法或违规资产。同时，还需要注意资产池的规模、结构和多样性，以符合监管要求。在设立SPV时，还需要明确其法律地位、业务范围、治理结构等，并确保其能够有效隔离风险，保障投资者权益。此外，SPV的运营也需要符合监管要求，包括信息披露、风险管理、内部审计等方面。

此外，企业信用增级过程中为提高资产支持证券的信用等级所采取的措施以及评级机构的审查和考核流程必须遵循相关法律法规和监管政策，确保增级过程和评级结果的合法性和合规性。随着监管政策的不断更新和完善，数据资产证券化交易结构设计也需要不断适应新的监管要求。这要求交易结构设计者具备敏锐的洞察力和灵活应变的能力，及时调整交易结构以符合新的监管要求。

（四）数据资产隔离与风险隔离困境

数据资产的隔离与风险隔离机制在确保投资者权益保护中扮演着至关重要的角色。由于数据资产的独特性质，其隔离与风险隔离机制的设计和执行面临多重挑战。数据资产的易复制性使得其与原始数据所有者其他资产的隔离较为困难，需要采取高级技术手段，如数据加密和访问控制，来确保数据资产在物理和逻辑层面上的完全隔离。这些措施能有效防止未经授权的访问和复制，从而保护数据资产的安全性和完整性。

为了降低数据资产的价值波动性给投资者带来的较大风险，需要建立完善的风险管理机制。这包括定期评估数据资产的价值和风险状况，及时发现和应对潜在风险。同时，还需要采用多元化的投资策略，以降低单一数据资产价值波动对投资者整体投资组合的影响。此外，需要制定详细的数据资产隔离规则，明确数据资产的隔离方式和范围，以及隔离措施的具体执行标准，以保障数据资产的隔离与风险隔离效果。同时，还需要建立设置风险隔离屏障、建立风险监测和预警系统以及制定风险应对预案等有效的风险隔离机制，确保数据资产的风险得到有效控制。最后，监管机构应加强对数据资产隔离与风险隔离机制的监督和检查，对违规行为进行严厉打击，加强对投资者的教育和风险提示工作，提高投资者的风险意识和自我保护能力。

（五）数据资产跨境流动与监管风险

在数据资产证券化的全球背景下，数据资产的跨境流动成为推动金融创新和经济增长的重要动力，但同时也带来了前所未有的监管风险和挑战。由于不同国家和地区的法律法规体系、数据保护政策、监管要求等存在显著差异，数据资产在跨境流动过程中可能面临合规性障碍、法律冲突、监管套利以及数据泄露等风险。这些风险不仅影响数据资产证券化项目的顺利进行，还可能对投资者权益造成损害，甚至对国际金融市场稳定产生负面影响。

为了有效应对这些挑战，需要采取一系列措施。首先，加强国际政策协调和法规统一，推动制定国际通用的数据资产跨境流动规则和标准，以减少法律冲突和监管差异。其次，建立互信互认的数据跨境流动机制，包括数据跨境传输的安全评估、数据跨境使用的授权许可等，以确保数据资产在跨境流动中的合法性和安全性。再次，需要加强跨境监管合作，共同打击数据跨境违法行为，维护国际金融市场秩序。最后，投资者教育和风险提示工作也至关重要。通过提高投资者对数据资产跨境流动风险的认识和自我保护能力，可以减少盲目投资和损失。金融机构和中介机构也需要加强自身风险管理和内部控制，确保数据资产证券化项目的合规性和稳健性。

六、小 结

从专业视角审视，数据资产证券化指的是将企业的数据资产进行结构化处理，通过打包、分割成标准化份额，并发行给投资者，以筹集资金或进行资产管理的金融活动。当前，随着大数据和人工智能技术的飞速发展，数据资产逐渐被视为一种高价值的无形资产，数据资产证券化作为一种创新的金融工具，正逐步获得市场参与者的关注和认可。

当前DAS的现状主要表现出以下几个特点：一是市场需求增长迅速，尤其受到大型金融机构和创新型企业的青睐；二是面临法律与监管挑战，如数据隐私保护、知识产权（IP）安全等，需完善法律框架和监管措施；三是市场运作机制尚不成熟，定价、交易流程和信息披露等方面有待规范；四是国际合作和标准制定成为推动DAS发展的关键，以应对数据资产的跨境特性。在中国，尽管已有《证券公司及基金管理公司子公司数据资产证券化业务管理规定》等相关法规，但专门针对数据资产证券化的法律框架和监管规定尚不完善。目前，标准化的数据资产证券化产品在中国资本市场尚未落地，但已有一些数字资产（如比特币）和数据交易领域的实践体现了证券化的雏形。

要实现数据资产的真正资产化，需要实现其价值的公允体现。证券化作为一种市场机制，能够为数据资产提供公开、合理的估值平台。期待未来，中国证监会（CSRC）和证券交易所能够出台针对数据资产融资的规范，借鉴知识产权证券化的交易结构和模式，推动数据资产证券化的健康发展。这包括集合底层数据企业，形成数据资产集合，通过结构化设计如售后回租、二次许可使用、供应链应收账款和资产抵押贷款等模式，为数据资产证券化提供可行的操作路径。可以说，数据资产证券化的发展已具备充分条件，只待相关政策和市场机制的进一步完善与推动。

参考文献

一、专著、报告类

[1] 陈福. 数据四重性及其合规系统［M］. 北京：知识产权出版社，2022.

[2] 汤珂. 数据资产化［M］. 北京：人民出版社，2023.

[3] 颜新华. 网络安全视阈下的数据合规：基本理论、问题审视与中国方案［C］//《上海法学研究》集刊（2021年第1卷 总第49卷）：上海市法学会国家安全法治研究小组文集，2021.

[4] 张平文，邱泽奇. 数据要素五论：信息、权属、价值、安全、交易［M］. 北京：北京大学出版社，2022.

[5] 中国社会科学院语言研究所. 现代汉语词典［M］. 7版. 北京：商务印书馆，2017.

二、期刊文章

[1] 蔡丽楠. 数据资产信托参与数据治理：理论逻辑与实现机制［J］. 金融评论，2022，14（1）：66－79，123.

[2] 陈福. 金融数据资产确权路径研究［J］. 中国银行业，2024（2）：79.

[3] 陈喆. DEPA数据开放共享规则：中国立场与规则对接［J］. 学术论坛，2023，46（6）：33－46.

[4] 程啸. 论数据权益［J］. 国家检察官学院学报，2023（31）：77－94.

[5] 崔国斌. 大数据有限排他权的基础理论［J］. 法学研究，2019，41（5）：3－24.

[6] 丁晓东. 数据到底属于谁？——从网络爬虫看平台数据权属与数据保护［J］. 华东政法大学学报，2019，22（5）：69－83.

[7] 房绍坤，周秀娟. 企业数据"三权分置"的法律构造［J］. 社会科学战线，2023（9）：233－244.

[8] 冯果，薛亦飒. 从"权利规范模式"走向"行为控制模式"的数据信托——数据

主体权利保护机制构建的另一种思路[J]. 法学评论, 2020, 38（3）: 70-82.

[9] 冯晓青. 数字经济时代数据产权结构及其制度构建[J]. 比较法研究, 2023（6）: 16-32.

[10] 冯晓青. 数字时代的知识产权法[J]. 数字法治, 2023（3）: 25-45.

[11] 高志豪, 郑荣, 张默涵, 等. 基于数据资产信托的产业数据要素流通: 动力逻辑、信托纾困与模式重塑[J]. 情报理论与实践, 2024, 47（4）: 75-83.

[12] 郭兵, 李强, 段旭良, 等. 个人数据银行——一种基于银行架构的个人大数据资产管理与增值服务的新模式[J]. 计算机学报, 2017, 40（1）: 126-143.

[13] 郭丰, 秦越. 欧盟维护数字主权的理念与行动[J]. 信息资源管理学报, 2022, 12（4）: 70-81.

[14] 黄柏. 日本《个人信息保护法》的最新修改及动向[J]. 日本法研究, 2021: 99-114.

[15] 黄立芳. 大数据时代呼唤数据产权[J]. 法制博览（中旬刊）, 2014（12）: 50-51.

[16] 黄阳华. 基于多场景的数字经济微观理论及其应用[J]. 中国社会科学, 2023（2）: 4-24, 204.

[17] 蒋旭栋. 日本综合数据战略探析[J]. 信息安全与通信保密, 2022（7）: 140-149.

[18] 金晶. 欧盟的规则, 全球的标准？——数据跨境流动监管的"逐顶竞争"[J]. 中外法学, 2023, 35（1）: 46-65.

[19] 金晶. 欧盟《一般数据保护条例》: 演进、要点与疑义[J]. 欧洲研究, 2018, 36（4）: 1-26.

[20] 靳思远. 全球数据治理的DEPA路径和中国的选择[J]. 财经法学, 2022（6）: 96-110.

[21] 孔祥俊. 商业数据权: 数字时代的新型工业产权——工业产权的归入与权属界定三原则[J]. 比较法研究, 2022（1）: 83.

[22] 李丹, 刘晓峰. 欧盟数据治理的顶层设计解读及启示[J]. 中国电信业, 2022（9）: 66.

[23] 李嘉兴, 王雷, 宋士杰, 等. 重大突发公共卫生事件驱动的医疗数据开放治理模式研究[J]. 图书情报工作, 2022, 66（4）: 23-32.

[24] 李可. 类型思维及其法学方法论意义——以传统抽象思维作为参照[J]. 金陵法律评论, 2003（2）: 105-118.

［25］廖屹峰，罗春华. 数据资产入表审计实践的难点与应对研究——基于新发展格局视角［J/OL］. 财会通讯，1-7［2024-05-19］. https：//doi.org/10.16144/j.cnki.issn1002-8072.20240509.001.

［26］凌超. "数据信托"探析：基于数据治理与数据资产化的双重视角［J］. 信息通信技术与政策，2022（2）：22-28.

［27］刘珺，蔡迎，张向阳，等. 医疗大数据分析技术在临床医学中的应用［J］. 中华医学图书情报杂志，2021，30（5）：39-43.

［28］刘志. 企业数据资产证券化与资本结构优化研究［J］. 财富时代，2023（11）：68-70.

［29］龙卫球. 数据新型财产权构建及其体系研究［J］. 政法论坛，2017，35（4）：63-77.

［30］卢纯昕. 数据保护的类商业秘密路径建构［J］. 知识产权，2024（3）：88-106.

［31］栾明月，李昱，盛晶，等. 数据资产登记的探索与实践——以北京国际大数据交易所为例［J］. 新型工业化，2024，14（4）：63-69.

［32］梅傲，柯晨亮. 日本开放数据利用模式分析及其启示［J］. 现代情报，2022，42（3）：95-101.

［33］梅夏英. 数据持有在法律上意味着什么？——一个基于信息流动元规则的分析［J］. 比较法研究，2023（6）：1-15.

［34］梅夏英. 数据的法律属性及其民法定位［J］. 中国社会科学，2016（9）：164-183，209.

［35］孟小峰，慈祥. 大数据管理：概念、技术与挑战［J］. 计算机研究与发展，2013，50（1）：146-169.

［36］齐爱民，盘佳. 数据权、数据主权的确立与大数据保护的基本原则［J］. 苏州大学学报（哲学社会科学版），2015，36（1）：64-70，191.

［37］申卫星. 数据产权：从两权分离到三权分置［J］. 中国法律评论，2023（6）：125-137.

［38］沈健州. 数据财产的排他性：误解与澄清［J］. 中外法学，2023，35（5）：1165-1183.

［39］沈韵，冯晓青. 公共数据商业利用边界研究［J］. 知识产权，2023（11）：60-77.

［40］宋晓晖. 数据资产证券化：意义、法律风险及其应对［J］. 互联网周刊，2023（19）：20-22.

[41] 苏宇,高文英. 个人信息的身份识别标准:源流、实践与反思[J]. 交大法学, 2019(4):18.

[42] 孙宏臣. 数据信托的困境与出路——权宜之计抑或制度创新[J]. 经贸法律评论, 2022(3):115-129.

[43] 孙莹. 大规模侵害个人信息高额罚款研究[J]. 中国法学, 2020(5):106-126.

[44] 汤贞友. 数据知识产权登记的制度逻辑及完善[J]. 知识产权, 2024(3): 34-53.

[45] 田奥妮. 第三方数据资产信托:数据控制者义务的困境及其破解[J]. 图书馆论坛, 2022, 42(8):100-109.

[46] 王可欣. 利率市场化政策下数据资产证券化对我国商业银行盈利能力的影响[J]. 中小企业管理与科技, 2024(2):37-39.

[47] 王娟娟,金小雪. 互联网信息服务平台数据资产评估方法——基于盈利模式差异的视角[J]. 科技管理研究, 2023, 43(22):83-94.

[48] 王利明. 数据的民法保护[J]. 数字法治, 2023(1):43-56.

[49] 王利明,丁晓东. 数字时代民法的发展与完善[J]. 华东政法大学学报, 2023, 26(2):6-21.

[50] 王利明. 数据何以确权[J]. 法学研究, 2023, 45(4):56-73.

[51] 王利明. 论数据权益:以"权利束"为视角[J]. 政治与法律, 2022(7): 99-113.

[52] 王利明. 论个人信息权的法律保护——以个人信息权与隐私权的界分为中心[J]. 现代法学, 2013, 35(4):62-72.

[53] 王丽颖,王花蕾. 美国数据经纪商监管制度对我国数据服务业发展的启示[J]. 信息安全与通信保密, 2022(3):10-18.

[54] 王文彦,张红梅,张目. 数据资产信息披露对制造企业债务融资成本的影响研究——基于年报"管理层讨论与分析"文本[J]. 金融理论与实践, 2024 (2):38-50.

[55] 王勇. 大数据在我国食药智慧监管中的应用[J]. 中国食品药品监管, 2018 (5):44-47.

[56] 王轶,王宏伟. 借鉴欧盟部署共同数据空间经验提升数字经济竞争力[J]. 中国工业和信息化, 2023(7):52-55.

[57] 文洋,王霞. DEPA规则比较及中国加入路径分析[J]. 国际商务研究, 2022, 43(6):80-93.

[58] 吴汉东. 数据财产赋权的立法选择 [J]. 法律科学（西北政法大学学报），2023 (41)：44-57.

[59] 吴沈括，柯晓薇. 欧盟《数据法案》的规范要旨与制度启示：以个人信息保护为视角 [J]. 信息通信技术与政策，2024，50（1）：2-6.

[60] 吴沈括，胡然. 数字平台监管的欧盟新方案与中国镜鉴——围绕《数字服务法案》《数字市场法案》提案的探析 [J]. 电子政务，2021（2）：111.

[61] 吴沈括，霍文新. 欧盟数据治理新指向：《非个人数据自由流动框架条例》（提案）研究 [J]. 网络空间安全，2018，9（3）：30-35.

[62] 吴伟光. 大数据技术下个人数据信息私权保护论批判 [J]. 政治与法律，2016 (7)：116-132.

[63] 席月民. 数据资产信托的功能与制度建构 [J]. 民主与法治，2021（3）：54-55.

[64] 谢刚凯，蒋骁. 超越无形资产——数据资产评估研究 [J]. 中国资产评估，2023 (2)：30-33.

[65] 谢琳灿. 欧盟数字立法最新进展及启示 [J]. 中国改革，2022（6）：79-82.

[66] 许可. 从权利束迈向权利块：数据三权分置的反思与重构 [J]. 中国法律评论，2023（2）：22-37.

[67] 杨晨，刘小钰，李远刚，等. 企业数据资产化实践案例研究：基于数据要素形态演化视角 [J]. 大数据，2024，10（2）：3-16.

[68] 杨智博. 韩国《个人信息保护法》的最新修正及其对我国之启示 [J]. 华南理工大学学报（社会科学版），2022，24（1）：89.

[69] 姚佳. 数据的竞争规则构建——以《反不正当竞争法》修订为视角 [J]. 数字法治，2024（2）：31-44.

[70] 叶开儒. 数据跨境流动规制中的"长臂管辖"——对欧盟GDPR的原旨主义考察 [J]. 法学评论，2020，38（1）：106-117.

[71] 叶敏，范馨允. 数据产品经营权的生成逻辑与权利架构 [J]. 数字法治，2023 (6)：158-174.

[72] 于小丽，姜奇平. "数据要素×"中复用场景分类 [J]. 互联网周刊，2023 (24)：10-16.

[73] 袁丁，袁震. 论数据资源持有权 [J]. 新兴权利，2023（11）：211-223.

[74] 翟志勇. 论数据信托：一种数据治理的新方案 [J]. 东方法学，2021（4）：61-76.

[75] 翟志勇. 数据主权的兴起及其双重属性［J］. 中国法律评论, 2018（6）: 196-202.

[76] 张红. 大数据时代日本个人信息保护法探究［J］. 财经法学, 2020（3）: 150-160.

[77] 张良. 信托公司构建全面风险管理体系的对策探讨［J］. 企业改革与管理, 2023（13）: 171-173.

[78] 张涛. 个人信息保护中独立监管机构的组织法构造［J］. 河北法学, 2022, 40（7）: 91-118.

[79] 张素华, 王年. "三权分置"路径下数据产权客体的类型谱系［J］. 法治研究, 2024（2）: 47-60.

[80] 张新宝. 论作为新型财产权的数据财产权［J］. 中国社会科学, 2023（4）: 144-163.

[81] 张渝. 国际投资法框架下数据资产的适格性研究［J］. 电子知识产权, 2023（2）: 60-72.

[82] 赵丽芳, 林立, 李金璞. 基于数据要素价值链评估企业数据资产［J］. 企业管理, 2023（12）: 88-91.

[83] 赵琳, 钱雨秋, 郑汉. 欧盟数据要素市场培育政策、实践与模式［J/OL］. 图书馆论坛, 1-10［2024-05-27］. http://kns.cnki.net/kcms/detail/44.1306.G2.20240325.1052.002.html.

[84] 郑磊, 刘新萍. 我国公共数据开放利用的现状、体系与能力建设研究［J］. 经济纵横, 2024（1）: 86-92.

[85] 周成虎, 裴韬, 杜云艳, 等. 新冠肺炎疫情大数据分析与区域防控政策建议［J］. 中国科学院院刊, 2020, 35（2）: 200-203.

[86] 祝新, 邓盼盼. 基于改进超额收益法的企业数据资产价值评估［J］. 商业观察, 2024, 10（14）: 74-80.

三、报纸文章

[1] 财政部推动强化企业数据资源会计信息披露——数据资源"入表", 明年起实施［N］. 人民日报（海外版）, 2023-08-24（04）.

[2] 郝亚娟, 张荣旺. 数据资产信贷业务走俏业内呼吁出台制度"补漏"［N］. 中国经营报, 2024-03-25（B04）.

[3] 周光权. 类型化思维: 一种基本的刑法方法论［N］. 检察日报, 2021-09-07（3）.

四、外文文献

[1] Vgl. Christoph Mallmann. Datenschutz in Verwaltungsinformationssystemen [M]. München: R. Oldenbourg, 1976: S. 54.

[2] Federal Trade Commission Consumer advice: What the FTC Facebook settlement means for consumers [EB/OL]. (2019 – 07 – 24) [2024 – 03 – 28]. https://consumer.ftc.gov/consumer – alerts/2019/07/what – ftc – facebook – settlement – means – consumers.

[3] Mother of All Breaches – a Historic Data Leak Reveaks 26 Billi on Records: Check What's Exposed [EB/OL]. (2024 – 01 – 22) [2024 – 03 – 28]. https://securityaffairs.com/157933/breaking – news/largest – data – leak – ever.html.

[4] ROWLEY J. The wisdom hierarchy: representations of the DIKW hierarchy [J]. Journal of Information Science, 2007, 33 (2): 163 – 180.

[5] MIT Technology Review: 10 Breakthrough Technologies 2021 [EB/OL]. (2021 – 02 – 24) [2024 – 03 – 28]. https://www.technologyreview.com/2021/02/24/1014369/10 – breakthrough – technologies – 2021.

[6] Global Data Barometer: The Global Data Barometer Report [EB/OL]. (2024 – 03 – 19) [2024 – 05 – 28]. https://globaldatabarometer.org/the – global – data – barometer – report – first – edition/.

[7] Directorate – General for Internal Market, Industry, Entrepreneurship and SMEs: The 2024 Annual Single Market and Competitiveness Report [EB/OL]. [2024 – 02 – 14]. https://single – market – economy.ec.europa.eu/publications/2024 – annual – single – market – and – competitiveness – report_en.

[8] ODI: Defining a "data trust" [EB/OL]. (2018 – 10 – 19) [2024 – 03 – 28]. https://theodi.org/article/defining – a – data – trust/.

[9] European commison: Data protection in the EU [EB/OL]. (2024 – 02 – 14) [2024 – 05 – 28]. https://commission.europa.eu/law/law – topic/data – protection/data – protection – eu_en.

[10] IAPP: US State Comprehensive Privacy Laws Report – Overview [EB/OL]. (2023 – 12 – 31) [2024 – 05 – 28]. https://iapp.org/resources/article/us – state – privacy – laws – overview/.

[11] ELI Final Council Draft: ALI – ELI Principles For A Data Economy——Data

Transactions And Data Rights [EB/OL]. (2024-03-19) [2024-05-28]. https://principlesforadataeconomy.org/.

[12] European Commission: Commission Implementing Decision of 10.7.2023 [EB/OL]. (2024-03-19) [2024-05-28]. https://commission.europa.eu/system/files/2023-07/Adequacy%20decision%20EU-US%20Data%20Privacy%20Framework_en.pdf.

[13] Norton Rose Fulbright: Schrems II landmark ruling: A detailed analysis [EB/OL]. [2024-05-28]. https://www.nortonrosefulbright.com/en/knowledge/publications/ad5f304c/schrems-ii-landmark-ruling-a-detailed-analysis.

[14] IMD: World Digital Competitiveness Ranking. [EB/OL]. [2024-05-28]. https://www.imd.org/centers/wcc/world-competitiveness-center/rankings/world-digital-competitiveness-ranking/.

[15] Singapore Statutes online: Personal Data Protection Regulations 2021 [EB/OL]. (2021-01-28) [2024-05-28]. https://sso.agc.gov.sg/SL/PDPA2012-S63-2021?DocDate=20210930.

[16] ARCADIS: The Arcadis Data Center location Index 2021 [EB/OL]. (2021-12-31) [2024-05-28]. https://www.arcadis.com/en/knowledge-hub/perspectives/asia/2021/data-center.